GENUSS WANDERN

BAYERISCHER JURA

GPS+ DATEN

Wanderführer für die Region
zwischen Regensburg & Neumarkt

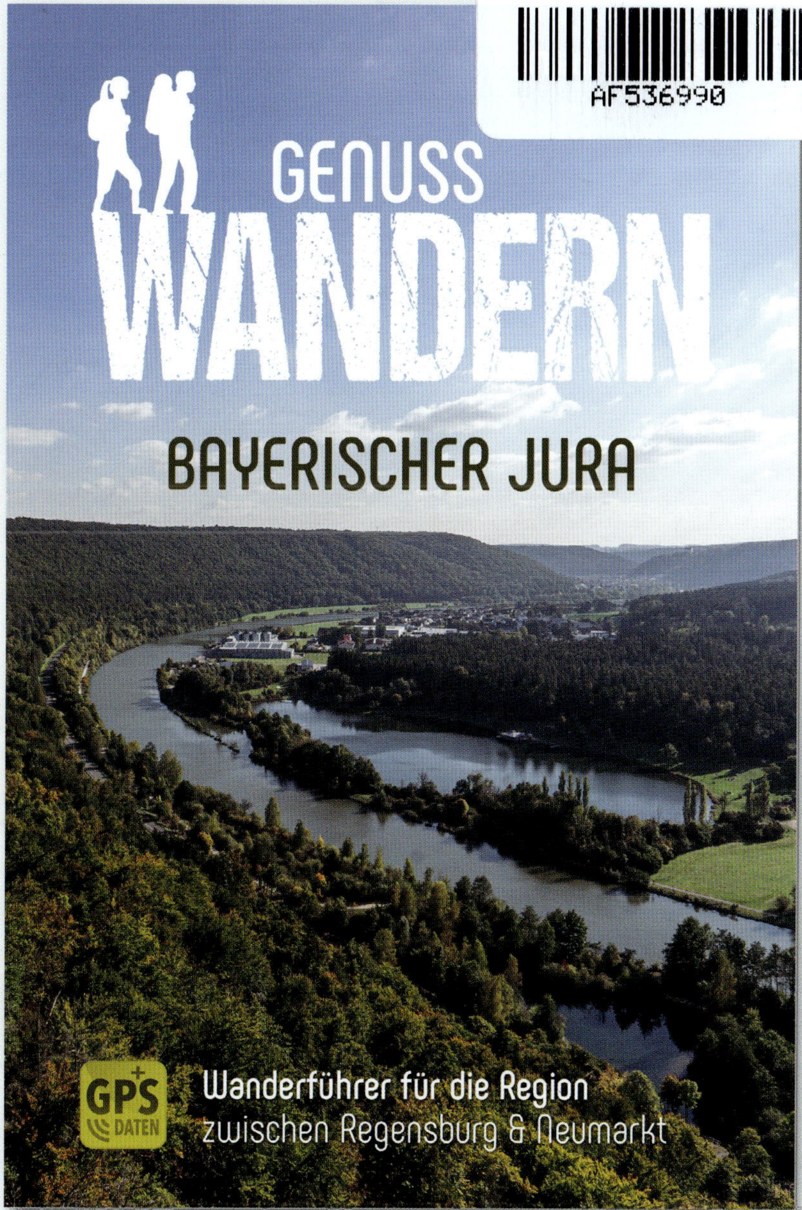

MZ BUCHVERLAG

STRECKENDETAILS

PIKTOGRAMME

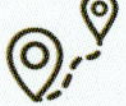
Distanz

Wegzeit

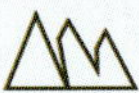
Höhenmeter

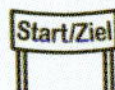

Ausgangs-/Endpunkt

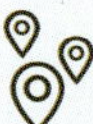
Wegpunkte

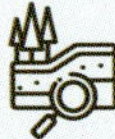
Bodenbeschaffenheit

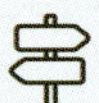
Markierung

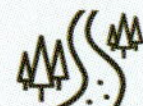
Charakteristik der Tour

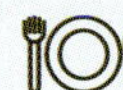
Gasthäuser / Cafés

SCHWIERIGKEITSBEWERTUNG

Die Schwierigkeitsgrade sind subjektiv und von mir frei gewählt. Sie beziehen sich auf die Kriterien: Länge und Anstiege der Wanderung, Beschaffenheit und Markierung der Wege.

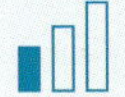
Leicht

Einfache Wanderung. Grundkondition erforderlich. Leicht begehbare Wege. Kein besonderes Können erforderlich.

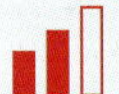
Mittel

Mittelschwere Wanderung mit einer gewissen Länge. Gute Grundkondition erforderlich. Meist leicht begehbare Wege. Trittsicherheit oftmals vorteilhaft. Durchaus mit einigen Höhenmetern.

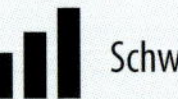
Schwer

Anspruchsvolle Wanderung mit einer gewissen Länge. Gute Grundkondition erforderlich. Überwiegend gut begehbare Wege, aber auch steile Passagen. Trittsicherheit und ggf. Schwindelfreiheit erforderlich. Wanderstöcke können sehr hilfreich sein. Es können einige Höhenmeter zu bewältigen sein.

VORWORT

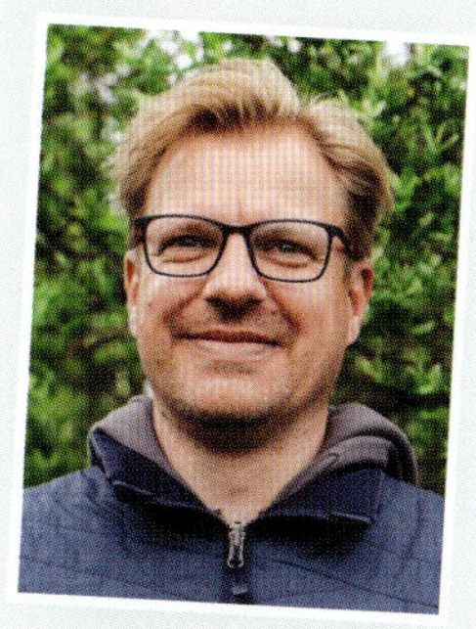

Lieber Wanderfreund,

nachdem der erste Wanderführer „Oberpfälzer Jura – im Tal der Schwarzen Laber" abgeschlossen war, ging ich einfach weiter. Zugegeben, ein gemütliches Sofa hat auch seinen Reiz und seine Anziehungskraft. Die Kunst ist, ganz simpel ausgedrückt, einfach den ersten Schritt vor die Haustüre zu machen, denn dann folgt der zweite ganz von selbst. Grenzen setzt man sich nur im Kopf, und wenn die erste Hürde erst einmal überwunden ist, dann ist der Rest oft ein Kinderspiel. Schließlich macht nur die eigene Einstellung den Unterschied und dann ist es letztendlich unerheblich, wann und zu welcher Jahreszeit man sich von den unzähligen Schönheiten der Natur aufsaugen lässt. Wenn man jede Wanderung als Ansammlung einzelner Schritte betrachtet und nicht unbedingt schon die komplette Strecke vor Augen hat, dann verliert die notwendige Überwindung jegliche Energie.

Die Wanderungen haben eine Länge von sechs bis etwa 18 Kilometern und sind abwechslungsreich konzipiert. Grundsätzlich habe ich versucht, bei allen Wanderungen den Anteil von Teerstraßen möglichst gering zu halten, ohne dabei auf geologische und touristisch interessante Highlights zu verzichten. Meine Absicht war es, einen möglichst großen Querschnitt des Bayerischen Jura zu zeigen, in welchem jeder Wanderer und Naturfreund sich auf irgendeine Art und Weise wiederfinden kann. Deshalb lade ich Sie herzlich dazu ein, mit diesem Wanderführer hinauszugehen und persönliche Erlebnisse in der unbeschreiblichen Natur des Bayerischen Jura zu sammeln.

Auch in diesem Wanderführer sind die Spuren der Covid-19-Pandemie besonders im Gaststättengewerbe spürbar. Deshalb befinden sich leider oftmals Einkehrmöglichkeiten nicht direkt an der Strecke. In diesem Wanderführer finden Sie ausgewählte Restaurants und Gaststätten als Einkehrtipps, die die großen Herausforderungen der vergangenen Monate hoffentlich relativ gut gemeistert haben. Dennoch lohnt es, sich auf der jeweiligen Internetseite vorher zu informieren, ob das entsprechende Lokal auch zu Ihrer bevorzugten Zeit geöffnet ist.

Zuerst danke ich meiner „Chefin" Manuela sowie allen Mitarbeitern im Battenberg-Gietl-Verlag, wie etwa Margit und Stefan, die zu jeder Zeit überaus freundlich, offen und zuvorkommend waren und mir die Chance gegeben haben, diesen Wanderführer zu erstellen. Ebenso gilt vor allem mein Dank meiner Familie, die mich bei diesem teilweise zeitintensiven Unterfangen verständnisvoll unterstützt und teilweise begleitet hat.

Zuletzt danke ich Ihnen, lieber Wanderfreund, noch einmal herzlich für den Kauf dieses Wanderführers – was in diesen unruhigen Zeiten nicht selbstverständlich ist – und lade Sie wie gewohnt dazu ein, zwar meine vorgeschlagenen Pfade und Wege zu verwenden, aber die einmalige Landschaft des Bayerischen Jura mit eigenen Augen zu entdecken. Dabei wünsche ich Ihnen viel Freude, Inspiration und gute Beine. Bleiben Sie gesund!

Herzlichst
Martin Ehrensberger

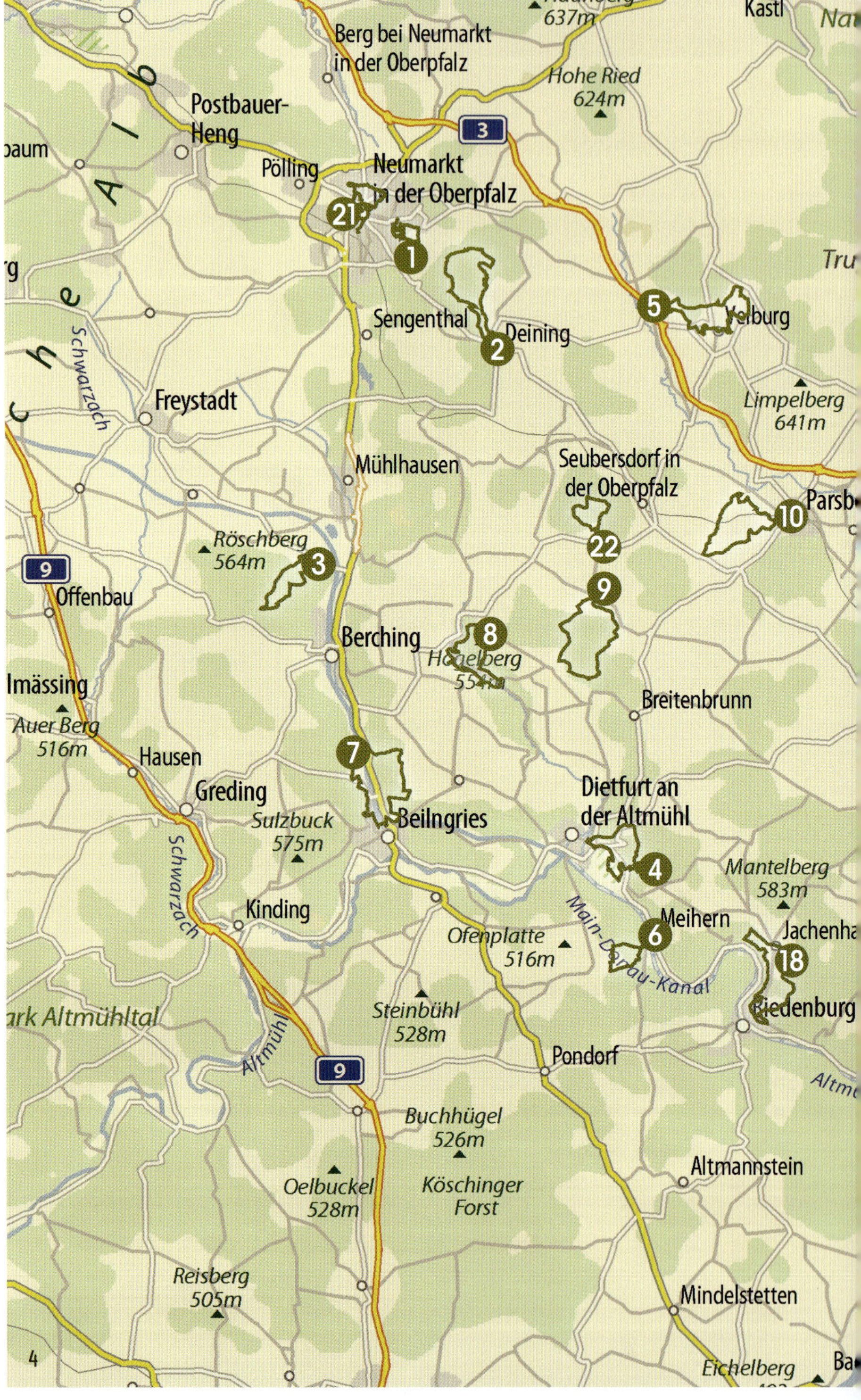
637m
Kastl
Berg bei Neumarkt in der Oberpfalz
Hohe Ried 624m
3
Postbauer-Heng
Pölling
Neumarkt in der Oberpfalz
21
1
2
5
Velburg
Sengenthal
Deining
Limpelberg 641m
Freystadt
Schwarzach
Mühlhausen
Seubersdorf in der Oberpfalz
22
10
Röschberg 564m
3
9
9
Offenbau
Berching
8
Höhelberg
Imässing
Auer Berg 516m
Breitenbrunn
Hausen
7
Greding
Sulzbuck 575m
Beilngries
Dietfurt an der Altmühl
4
Mantelberg 583m
Kinding
Schwarzach
Ofenplatte 516m
Main-Donau-Kanal
Meihern
6
18
Riedenburg
ark Altmühltal
Altmühl
Steinbühl 528m
9
Pondorf
Buchhügel 526m
Oelbuckel 528m
Köschinger Forst
Altmannstein
Reisberg 505m
Mindelstetten
Eichelberg

Hinweis zu den Öffnungszeiten von Gaststätten

Es kann immer zu spontanen Änderungen von Öffnungszeiten oder auch zu generellen Schließungen kommen. Wir bitten Sie, dies bei Ihrer Tourplanung zu berücksichtigen und sich vorab selbst über die tagesaktuellen Öffnungszeiten der jeweiligen Gaststätte zu informieren – telefonisch oder auf der Website (falls vorhanden).

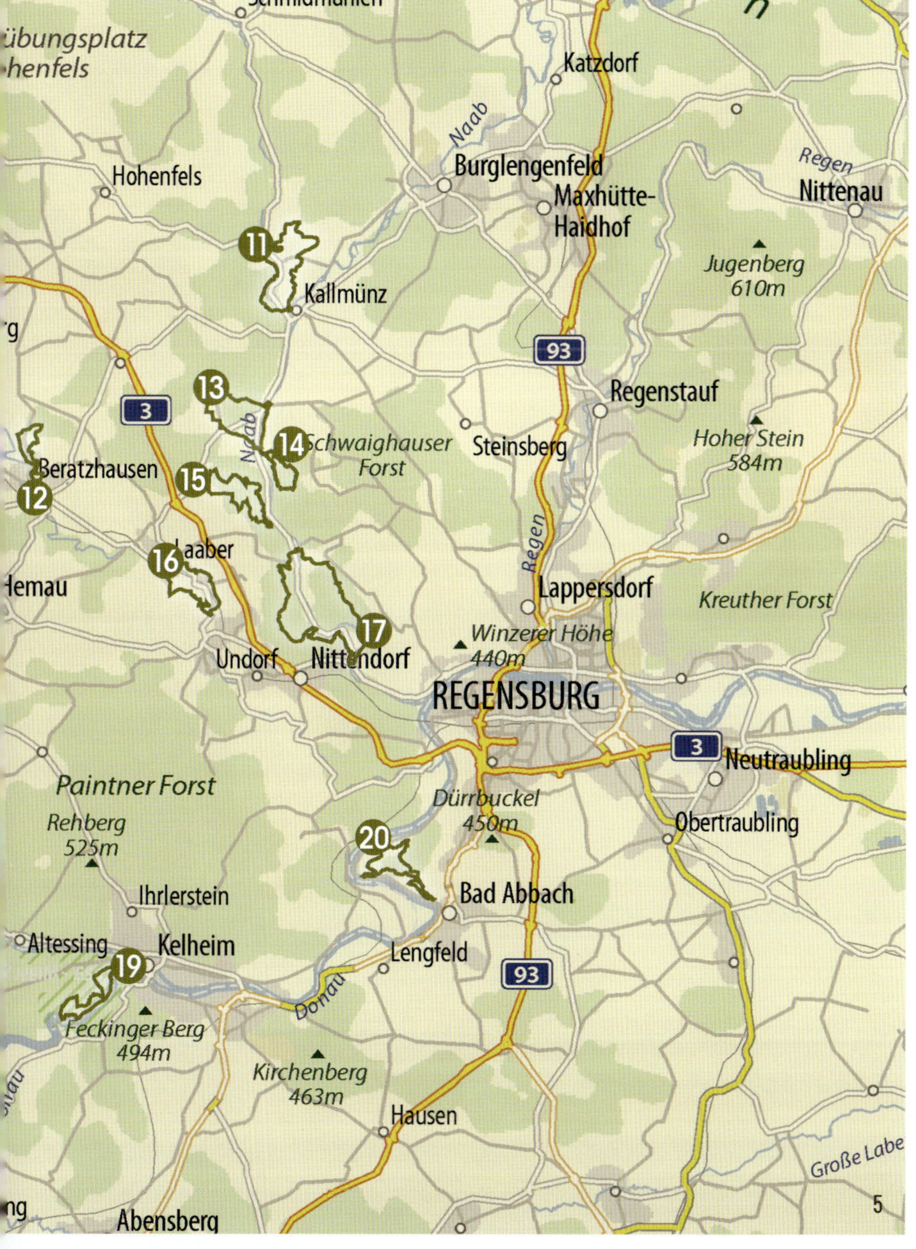

INHALT

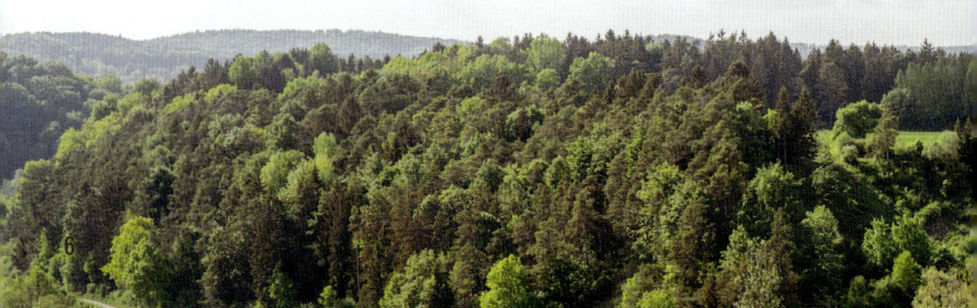

INHALT

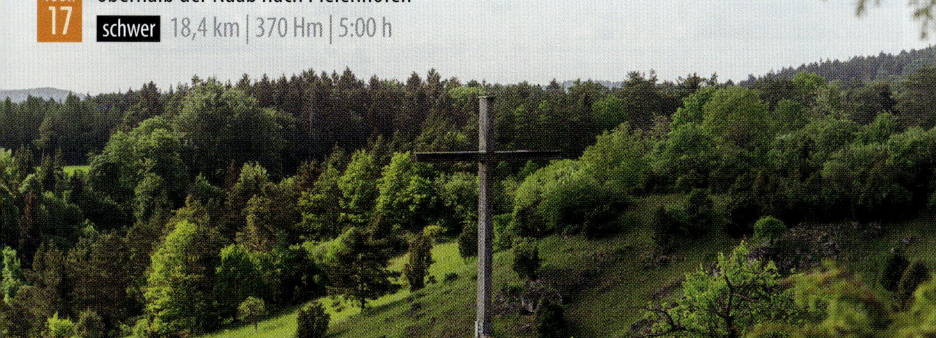

Bayerischer Jura

Im Herzen Bayerns erstreckt sich über die Landkreise Neumarkt i.d.OPf., Amberg-Sulzbach, Kelheim und Regensburg das einmalige landschaftliche Gebiet des Bayerischen Jura. In diesem kann man neben den Städten Neumarkt, Velburg, Kallmünz, Beilngries, Riedenburg und Kelheim, welche alle für sich ihren besonderen Reiz haben, weltweit einmalige landschaftliche Besonderheiten und geologische Highlights, wie etwa die Steinerne Rinne bei Erasbach, die Kalktuffterrassen bei Holnstein, die Weltenburger Enge mit dem Donaudurchbruch und dem dazugehörigen majestätischen Kloster oder die Räuberhöhlen bei Etterzhausen bestaunen. Im Bayerischen Jura finden sich unterschiedliche Möglichkeiten für die Urlaubs- oder Freizeitgestaltung – ganz gleich, ob Sie lieber Wandern, Rad fahren oder einfach sportlich aktiv sind, in der Natur Entspannung und Ruhe suchen, geschichtsträchtige Burgen und Schlösser besichtigen wollen oder die kulinarischen Spezialitäten der Region genießen möchten.

Ganz gleich, ob Sie einen Ausflug ins Grüne mit der ganzen Familie planen, die Ruhe eines abgeschiedenen Tales suchen oder spezielle Interessen als Naturfreund haben: Der Bayerische Jura ist die richtige Wahl! Hier erwartet Sie ein artenreiches Mosaik aus Flusstälern und Wäldern, reich an Felslandschaften, Wiesen und Höhlen. Eine naturnahe Landschaft, die so gut wie überall vom Kalkgestein des Untergrundes bestimmt wird, kennzeichnet den Bayerischen Jura. Eine sanft gewellte Hügellandschaft, die häufig an Gegenden im Mittelmeerraum erinnert. Tatsächlich spricht man von so manchem Winkel auch als „Toskana der Oberpfalz" – nicht zu Unrecht, denn Parallelen zum Süden lassen sich durchaus ziehen: Weiße Felslandschaften, die sich schroff aus der Landschaft erheben und unbewaldete Wiesen und Hänge, auf denen uns an heißen Tagen die aromatischen Düfte von Kräutern umfangen, verbreiten mediterranes Flair. Mit seiner artenreichen Tier- und Pflanzenwelt, abwechslungsreichen Landschaftsformen sowie geologischen Highlights ist der Bayerische Jura ein Dorado für jeden Naturfreund. Diese Highlights kann man an den Flüssen Vils, Naab, Schwarze Laber, Weiße Laber, Altmühl und Donau sowie am Main-Donau-Kanal hautnah erfahren.

Kaum eine andere Gegend verfügt über ein so reichhaltiges Erbe aus allen Epochen von der Steinzeit bis zur jüngeren Geschichte. In bekannten Klöstern, Schlössern, Burganlagen und Wallfahrtskirchen leben die Geschichten von damals weiter. Ursprüngliche Flusslandschaften wechseln ab mit mediterran anmutenden Karstlandschaften. Schlösser und Klöster liegen ebenso am Jurasteig wie Felszinnen, duftende Wacholderheiden, lichte Kiefern- und schattige Buchenwälder. Naturfreunde können am Jurasteig noch Tiere und Pflanzen beobachten, die andernorts selten geworden sind. Wanderfalke, Fledermaus und Eisvogel haben im Bayerischen Jura noch ein Zuhause. Zahlreiche Orchideen, Karthäusernelke und Zittergras sind ständige Begleiter am Wegesrand. Neben dem bekannten Burgensteig, dem Frankenweg, befindet sich auch der ausgezeichnete Fernwanderweg Jurasteig in diesem Gebiet. Auf einigen Runden findet man Hinweise dieser grandiosen Wanderwege.

Quellen:
- *bayerischerjura.de/de/*
- *bayerischerjura.de/de/bayerischer-jura-333.html*
- *www.ostbayern-tourismus.de/touren/qualitaetswanderweg-jurasteig-6175e0d330*
- *jurasteig.de/de/*

Wandern mit GPS

Vielleicht kennen Sie die Aussage, dass das Gebiet nicht der Landkarte entspricht. Eine topographische Karte zeigt etwas anderes an als eine Wanderkarte. Je nach persönlichem Hintergrund und Schwerpunkt entdeckt jede Person die Umgebung auf seine bzw. ihre eigene individuelle Weise. Ähnlich verhält es sich auch mit Wanderkarten und GPS-Daten. Jede App und jeder Kartenservice stellen die Wege unterschiedlich dar. Ich wandere mit den beiden Apps *Bergfex* und *Outdooractive*. Zu Hause zeichne ich die aufgezeichnete Strecke im BayernAtlas nach und importiere die Strecke in *komoot*. Die Strecken unterscheiden sich immer voneinander, zum einen wegen der Genauigkeit des Aufzeichnens und auch wegen der Kartenabbildungen. Wundern Sie sich deshalb nicht, wenn es, speziell in dichten Waldgebieten, einige Abweichungen gibt. Ich hoffe dennoch, dass Sie anhand meiner Beschreibungen die Runden mit hohem Baumanteil gut und mit Freude bewältigen können.

Dieses Buch ist so aufgebaut, dass Sie die Wege mithilfe der Tourbeschreibungen und der abgebildeten Karte auch ohne moderne Technik finden können. Es kann aber sicher nicht schaden, wenn man im Zweifelsfall auf technische Hilfsmittel zurückgreifen kann; besonders nützlich ist die elektronische Unterstützung auf unmarkierten Streckenabschnitten. Deshalb bieten wir unseren Lesern auf der Webseite des Verlags die GPS-Daten zu diesem Wanderführer kostenlos zum Download an. Die Adresse der Webseite lautet: **https://gps.battenberg-gietl.de/**.

Geben Sie zuerst das Passwort **kCx41J4k** in das entsprechende Feld ein und klicken Sie dann bei der Tour Ihrer Wahl auf den Download-Button.

Die Touren sind im gängigen GPX-Format gespeichert. Sie können einzelne Touren direkt herunterladen oder gleich alle auf einmal; in dem Fall erhalten Sie eine ZIP-Datei, die Sie erst einmal „entpacken" müssen. Um die GPS-Daten benutzen zu können, benötigen Sie ein Smartphone (iPhone oder Android) mit GPS-Empfänger und eine App, die GPX-Dateien darstellen kann (z. B. *Komoot, Bergfex, Outdooractive* o. ä.). Sie sollten nach Möglichkeit die Dateien so speichern, dass Sie sie offline nutzen können, da häufig Wälder und Berge beim Netzausbau nicht vorrangig behandelt werden und es im Online-Betrieb bei schlechtem Netz zu lästigen Verzögerungen kommen kann.

Navigationsaufgaben verursachen meist einen höheren Energieverbrauch auf dem Smartphone. Achten Sie daher besonders bei längeren Touren darauf, dass der Akku ausreichend aufgeladen ist.

NEUMARKTER Panoramaweg

Auf schmalen Steigen rund um den Mariahilfberg

TOUR 01

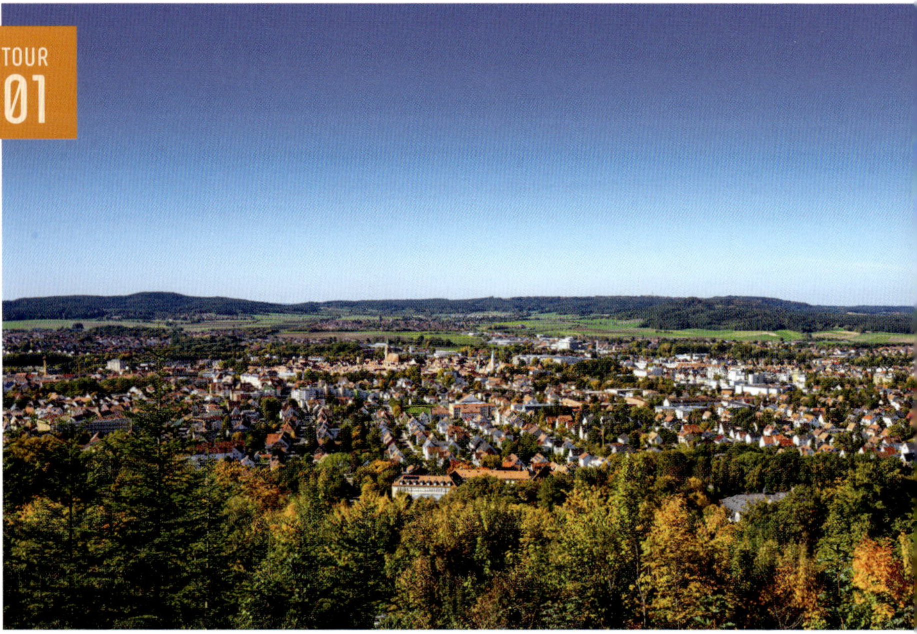

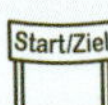

Parkplatz „An der Sturmwiese" oberhalb des Klosters Sankt Josef
Navi: An der Sturmwiese, 92318 Neumarkt (alternativ: Maria-Ferdinanda-Straße)
Bus: Haltestelle „Sturmwiese"

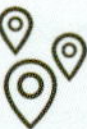

Sturmwiese – Kloster Sankt Josef – Goaßnickl-Weg – Wallfahrtskirche Mariahilf – Höhenberg – Alternative: Helena – Karls-Steig – Grabkapelle – Dr.-Koch-Steig

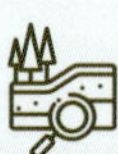

Beginn und Schlussstück auf Teerstraße, dann der überwiegende Teil auf schmalen, naturbelassenen Pfaden und Steigen, festes Schuhwerk ist ratsam

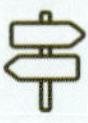

Neumarkter Panoramaweg (rot-gelb); Wanderzirkus Neumarkt „5" (blau-weiß); Neumarkter Bier-Vielfalt (Bierkrug); Frankenweg (rot-weiß); Jurasteig Mariahilf-Schlaufe (blau-gelb); Zeugenbergrunde (rot-gelbes Rechteck); Resi-to-go (gelb-weiß-blau); Velburger Weg (weiß-gelbes Rechteck); Wanderzirkus Neumarkt „7" (grün-weiß)

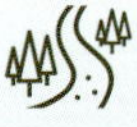

Eine kürzere, wunderschöne Panoramarunde rund um den Mariahilfberg in Neumarkt auf schmalen Steigen und verwunschenen Waldpfaden.

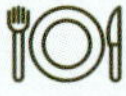

Hotel Gasthof Schönblick
Am Höhenberg 12, 92318 Neumarkt
Tel. 09181 4790
www.tagungshotel-schoenblick.de

Oberer Ganskeller
Ringstraße 2, 92318 Neumarkt
Tel. 09181 512035
www.obererganskeller.de

Foto: Panorama über Neumarkt im Herbst

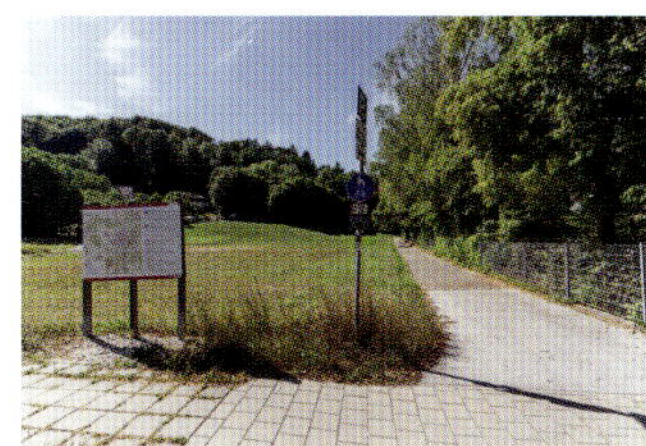

Startrichtung

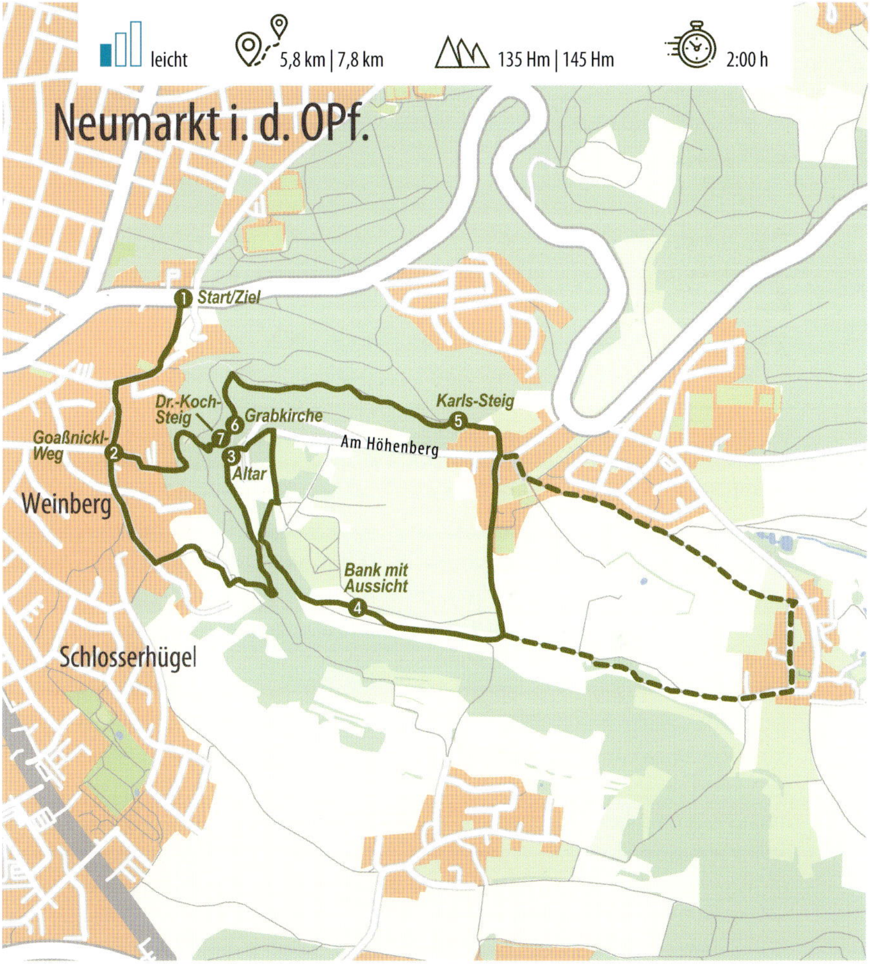

leicht | 5,8 km | 7,8 km | 135 Hm | 145 Hm | 2:00 h

Neumarkt i. d. OPf.

Start/Ziel
Goaßnickl-Weg
Dr.-Koch-Steig
Grabkirche
Altar
Am Höhenberg
Karls-Steig
Bank mit Aussicht
Weinberg
Schlosserhügel

m
600
550
500
450
400
km 1 2 3 4 5

Start
Goaßnickl-Weg
Altar
Bank mit Aussicht
Karls-Steig
Grabkirche
Dr.-Koch-Steig
Goaßnickl-Weg
Ziel

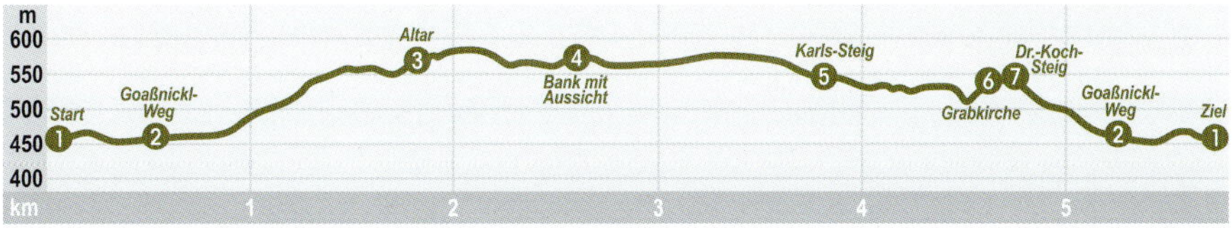

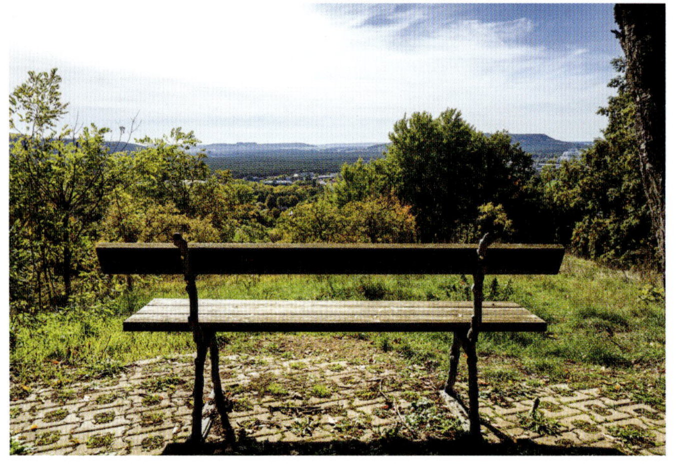

Bank mit Aussicht auf Goaßnickl-Weg

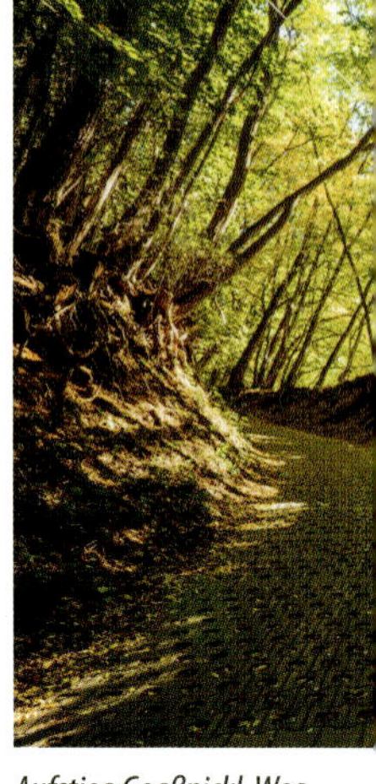

Aufstieg Goaßnickl-Weg

Zuerst möchte ich mich herzlich bei Herrn Michael Platzer bedanken! Er ist nicht nur weit über 80 Jahre alt, sondern auch seit Jahren in der Stadt und dem Landkreis Neumarkt ehrenamtlich als Wegewart tätig. Er hat diese wie auch zahlreiche andere Wanderrunden (z. B. Neumarkter Bier-Vielfalt) nicht nur entworfen und hervorragend beschildert, sondern ist sie mit mir persönlich an einem heißen Sommertag im August 2022 gewandert. Deshalb widme ich ihm diese Tour.

Diese Runde beginnt an der „Sturmwiese" oberhalb des Klosters Sankt Josef ❶. Hierher kann man auf vielfältige Weise gelangen, z. B. auch mit dem Bus oder zu Fuß vom Bahnhof. Dann sind es zwei Kilometer mehr und man orientiert sich an der Beschilderung der „Neumarkter Bier-Vielfalt". Grundsätzlich kann man sich auf dieser Tour nicht verirren. Wir orientieren uns stets an der „Neumarkter Panoramarunde". Die ersten 900 Meter auf Teer sind als eine Art Zubringer zu verstehen. Wir starten auf dem schmalen geteerten Fußweg entlang des Zauns des Klosterareals in südlicher Richtung. An dessen Ende wenden wir uns nach rechts in die „Maria-Ferdinanda-Straße" und kurz darauf links in die „Dr.-Rummel-Straße". An der nächsten Kreuzung, wo wir dann am Rückweg ankommen werden, schlendern wir geradeaus weiter in der Straße „Am Weinberg". Nach 240 Metern erkennen wir links das Schild „Goaßnickl-Weg", welches Teil der „Neumarkter Panoramarunde" ist ❷.

Es geht zwischen Häusern hindurch einen gepflasterten und bereits recht idyllischen Weg nach oben. Dieser Richtung folgen wir bis hoch zur Mariahilf-Kirche. Am Ende des gepflasterten Abschnitts befindet sich rechts der erste Aussichtspunkt der Runde. Hier können wir uns auf einer Bank niederlassen. Gegenüber erfahren wir, was es mit dem Namen des Weges auf sich hat. Der Naturpfad führt uns direkt neben einem gelben Haus im Schatten der Bäume nach oben. Der Pfad endet an einer T-Kreuzung. Wir orientieren uns nicht nach rechts in Richtung Lähr, sondern folgen dem Neumarkter Panoramaweg nach links zur Mariahilf-Kirche. Der schmale Pfad bringt uns unterhalb des weitläufigen Grundstücks zu einem Altar, welcher sich unterhalb des Gotteshauses befindet. Wir wenden uns nach rechts und steigen hinauf zur Wallfahrtskirche. Hier hat man einen der schönsten Ausblicke über das Stadtzentrum der Pfalzgrafenstadt und deren hügeliges Hinterland. Nach einer kurzen Pause wenden wir dem Eingangsportal unseren Rücken zu und nehmen den Fußweg rechts, an einem weiteren Altar

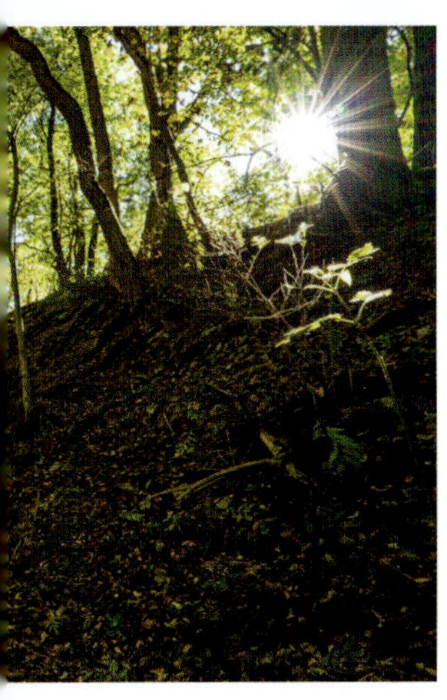

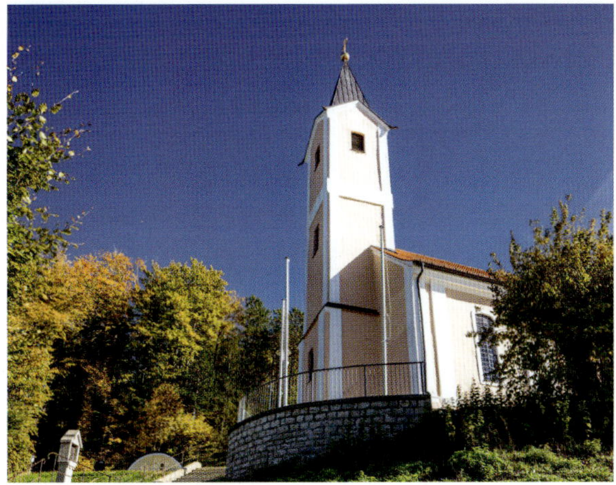

Blick hoch zur Mariahilf-Kirche

vorbei, hoch zum Parkplatz. Oben ist man dazu geneigt, auf der Straße geradeaus weiterzulaufen, doch der Wanderhinweis biegt sofort bei einem Marterl scharf nach rechts ab ❸.
Links von uns befindet sich das Pfadfinderzentrum Neumarkt und rechts der obere Zaun des Geländes der Mariahilf-Kirche. Nach 200 Metern endet der Feldweg, und wir gehen gemäß der Beschilderung nach rechts weiter. Dann erreichen wir eine Lichtung und der Pfad wird breiter. Rechts erkennen wir den Wanderhinweis, welcher uns nicht gerade, sondern links einen schmalen Trampelpfad hochleitet ❹.

Oben gelangen wir zu einer weiteren Sitzbank, von wo aus wir ein großartiges Panorama genießen können. Nach einem kurzen geraden Stück bringt uns der Pfad wieder hinab zu einem breiten Feldweg, welchem wir in östlicher Richtung für etwa 300 Meter folgen. Dann machen wir eine Linkskurve und erreichen kurz darauf eine Weggabelung. Der „Panoramaweg Neumarkt" leitet uns auf dem Feldweg geradeaus weiter in Richtung Höhenberg ❺.

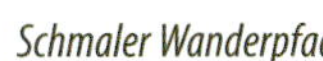

Schmaler Wanderpfad

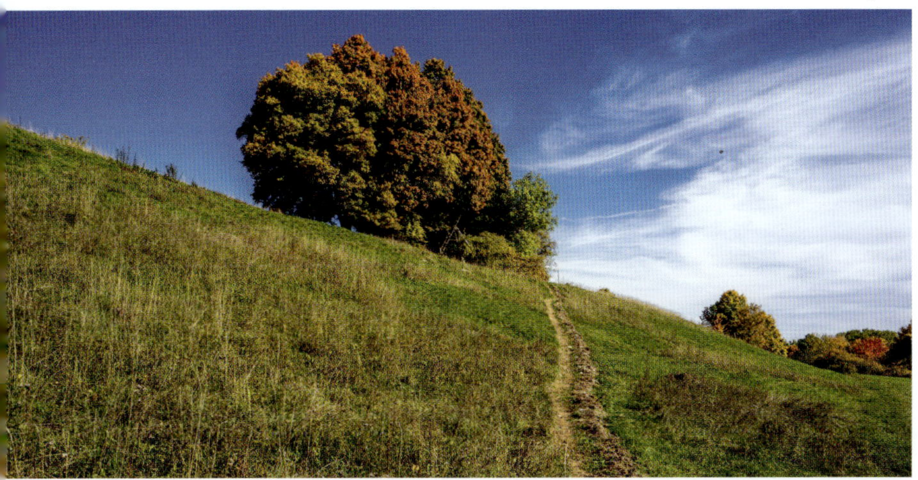

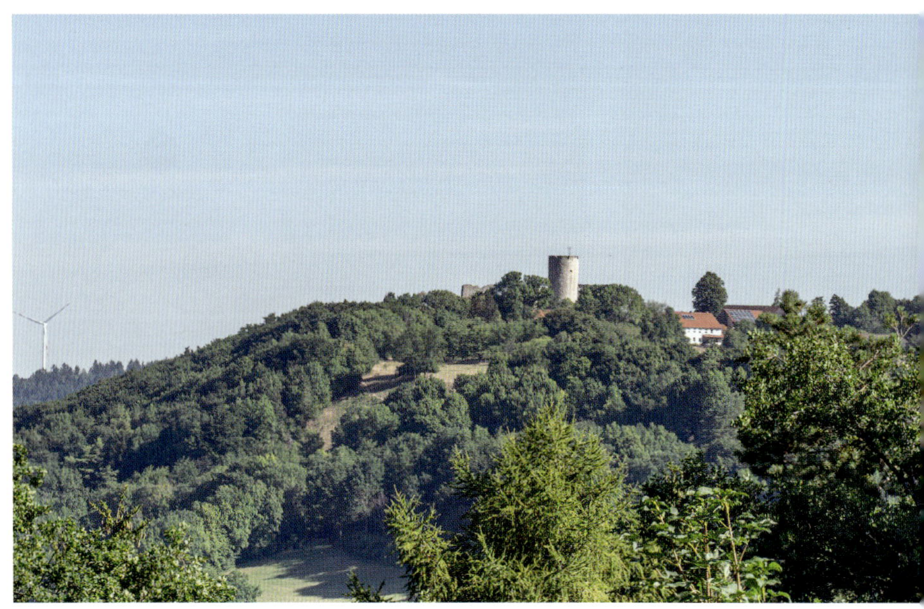

Ruine Wolfstein

ALTERNATIVE: Wer die Runde um etwa 2 Kilometer verlängern möchte, geht nun weiter nach rechts und orientiert sich an der Beschilderung „Frankenweg". Es geht zwischen Pferdekoppeln hindurch. Der Feldweg und stellenweise auch Trampelpfad schlängelt sich südöstlich bis zur Ortschaft Helena. Nach einem Marterl verlassen wir die „St.-Helena-Straße" bei nächster Gelegenheit und biegen in die „Prof.-Ott-Straße" links in Richtung Norden. Jetzt orientieren wir uns an der Markierung „grün-weiße 7". Am Ende der Straße biegen wir links auf den Schotterweg ab und erreichen schon bald die Ortschaft Höhenberg. Nach einer Rechtsbiegung und Linkskurve finden wir zu unserer Rechten das Hotel Schönblick. Hier treffen wir auch auf den Panoramaweg Neumarkt.

Wir orientieren uns immer noch am Panoramaweg. So erreichen wir nach einer Weile die Straße „Am Höhenberg". In der Ortschaft ist der Feldweg zu einer Teerstraße geworden. An der Kreuzung erkennen wir vor uns das Hotel Schönblick, wo wir uns eine Erfrischung redlich verdient haben. Die Alternative ist von rechts zu uns gestoßen. Die zahlreichen Wanderhinweise leiten uns rechts am Hotel vorbei. Die Teerstraße wird zu einem Schotterweg. Unterhalb des Gebäudes hat man eine herrliche Aussicht, unter anderem auch hinüber zur Burgruine Wolfstein.

Wenig später zweigt links der „Karls-Steig" ab. Wie ich von Herrn Platzer erfahren habe, handelt es sich um einen der ältesten ausgewiesenen Steige in der Umgebung. Der schmale, schattige Trampelpfad ist sehr idyllisch. Der Pfad windet sich für etwa 800 Meter am Hang entlang durch das Waldgebiet „Heiligenwald". Am Ende eröffnet sich uns erneut ein weiterer herrlicher Ausblick auf Neumarkt und die „Sturmwiese" unter uns. Kurz darauf endet der Pfad am Kreuzweg. Hier betrachten wir die Votivbilder und steigen die Stufen wieder hinauf in Richtung Mariahilf-Kirche. Oben angekommen erblicken wir eine kleine Kapelle. Sie befindet sich unterhalb der Wallfahrtskirche, die majestätisch über ihr thront. Die Kapelle wurde Ende des 17. Jahrhunderts nach

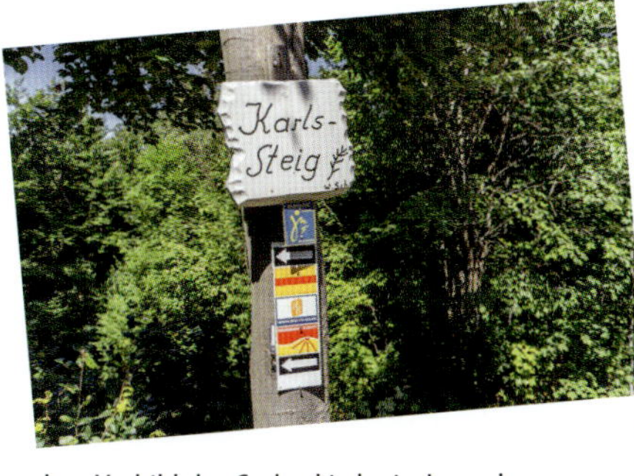

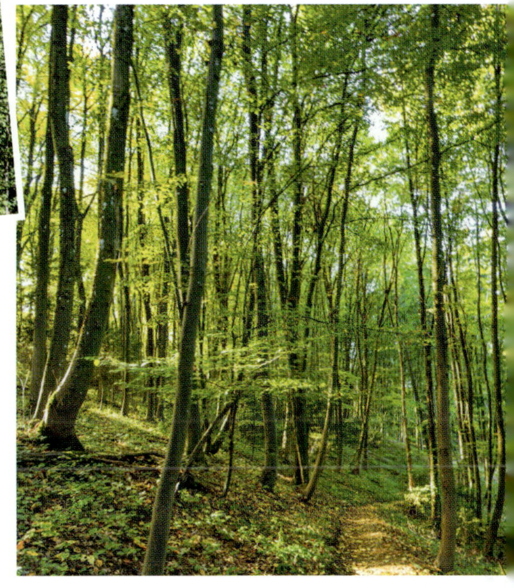

Auf dem Karls-Steig

dem Vorbild der Grabeskirche in Jerusalem gebaut. Der Neumarkter Panoramaweg führt rechts daran vorbei und mündet dahinter in den „Dr.-Koch-Steig“ 6.

Wir halten uns links und folgen dem schmalen Pfad hinab ins Tal. Nach einer Rechtsbiegung wandern wir parallel zu einer Doline. Schließlich endet der Pfad an der Straße „Am Königsberg“. An der nächsten Kreuzung schließt sich die Runde an der „Dr.-Rummel-Straße“. Wir folgen ihr nach rechts, biegen dann hinter dem Kloster „Sankt Josef“ in die „Maria-Ferdinanda-Straße“ erneut nach rechts ab, und nach einer Linkskurve erkennen wir wieder die „Sturmwiese“.

Aussicht über Neumarkt vom Karls-Steig aus

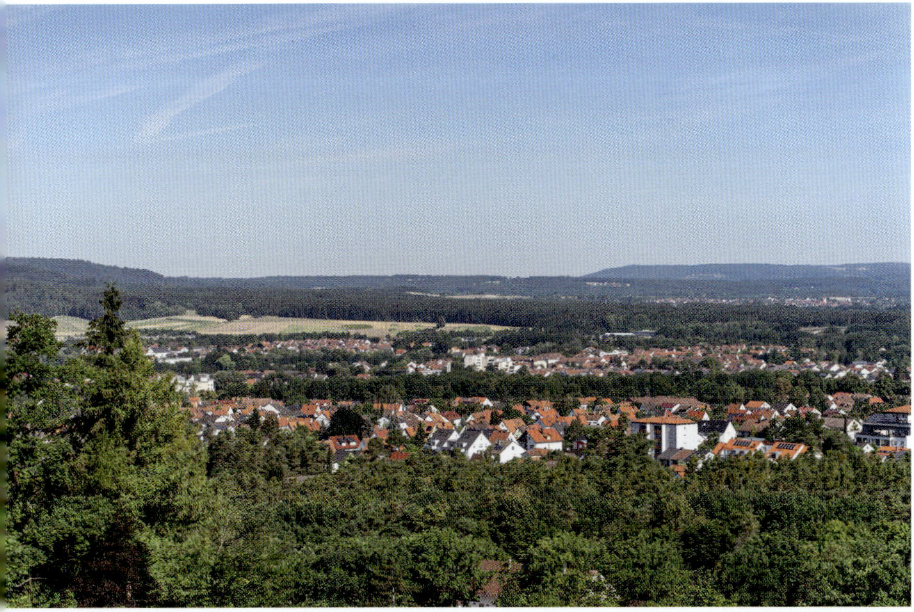

DEINING

Über verwunschene Waldpfade ins Lengenbachtal und durchs Tal der Weißen Laber

TOUR 02

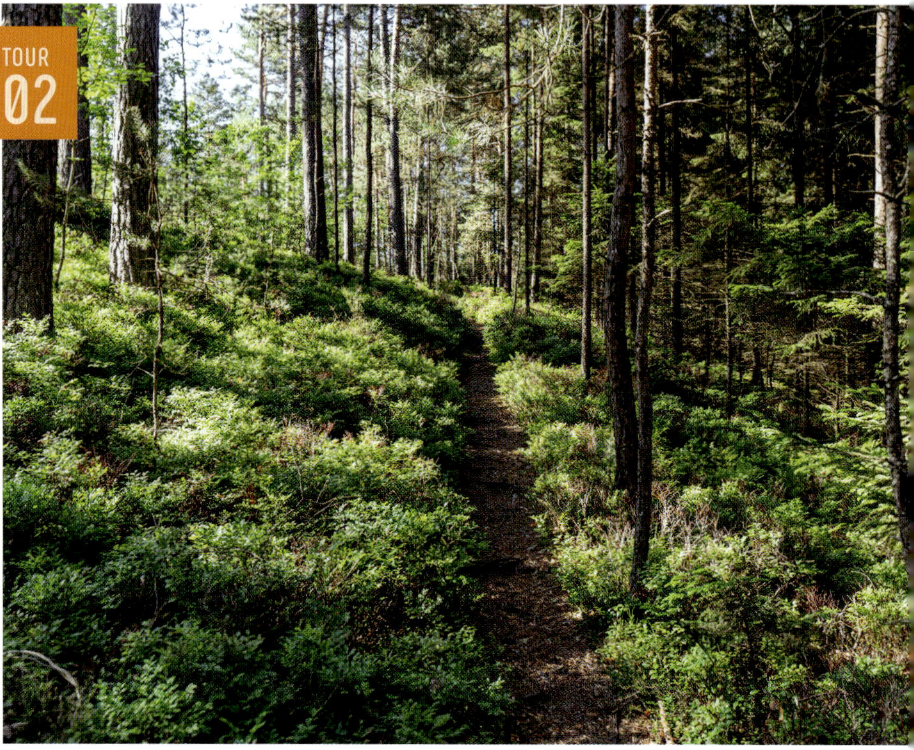

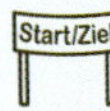

Parkplatz am Naturbad Deining an der ST 22220 / Velburger Straße
Navi: Naturbad Deining, Velburger Str. 40, 92364 Deining

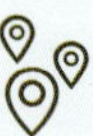

Deining – Lengenbachtal – Wallfahrtskirche Lengenbach – Arzthofen – Siegenhofermühle – Tal der Weißen Laber

Sehr geringer Asphaltanteil, überwiegend auf naturbelassenen Wegen im Wald oder auf losem Untergrund auf dem Jurasteig, ein Stück des Weges auf Kies

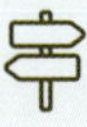

Grün-weiße „8"; Jurasteig „Wasser- & Mühlenweg"; Jurasteig „Mariahilf-Schlaufe"; Frankenweg (rot-weiß); grün-weiße „7"; grün-weiße „6"; „Velburger Weg (weiß-gelb), Deininger Naturerlebnis-Runde (gelb-schwarz)

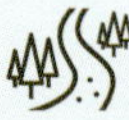

Eine wunderschöne Runde auf verwunschenen Waldpfaden zum bekannten Lengenbachtal und über den Jurasteig wieder zurück durch das idyllische Tal der Weißen Laber bei Deining.

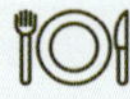

Hotel & Gathof „Zum Hahnenwirt"
Untere Hauptstraße 2, 92364 Deining
Tel. 09184 1663
www.hahnenwirt.com

Foto: Verwunschener Trampelpfad

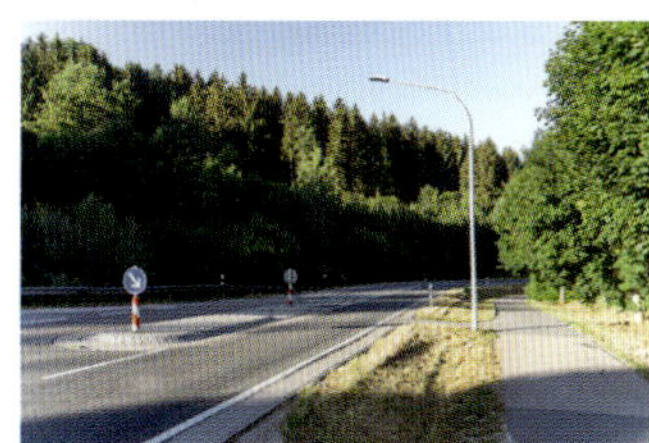

Startrichtung

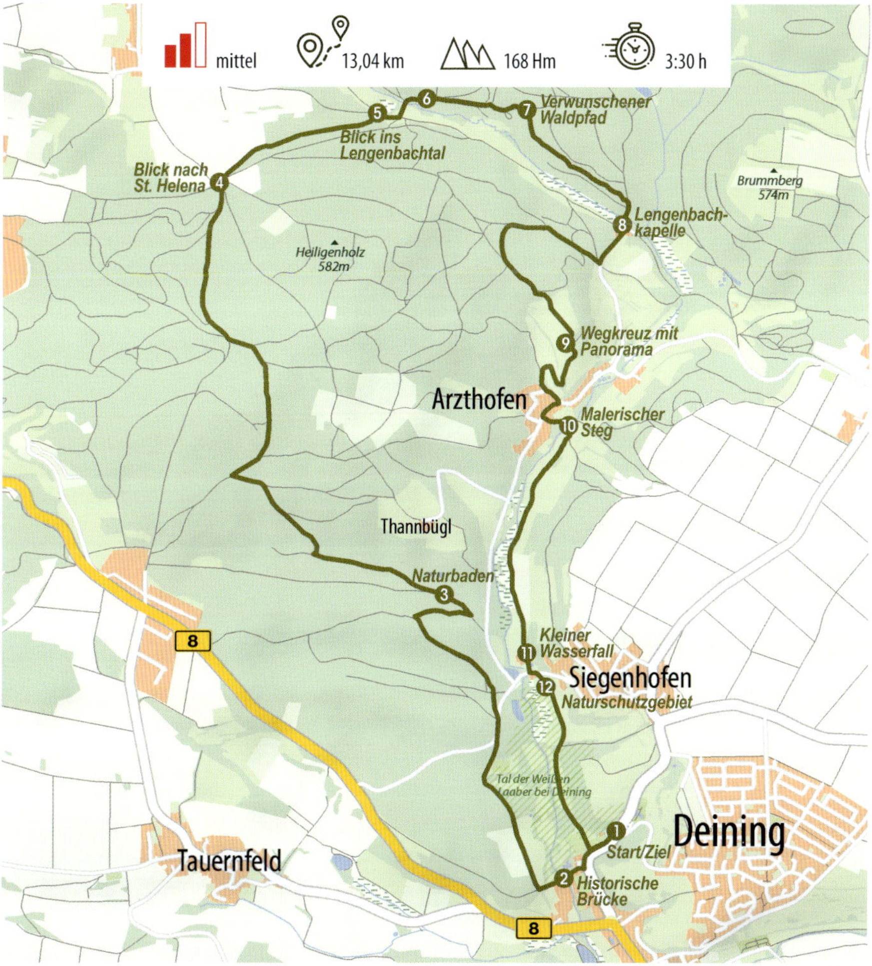

mittel | 13,04 km | 168 Hm | 3:30 h

1 Start/Ziel
2 Historische Brücke
3 Naturbaden
4 Blick nach St. Helena
5 Blick ins Lengenbachtal
6
7 Verwunschener Waldpfad
8 Lengenbach-kapelle
9 Wegkreuz mit Panorama
10 Malerischer Steg
11 Kleiner Wasserfall
12 Naturschutzgebiet

Heiligenholz 582m
Brummberg 574m
Arzthofen
Thannbügl
Siegenhofen
Tal der Weißen Laaber bei Deining
Deining
Tauernfeld
8

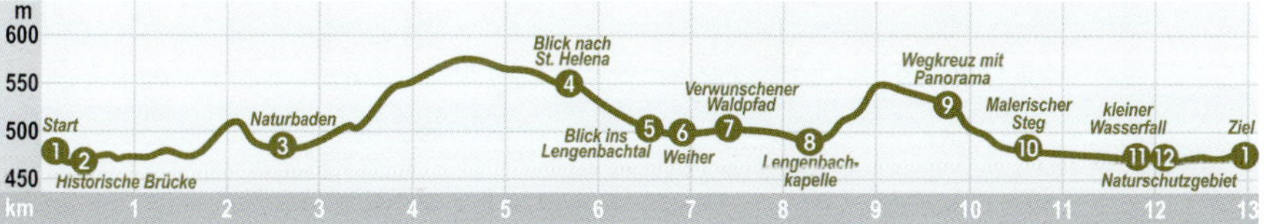

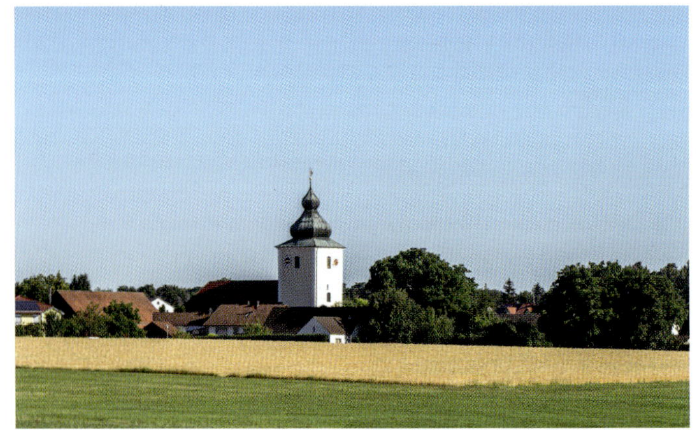

links:
Blick nach St. Helena

unten:
Blick ins Lengenbachtal

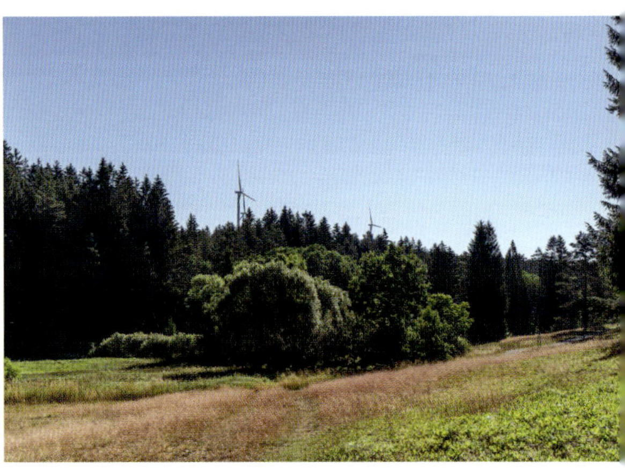

Wir starten unsere Runde am Parkplatz des Naturbads Deining, gegenüber dem Eingang auf der anderen Straßenseite, und gehen auf dem Radweg talwärts in Richtung Ortschaft 1.

Hier passieren wir schon bald den Funpark Deining mit Beach-Volleyball- und Fußballplätzen zu unserer Rechten. Nach etwa 250 Metern verlassen wir in einer Linkskurve den Gehweg und biegen rechts in Richtung Schützenheim des Schützenvereins St. Hubertus Deining ab. Direkt neben dem Schützenheim gehen wir über eine historische Brücke, und darunter befindet sich ein Kneippbecken 2.

Sogleich befinden wir uns auf dem Jurasteig „Wasser- & Mühlenweg" bzw. dem Wanderweg der grün-weißen „8". Nach etwa 100 Metern nehmen wir die erste Abzweigung rechts und folgen dem festen Forstweg, welcher zugleich als Radweg dient, in nördlicher Richtung, gemäß dem grün-weißen Hinweis. Nach etwa 600 Metern stößt die „Deininger Naturerlebnis-Runde" zu uns. Wir folgen dem Pfad, welcher stellenweise bereits einen sandigen Vorgeschmack auf den vor uns liegenden Pfad gibt, und erreichen kurz darauf die wenig befahrene Teerstraße. Die grün-weiße „8" zweigt nach etwa 100 Metern links ab.

Wir orientieren uns weiterhin an der „8" und tauchen ein in das Waldgebiet. Nach 120 Metern erreichen wir eine Kreuzung, halten uns an die Hinweise und gehen gerade weiter. Die nächsten 500 Meter geht es stetig leicht bergauf. Der Boden wirkt teilweise hier schon recht sandig. Dann erreichen wir eine T-Kreuzung und wir folgen den Wegweisern scharf nach rechts hinab. Kurz darauf mündet unser Waldpfad unten in einen anderen, welchem wir scharf nach links folgen. Wir spazieren für 260 Meter in nordwestlicher Richtung. Dann würde an einer Y-Gabelung die grüne „8" nach links abbiegen, wir nehmen jedoch den rechten Pfad, baden unsere Augen in der Natur

rechts von uns und spazieren geradeaus weiter ❸.
Der feste, leicht geschotterte Waldpfad bringt uns bereits nach weiteren 180 Metern an die nächste Y-Gabelung. An dieser Stelle wenden wir uns nach links und folgen dem leicht ansteigenden Weg auf der „Deininger Naturerlebnisrunde". Je mehr Höhenmeter wir auf dem leicht geschotterten Waldweg ansammeln, umso sandiger wird im Verlauf der Untergrund. Nach weiteren 380 Metern in westlicher Peilung erreichen wir eine T-Kreuzung. An dieser Stelle, welche rechts von einer Ansitzvorrichtung markiert wird, zweigen wir scharf nach rechts ab und folgen dem breiten, geschotterten Forstweg hinab in eine Senke. Dieser macht unten eine Linkskurve, woraufhin ein Anstieg durch das Forstgebiet „Brenntenschlag" folgt. Nachdem wir oben angekommen sind, stehen wir an der nächsten breiten T-Kreuzung. Diese wird markiert von einem leuchtend-orangen, eisernen Rohr mit der Aufschrift „Hochspannung Lebensgefahr". Wir verlassen diese Stelle und gehen nach links in Richtung Westen weiter. Wir befinden uns inmitten eines verzweigten Netzes an verwunschenen Waldpfaden. Nach 160 Metern, an der nächsten Abzweigung, finden wir wieder Wegweiser vor. Es handelt sich um den rot-weißen „Frankenweg" und die grün-weiße „7". Hier biegen wir scharf nach rechts ab und folgen diesen beiden Hinweisen eine ganze Weile.
Auf diesem idyllischen Waldpfad spazieren wir auf sehr sandigem Boden. Kurz darauf erreichen wir eine weitere Weggabelung mit Hinweisschildern. Hier halten wir uns links und bleiben auf dem Frankenweg, der „7", und mittlerweile auch dem Jurasteig „Mariahilf-Schlaufe". Wenige Meter weiter links können wir das sanfte Rauschen einer Windkraftanlage vernehmen. Nach 480 Metern auf dem „Frankenweg" erreichen wir die nächste Abzweigung. Hier halten wir uns auf dem geschotterten Forstweg links und erreichen nach weiteren 130 Metern eine große Weggabelung. Wir halten an unseren Wegweisern fest und schlendern auf dem breiten Forstweg nach rechts in nördlicher Richtung weiter. Dieser endet nach etwa 840 Metern an einem Parkplatz oberhalb des bekannten und bei Neumarktern beliebten Naherholungsgebietes Lengenbachtal. Direkt vor uns befinden sich eine Sitzgelegenheit und die

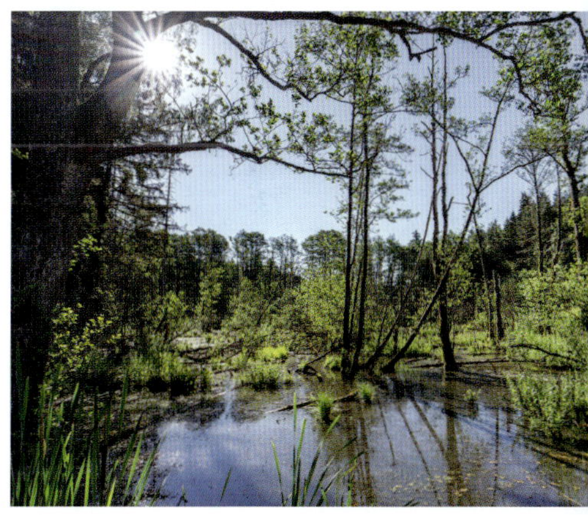

An der Unterbürger Laber

Übungsstation 3. Etwas weiter erkennen wir die Kirche von St. Helena. Wir gehen vor der Sitzgruppe nach rechts weiter und nehmen nach etwa 40 Metern den schmaleren Feldweg nach links ❹.
Dieser abschüssige Waldweg ins Lengenbachtal ist sehr idyllisch und auch wieder mit sandigen Stellen versehen. Ein paar Minuten später und nach etwa 850 Metern erreichen wir in östlicher Richtung den Schotterweg im Lengenbachtal. Hier in dieser wunderschönen Naturoase ist man selten allein. Wir wenden uns nach rechts und erkennen wieder Schilder sowie eine Tafel „Übungsstation 2". Etwa 20 Meter dahinter zweigt ein Wiesenweg nach links ab ❺.

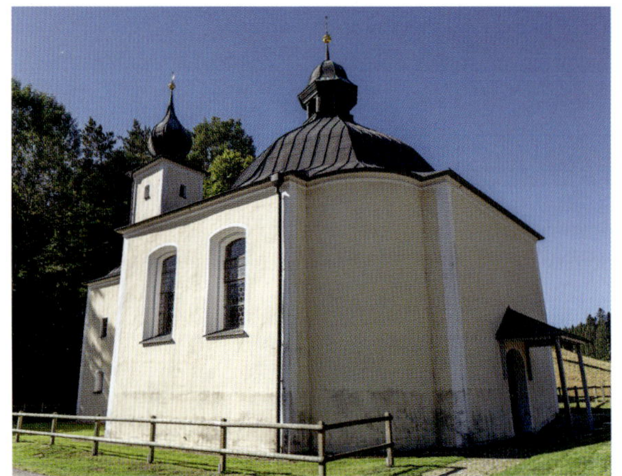

Kapelle Lengenbach

Da wir eher den Schatten sowie Abgeschiedenheit und verwunschene Waldpfade suchen, wählen wir diese Abzweigung. Wir überqueren einen kleinen Bachlauf, halten uns auf dem Forstweg nach rechts und schlendern oberhalb eines malerischen Weihers im Schatten des Waldes ostwärts (6).

Etwa 60 Meter weiter halten wir uns an einer Weggabelung rechts. Nach ungefähr 200 Metern an der nächsten Gabelung leicht links und dann wieder rechts, immer in Richtung Osten. Kurz darauf, nach weiteren 120 Metern, wird es etwas unübersichtlich. Hier haben wir eine 3-fache Weggabelung. Im mittleren Pfad erkennen wir eine Ansitzvorrichtung, doch wir wählen den sandigen Waldpfad ganz links, welcher von einem etwa 1 Meter hohen Holzpfosten markiert ist. Ehe wir nach etwa 80 Metern einen Anstieg erklimmen müssten, erkennen wir rechts einen schmalen, verwunschenen Trampelpfad. Diesen wählen wir und tauchen ein in das vielleicht schönste und idyllischste Stück dieser ohnehin wunderschönen Wanderung. Auf den nächsten 700 Metern in südlicher bzw. südöstlicher Peilung sind wir nur mit uns und der Natur auf einem etwa 30–50 Zentimeter breiten Trampelpfad allein (7).

Die Einsamkeit in der Natur endet an einem Schotterweg, auf den wir nach rechts einbiegen. Hier finden wir die Markierung „6" und den Hinweis „Velburger Weg". Wir sind kurz vor dem Idyll der Kapelle Lengenbach. Zuerst überqueren wir die „Unterbürger Laber", einen Abschnitt der „Weißen Laber", und erreichen schließlich die Kapelle „Mariä Geburt", welche ein bekannter und beliebter Startpunkt für Outdooraktivitäten ist (8).

Ab jetzt wird es einfach! Bis zu unserem Ausgangspunkt in Deining orientieren wir uns an dem blau-gelben Jurasteig bzw. dem „Wasser- & Mühlenweg". Daher gehen wir auf der Teerstraße ein kurzes Stück in südlicher Richtung und biegen nach 230 Metern nach rechts auf den Jurasteig ab. Es folgt ein kurzer Anstieg in westlicher Richtung. In einer Kurve erhalten wir einen großartigen Eindruck in den sandigen Unter-

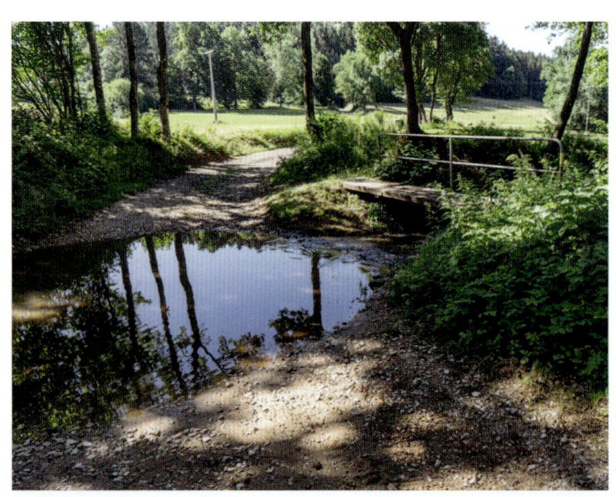

Furt mit Steg

grund in dieser Region rund um den „Schellenberg". Der idyllische Waldpfad ist hervorragend ausgeschildert, so dass ein Verirren im Waldgebiet nicht möglich ist. Schließlich verlassen wir den Wald, und der Jurasteig scheint zu enden. Doch er ist etwas unscheinbar, denn wir müssen nur eine Wiese überqueren und erkennen am anderen Ende in 200 Metern den bekannten Hinweis. Wir befinden uns oberhalb der Ortschaft Arzthofen, und der geschotterte Feldweg bringt uns in Kürze hinab. Vorher jedoch passieren wir in einer Biegung ein schönes Wegkreuz und können auf einer Sitzbank unseren Blick über die großartige Landschaft des Bayerischen Jura gleiten lassen 9.

Unten angekommen mündet der geschotterte „Jurasteig – Wasser- & Mühlenweg" in den „Sandweg", welcher nach 100 Metern in den „Lengenbacher Weg" mündet. Wir befinden uns in Arzthofen. An dieser Stelle geht unser Weg nach rechts weiter. Es lohnt sich jedoch ein kurzer Blick nach links, denn hinter dem Bushäuschen befindet sich eine kleine, malerische Kapelle. Wir wenden dem putzigen Gotteshaus den Rücken zu und folgen dem Jurasteig in südlicher Richtung. Nach 120 Metern zweigt dieser scharf nach links ab und so auch wir. Es geht vorbei an einem speziellen Gartentor hinab zur „Unterbürger Laber". Diese Furt überqueren wir über einen kleinen Steg 10.

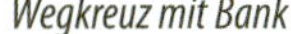

Wegkreuz mit Bank

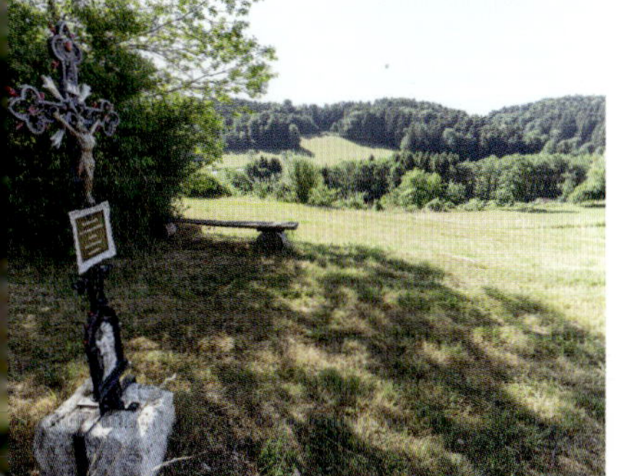

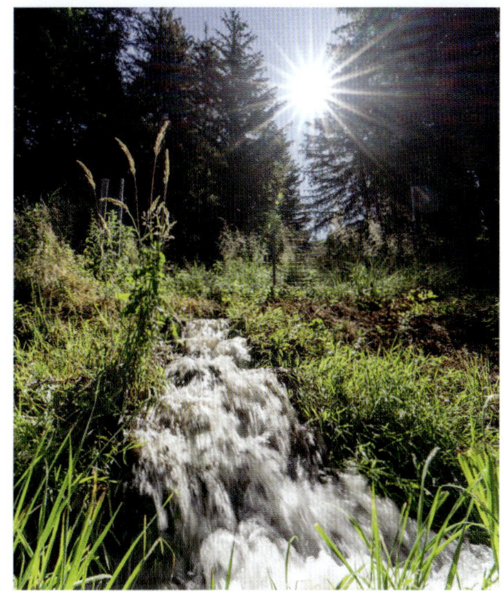

Kleiner Wasserfall

Auf der anderen Seite verlassen wir nach wenigen Metern nach einer Bank den geschotterten Weg, denn der Jurasteig zweigt auf einem Feldweg nach rechts ab. Wir finden dessen Schild an einem Strommasten. Die nächsten 1,2 Kilometer schlendern wir durch das idyllische Tal entlang der Unterbürger Laber. Dieses strahlt einen besonderen Zauber aus und zieht den Wanderer in seinen Bann. Über den Feldweg erreichen wir die Siegenhofener Mühle. Vorher haben wir uns an einem kleinen Wasserfall am Wegesrand erfrischt 11.

An der geteerten Straße wenden wir uns nach links und biegen bei nächster Gelegenheit wieder dem Hinweis folgend rechts ins Naturschutzgebiet ab 12.

Zum Abschluss der Wanderung folgt auf den letzten 950 Metern bis Deining ein Teil der Genusstour durch das Tal der Weißen Laber bei Deining. Schließlich erreichen wir das Sportgelände bei Deining. Am Radweg wenden wir uns nach links und beenden unsere abwechslungsreiche Wanderung wieder am Naturbad Deining, wo wir uns im Sommer eine Abkühlung redlich verdient haben.

ERASBACH

Waldbaden zwischen Steinerner Rinne und Hohem Brunnen

TOUR
03

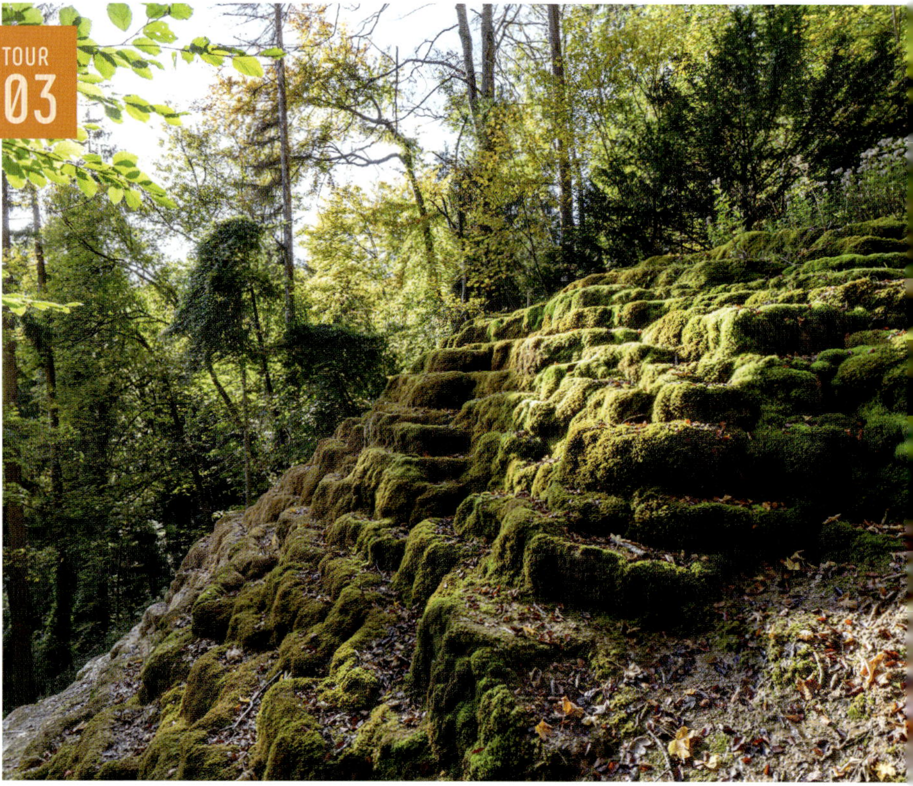

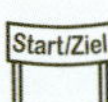

Direkt am Friedhof in Erasbach
Navi: Friedhof Erasbach, Friedenstraße 7, 92334 Berching

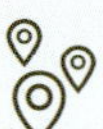

Erasbach – Steinerne Rinne – Hoher Brunnen

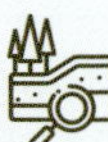

Überwiegend naturbelassene Forstwege und loser Untergrund, am Anfang und Ende bei Erasbach ein Stück auf befestigtem Weg

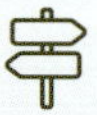

gelb-schwarzes „B" (Naturpark Altmühltal); gelb-grün Berching 4; blau-weiße Streifen (Berchinger Weg Teil 1); C – Contemplatio

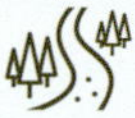

Eine kürzere und einfache Runde durch das Waldgebiet bei Erasbach zu den geologischen Highlights „Steinerne Rinne" und dem „Hohen Brunnen" bei Rübling.

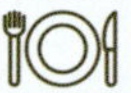

Altstadthotel – Brauereigasthof Winkler
Reichenauplatz 22, 92334 Berching
Tel. 08462 1327
www.winkler-berching.de

Hotel-Restaurant Gewürzmühle
Gredinger Straße 2, 92334 Berching
Tel. 08462 200050
www.gewuerzmuehle-berching.de

 Foto: Hoher Brunnen

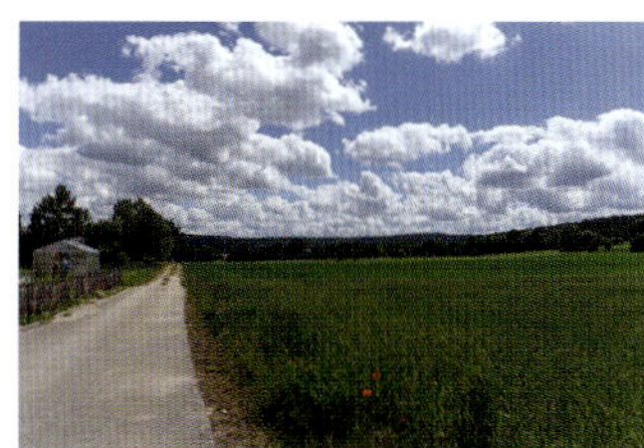

Startrichtung

leicht

8,22 km

173 Hm

3:00 h

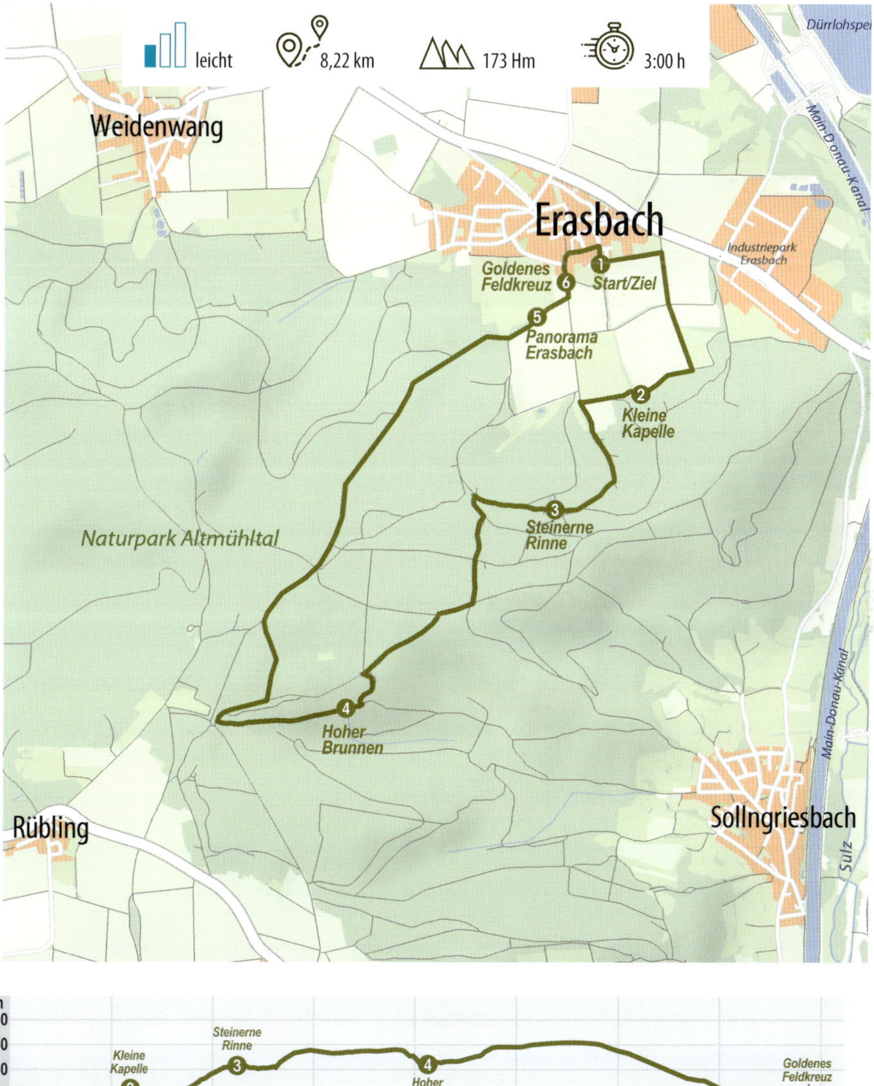

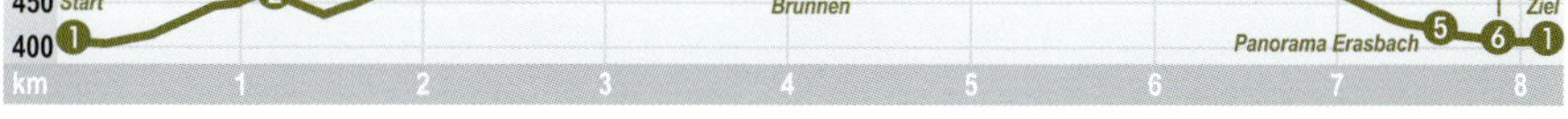

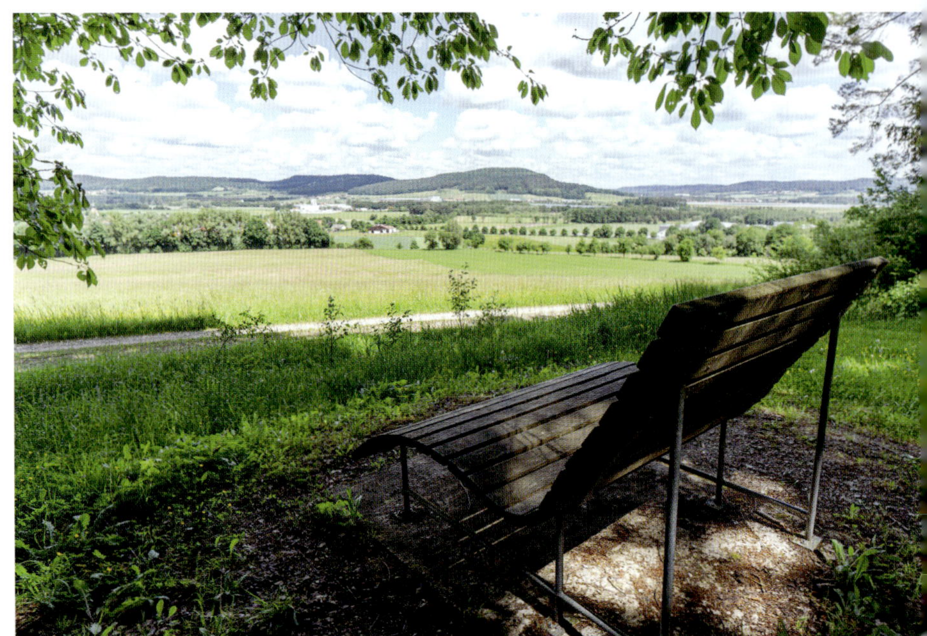

Liege

Diese Runde beginnt vor dem Friedhof in Erasbach in der „Friedensstraße". Wenn wir vor dem Eingang des Friedhofs stehen, wenden wir uns nach links. Schon bald nach dem letzten Haus wird aus der Teerstraße ein geschotterter Feldweg ❶.

Nach knapp 300 Metern in östlicher Richtung wenden wir uns bei der ersten Gelegenheit nach rechts und machen uns an den ersten Aufstieg. Nach etwa 600 Metern erreichen wir den Waldrand. Wir machen eine Rechtskurve, und der Asphalt weicht erneut Schotter. Ein paar Meter weiter finden wir rechts eine Entspannungsliege, auf welcher man sich ausruhen und das großartige Panorama genießen kann. Das erste kleine Highlight der Runde folgt zugleich. Vor einer Rechtsbiegung an einer Weggabelung finden wir eine schöne, idyllische Kapelle ❷.

Wir lassen das kleine Gotteshaus links liegen und halten uns rechts am Rand des Waldes erneut auf einer schmalen Teerstraße in südwestlicher Richtung. So gelangen wir nach 270 Metern an eine Weggabelung. Diese ist mit einer hölzernen Sitzbank an einem Baum markiert. Hier biegen wir scharf nach links auf den geschotterten Forstweg. Es folgt der nächste Anstieg, aber dieses Mal immerhin im Schatten der Bäume. Irgendwann auf den nächsten 470 Metern weicht der Schotter einem weicheren Waldboden. Es folgt eine Kurve nach rechts, und wenig später erreichen wir eine Y-Gabelung. Hier halten wir uns rechts auf dem leicht abschüssigen Waldpfad.

Kurz darauf stehen wir vor dem ersten geologischen Highlight unserer Runde. Es handelt sich um die Kalktuffformation „Steinerne Rinne" bei Erasbach. Ein Hinweis macht uns darauf aufmerksam, dass ein Betreten oder Berühren der Rinne nicht erlaubt ist. Wir befinden uns am Kopf des gesetzlich geschützten Biotops. Die Rinne windet sich wie ein steinzeitliches Fantasiewesen aus einem Roman von Michael Ende nach unten ❸. Wir erfahren, dass dieses Exemplar mit einer Länge von 80 Metern zu den längsten seiner Art gehört. Neben diesem Hinweisschild und dem Beginn der

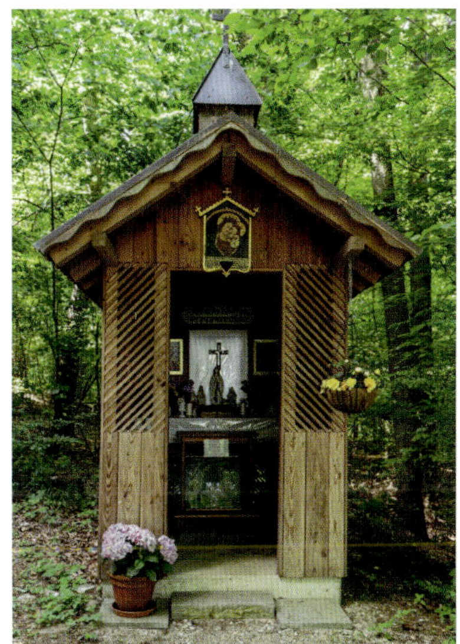

links: Kleine Kapelle

unten: Panorama vom Waldrand hinab nach Erasbach

Rinne setzen wir unsere Wanderung geradeaus in westlicher Peilung fort. Wir folgen dem etwa 2 Meter breiten Waldweg für etwa 370 Meter. Nach einem abschüssigen Stück erreichen wir eine Kreuzung. Hier finden wir links von uns erhöht einen bemoosten Baumstumpf, genauso wie rechts am Wegesrand. Wir biegen scharf nach links ab und wandern den steilen Anstieg hoch.

Nach wenigen Metern halten wir uns an einer Gabelung wieder links und erklimmen so den steilen Berg auf teilweise rutschigem Untergrund. Festes Schuhwerk kann hier von Vorteil sein. Nach 120 Metern sind wir oben angekommen und haben den letzten Anstieg auf dieser Runde geschafft. Hier halten wir uns rechts. Unser Weg wird von einem großen, flachen Baumstumpf markiert, an welchem wir rechts vorbeispazieren. Nun spazieren wir auf festem Waldboden, welcher an manchen Stellen richtig sandig ist, im Schatten der Bäume in südlicher Richtung. An der ersten Kreuzung nach etwa 210 Metern gehen wir gerade weiter. Der Boden unter uns fühlt sich an, als ob man auf einer befestigten Düne laufen würde. Nach weiteren 200 Metern erreichen wir einen breiten, geschotterten Forstweg. Dieses Gebiet nennt sich „Breiteschlag". An dieser Kreuzung wenden wir uns nach rechts auf den Schotterweg. Nach 170 Metern gabelt sich der Weg wie bei einem „Y". Hier nehmen wir die linke Abzweigung. Wir schlendern 450 Meter in südwestlicher Rich-

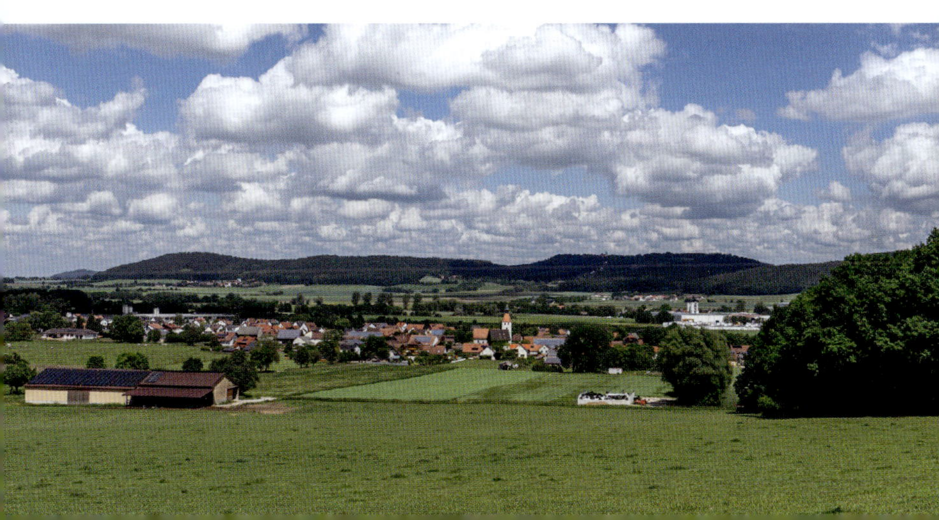

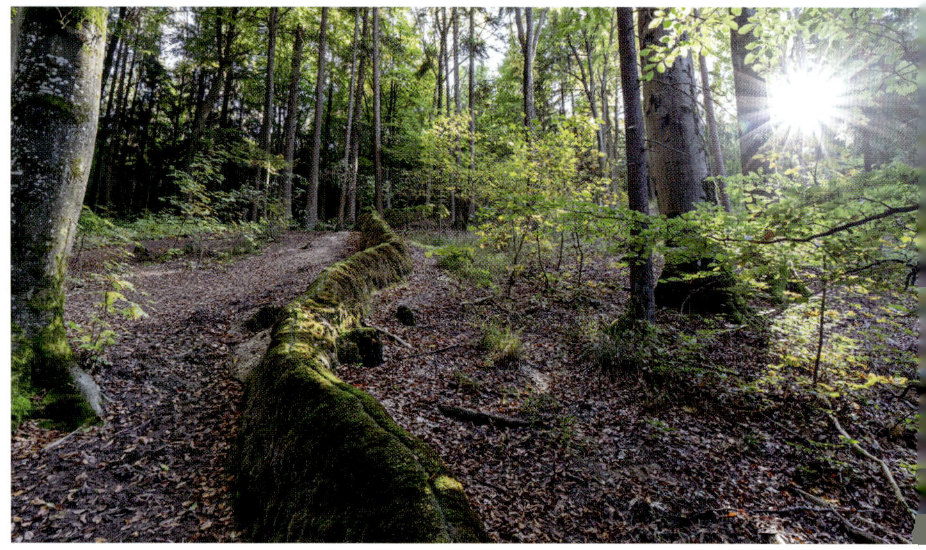

Steinerne Rinne

tung und gelangen an eine relativ große Kreuzung. Hier finden wir, zwar etwas versteckt an einem Baum auf der gegenüberliegenden Seite der Abzweigung, auch die ersten relevanten Wegweiser. Wir orientieren uns nach links und folgen dem gelb-schwarzen „B", welches sogleich eine Rechtskurve vollzieht.

Wir folgen diesem Wegweiser auf dem etwas verschlungenen, gewundenen und leicht abfallenden Pfad für etwa 200 Meter. Dieser endet schließlich an einem kreuzenden Weg. Rechts befindet sich eine Sitzgruppe. Diese ist der Einstieg zum zweiten geologischen Naturphänomen: dem Hohen Brunnen bei Rübling.

TIPP: Gehen Sie diese paar Meter wirklich weiter zu diesem mystischen, verwunschenen und idyllischen Kleinod mitten im Wald 4. Es handelt sich um eine einmalige Kalktuffterrasse. Daneben befindet sich eine weitere Sitzgruppe, die zum Waldbaden und Verweilen einlädt.

Wir gehen wieder zurück zur ersten Sitzgruppe und folgen nun links in die westliche Richtung dem Hinweis „grün-gelbe 4" und „C" des Contemplatio-Abschnittes. Ab jetzt wird es sehr leicht! Wir orientieren uns bis nach Erasbach am blauweißen „C". So auch nach 650 Metern an einer Kreuzung. Hier biegen wir scharf nach rechts auf den breiten, geschotterten Forstweg ab durch das Waldgebiet „Kohlmarter". Nach 220 Metern bie-

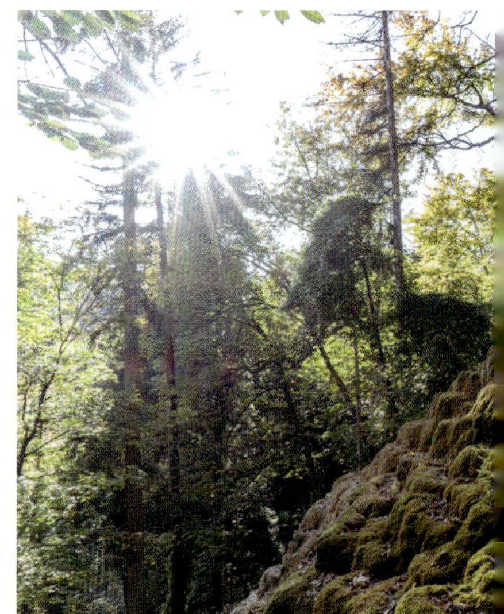

Hoher Brunnen

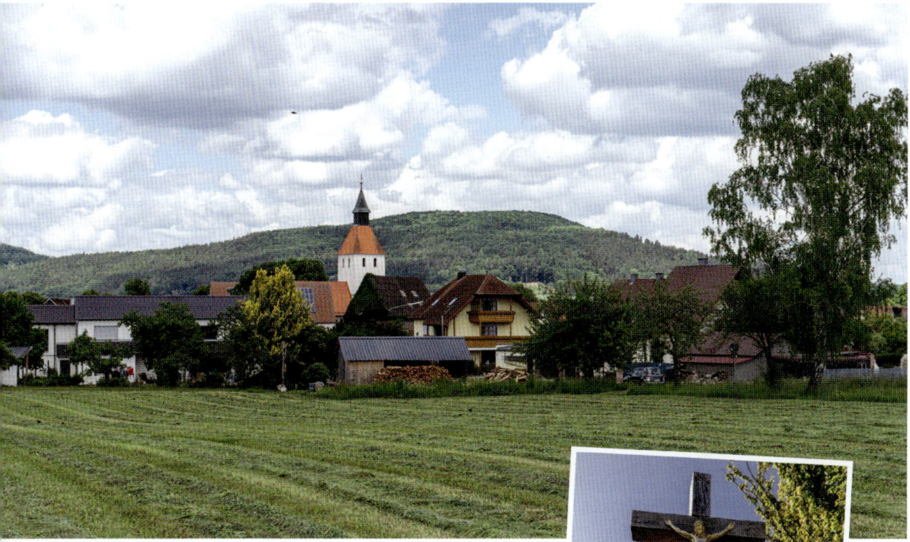

Blick nach Erasbach

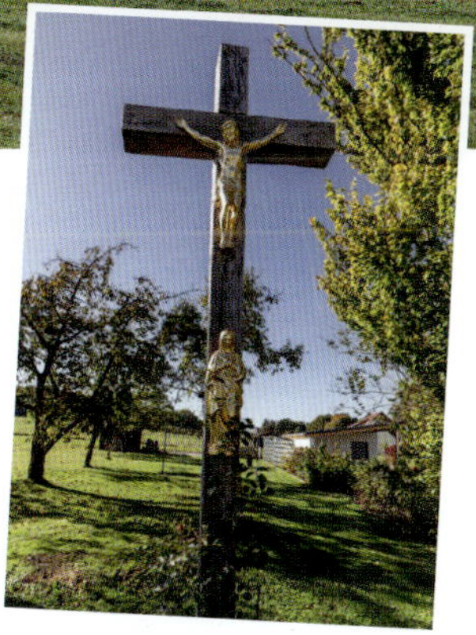

Goldenes Feldkreuz

gen wir bei nächster Gelegenheit nach links in nördlicher Richtung ab und folgen dem „C"-Hinweis.

Die nächsten 2,5 Kilometer biegen wir nicht mehr ab. Es geht geradewegs auf dem breiten, geschotterten Forstweg, welcher mit dem „C" oder auch dem blau-weißen „Berchinger Weg 1" gekennzeichnet ist, durch das Waldgebiet in Richtung Erasbach. Je mehr wir schließlich aus dem Wald

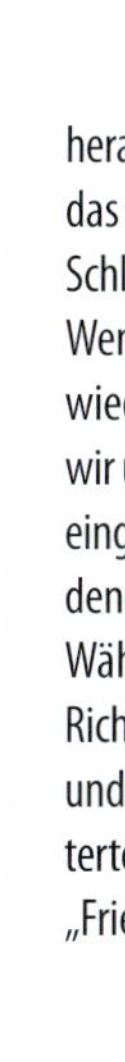

heraustreten, umso schöner werden die Blicke auf das malerische Dorf ❺.

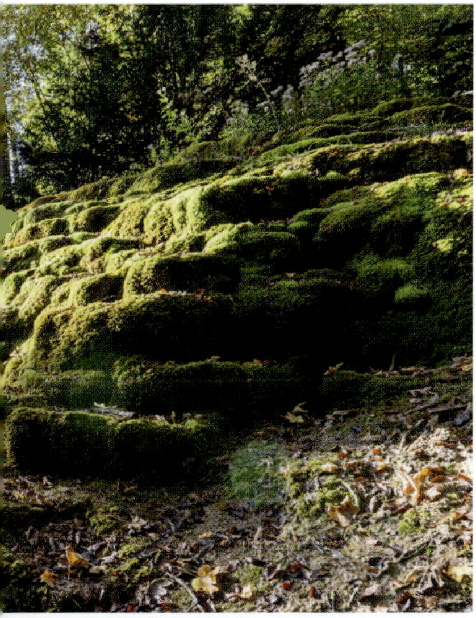

Schließlich erreichen wir eine schmale Teerstraße. Wenn wir nach rechts gehen würden, kämen wir wieder zur „Steinernen Rinne". Deshalb wenden wir uns nach links in Richtung Ortschaft. Am Ortseingang finden wir links ein wunderschönes, goldenes Feldkreuz ❻.

Während der „C"-Hinweis geradeaus weiter in Richtung Kirche führt, folgen wir der Rechtskurve und wählen kurz darauf den schmalen, gepflasterten Fußweg zu unserem Ausgangspunkt in der „Friedensstraße".

MÜHLBACH

Vom Wolfsberg über Wildenstein zum Kopffelsen

TOUR
04

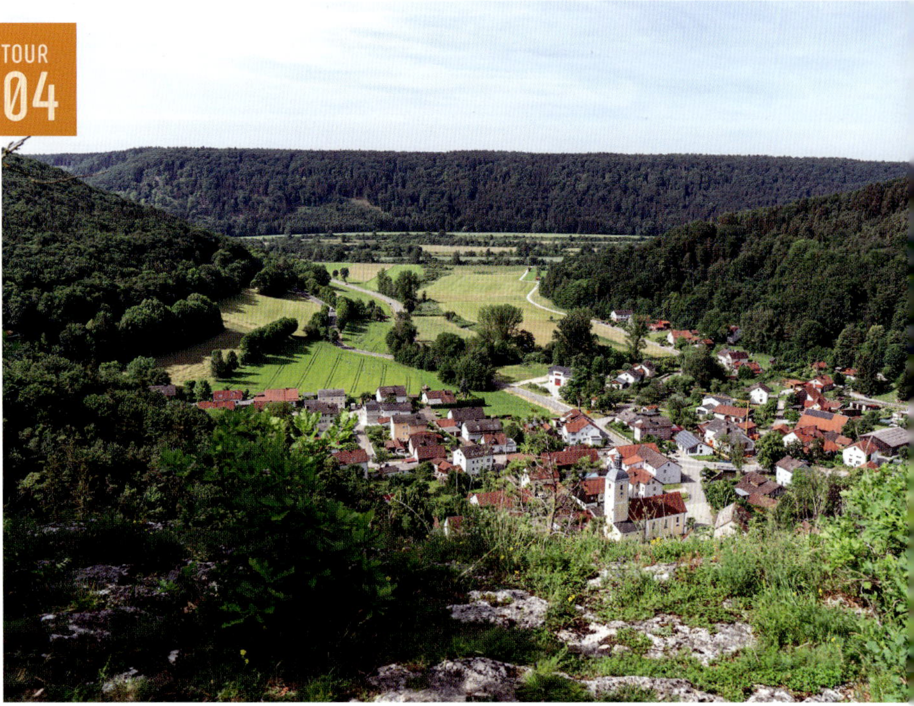

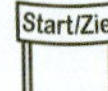

Kostenloser Parkplatz am Waldfriedhof von Mühlbach in der St.-Florian-Straße, gleich nach dem Ortsschild
Navi: St.-Florian-Straße; 92345 Dietfurt

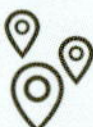

Mühlbach – Aussicht Wolfsberg – Dietfurt – Wildenstein – Wildensteiner Steig – Breitfelsen – Kopffelsen

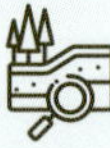

Abwechslungsreiche Bodenbeschaffenheit, zwischen Mühlbach und Dietfurt Asphalt, etwa 10 Kilometer auf losem oder naturbelassenem Untergrund; festes Schuhwerk ist sinnvoll

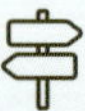

Grün-gelbe „4" (Trimm-Dich-Erlebnis-Pfad Wolfsberg); grün-gelbe „5" (Wildensteiner Steig); grün-gelbe „6" (Höhenkundlicher Wanderweg); Jurasteig Hauptrute (gelb); Jurasteig (Tillyland-Schlaufe; blau)

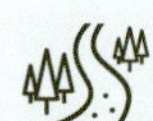

Eine abwechslungsreiche und durchaus anspruchsvolle Runde von Mühlbach auf den Wolfsberg nach Dietfurt, nach Wildenstein und über den Wildensteiner Steig zu zwei großartigen Aussichten. Am Ende können Wanderstöcke und festes Schuhwerk ein gutes Hilfsmittel sein.

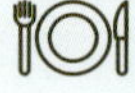

Landgasthof Zum Wolfsberg
Riedenburger Straße 1
92345 Dietfurt an der Altmühl
Tel. 08464 601726
www.zum-wolfsberg.com

 Foto: Aussicht Breitfelsen

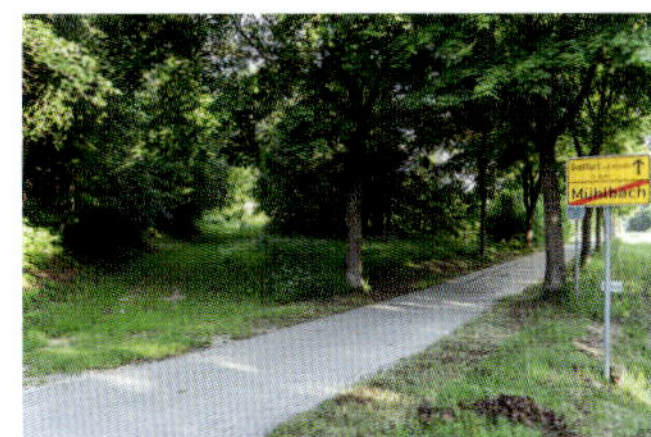

Startrichtung

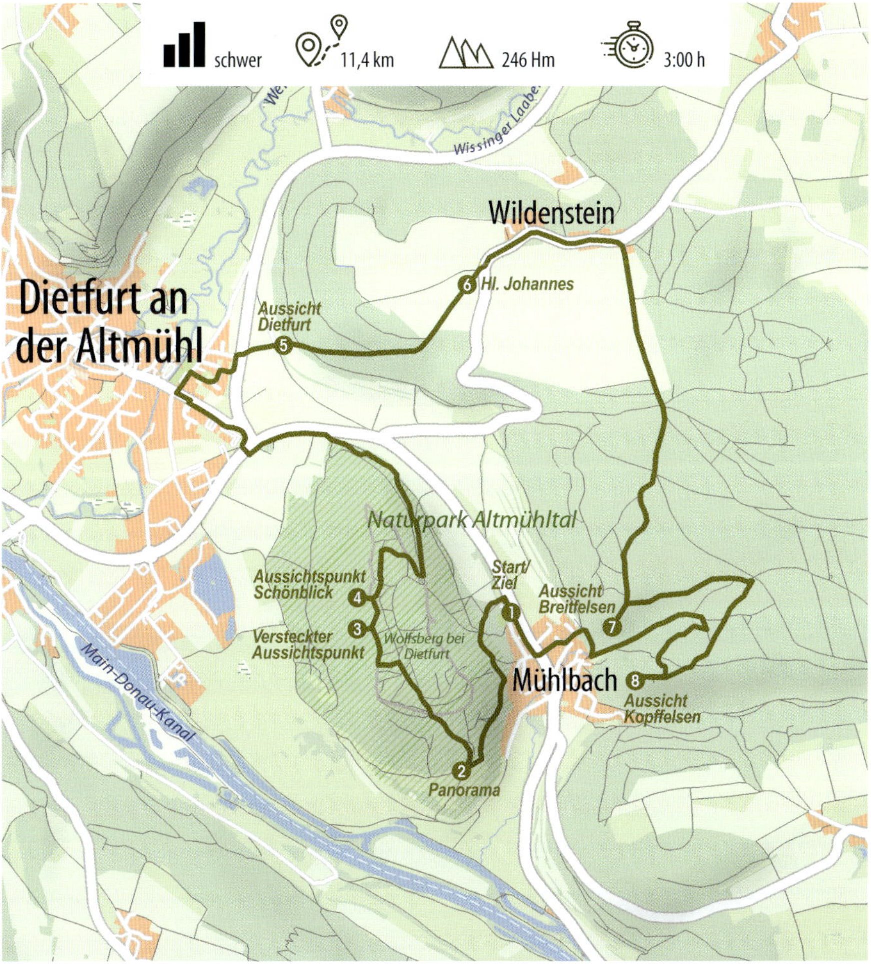

schwer · 11,4 km · 246 Hm · 3:00 h

Wildenstein
Dietfurt an der Altmühl
Aussicht Dietfurt
Hl. Johannes
Wissinger Laber
Naturpark Altmühltal
Aussichtspunkt Schönblick
Versteckter Aussichtspunkt
Wolfsberg bei Dietfurt
Start/Ziel
Aussicht Breitfelsen
Mühlbach
Aussicht Kopffelsen
Panorama
Main-Donau-Kanal

m: 550, 500, 450, 400, 350
Start – Panorama – Versteckter Aussichtspunkt – Aussichtspunkt Schönblick – Aussicht Dietfurt – Hl. Johannes – Aussicht Breitfelsen – Aussicht Kopffelsen – Ziel
km: 1, 2, 3, 4, 5, 6, 7, 8, 9, 10, 11, 12

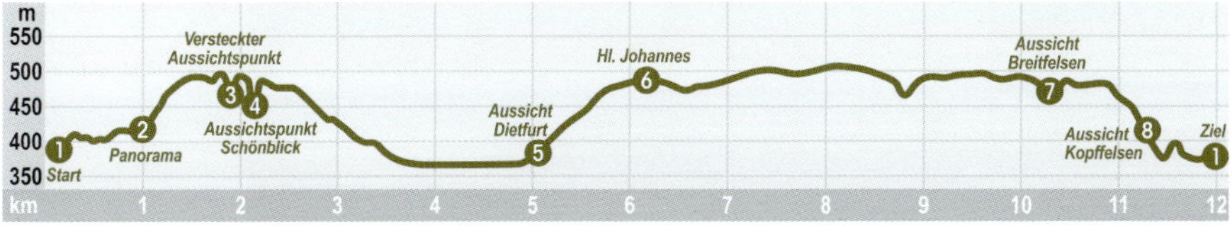

Wir parken gegenüber dem Landgasthof „Zum Wolfsberg" am Waldfriedhof von Mühlbach. Wenn wir am Radweg an der Straße in Blickrichtung Dietfurt stehen, zweigt kurz vor dem Ortsschild links ein Wiesenweg an der Hecke des Parkplatzes ab und bringt uns hinauf zum Wolfsberg ❶.

Nach wenigen Metern finden wir an einem Baumstamm rechts die beiden Hinweise „Parcours" und „Walderlebnispfad". Während diese uns nach rechts leiten würden, setzen wir unseren Aufstieg geradeaus auf dem Waldpfad fort, welcher stellenweise ganz schön sandig ist. Schon bald halten wir uns links in südlicher Richtung und spazieren im Schatten der Bäume bis zum Ende des Waldes in etwa 500 Metern ohne abzubiegen weiter. Die meisten dieser Fitnessparcours-Stationen werden wir noch antreffen. Der Wald lichtet sich und gibt den Blick frei auf das erste von einigen großartigen Panoramen über das Altmühl-Tal auf der Tour ❷.

Der breite Waldweg ist einem schmalen Trampelpfad gewichen, welcher sich rechts hoch zu einer Infotafel und einer Bank windet. Bis nach Dietfurt orientieren wir uns über den Wolfsberg am Hinweis „4" und das erste Stück ebenso an der „Aussicht", welche wir genießen wollen. Wir lassen das Panorama in unserem Rücken und setzen auf dem steinigen Waldpfad unseren Aufstieg in nordwestlicher Richtung fort. Da es viele Abzweigungen in diesem Gebiet gibt, sollte man stets aufmerksam Ausschau nach der „4" halten. Ein weiterer Hinweis, dass wir richtig sind, ist, wenn wir nach und nach die Fitnessstationen des „Parcours" passieren oder auch ausprobieren. Nach 900 Metern erreichen wir die „Station 11". Hier zweigt ein schmaler Trampelpfad links ab zu einem versteckten Aussichtspunkt mit einem Felsenturm ❸.

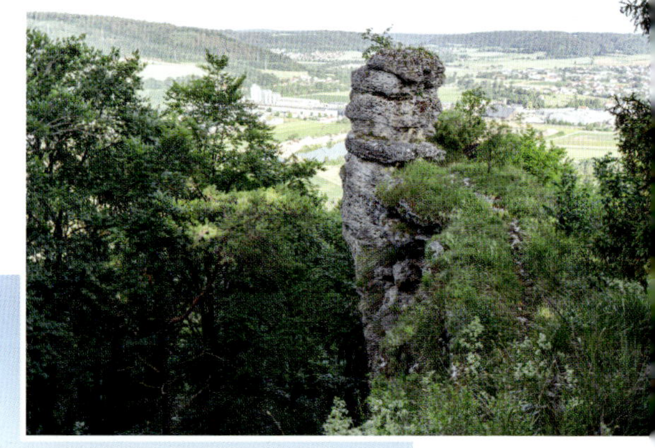

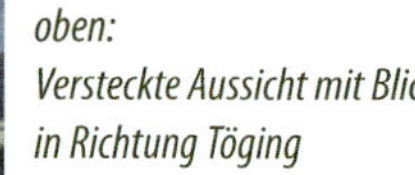

oben:
Versteckte Aussicht mit Blick in Richtung Töging

links:
Panorama ins Altmühltal

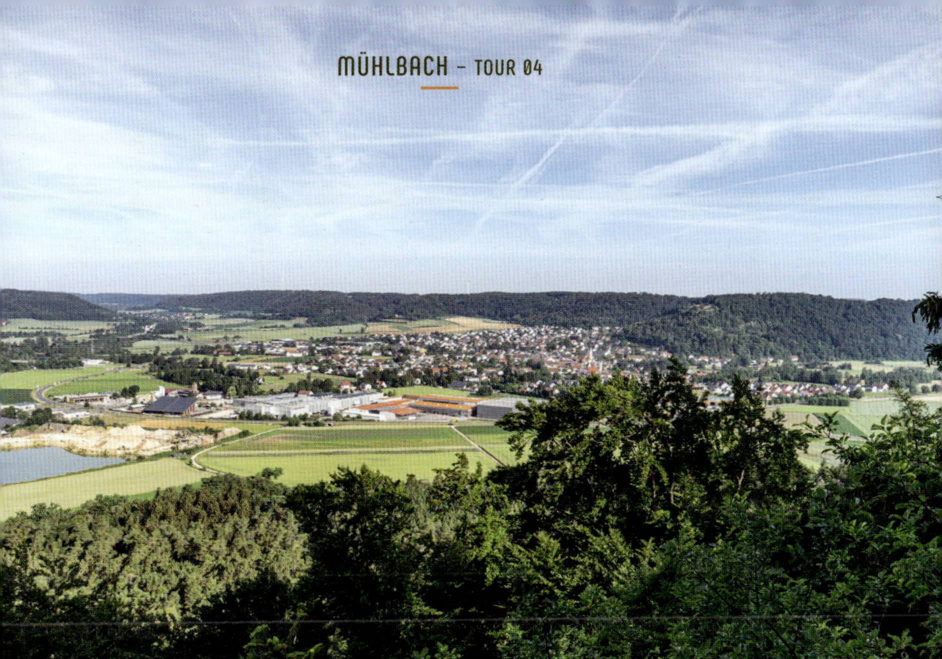

Aussicht Dietfurt

Wir gehen zurück und links weiter und gelangen so nach 160 Metern zur beschilderten Aussicht. Hier hat man einen herrlichen Blick nach Dietfurt an der Altmühl, unserem nächsten Etappenziel. Es handelt sich um den Aussichtspunkt Schönblick 4.

Nachdem wir uns satt gesehen und etwas ausgeruht haben, gehen wir zurück. Unser Hinweis bleibt die „4", welche sich im Zickzack-Kurs über den Berg schlängelt. Der Pfad führt direkt unter der „Station 10" hindurch. Nach ein paar Treppenstufen erreichen wir bei der sechsten Station einen breiten Schotterweg. Leicht verpassen kann man die Abzweigung rechts – gemäß der „4" – bereits nach etwa 70 Metern. Wir folgen dem idyllischen wunderschönen Waldpfad mit der Nummer „4" für etwa 750 Meter in nördlicher Richtung bis zum Ende des Waldes bzw. dem Rand des Wolfsbergs. Wir spazieren hinab zum geteerten Radweg und erreichen wenig später links eine Unterführung in Dietfurt. Der Radweg passiert einige Supermärkte. Wenig später erkennen wir nach einer Tankstelle rechts an einem Pfosten die Hinweise des „Jurasteigs", welche uns nach rechts in die „Breitenbrunner Straße" leiten. Links von uns befindet sich der Friedhof Dietfurt. Nach 110 Metern folgen wir dem „Jurasteig" in den „Maria-Stern-Ring". Die Hinweise leiten uns auf einem schmalen Feldweg zwischen zwei Wohnhäusern hindurch nach rechts.

Kurz darauf überqueren wir die „St 2234" und gehen geradeaus weiter auf den „Wildensteiner Weg". Nun machen wir uns an den zweiten großen Aufstieg auf unserer Runde. Am Ende der geteerten Straße finden wir links ein schönes Marterl und vor uns am Fuße des geschotterten Feldwegs zahlreiche Hinweise an einem Baum. Neben den beiden Wegweisern des „Jurasteigs" auch die „5", an welcher wir uns hauptsächlich auf der zweiten Hälfte der Wanderung orientieren 5.

Während wir nach oben steigen, erhebt sich rechts der Wolfsberg und hinter uns breitet sich noch einmal Dietfurt aus. Auf den nächsten 1100 Metern bis nach Wildenstein passieren wir links

rechts: Wolfsberg

unten: Schlossbräustüberl

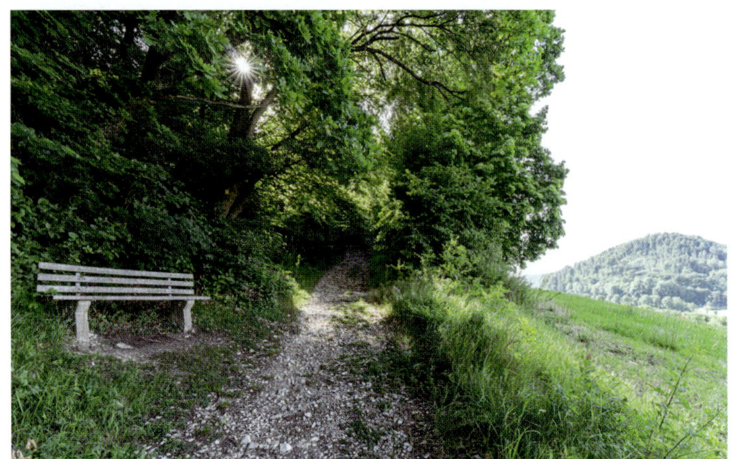

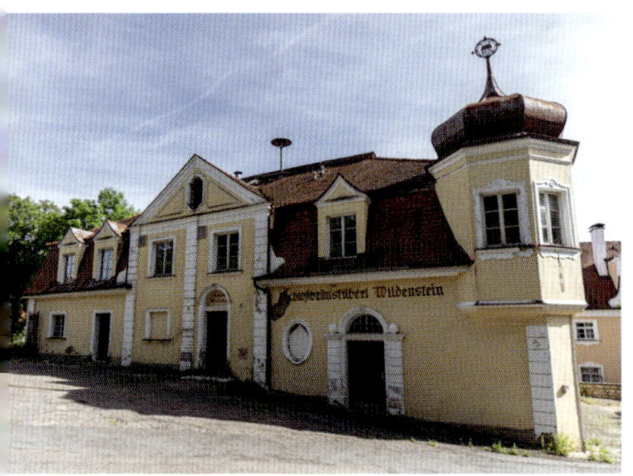

beeindruckende Felsformationen und wenig später einen ebenso eindrucksvollen Dreifaltigkeitsbildstuck sowie eine imposante Figur des „Hl. Johannes“ (6).

An der Teerstraße „St 2349“ halten wir uns links und erreichen die beschauliche Ortschaft „Wildenstein“, welches zu Dietfurt gehört. Im Zentrum des Dörfchens finden wir ein altes, großes, majestätisches Gebäude. Es handelt sich um das ehemalige „Schlossbräustüberl Wildenstein“, welches schon erheblich bessere Tage gesehen hat. Wir lassen das Anwesen links liegen und spazieren noch gute 400 Meter weiter auf der schmalen Straße. Kurz vor dem Ortsende zweigt rechts unser Weg „5“, der „Wildensteiner Steig“ (Höhenkundlicher Weg Nr. 6), ab.

Wir spazieren auf dem Schotterweg in südlicher Richtung über ein offenes Feld mit dem Namen „Johannesbichel“ (Höhe 499 Meter) und gelangen nach ungefähr 650 Metern schließlich wieder in ein Waldgebiet. Hier zweigt der „Höhlenkundliche Weg“ (Nr. 6) nach rechts talwärts ab. Doch wir spazieren gemäß dem Hinweis „Nr. 5“ auf dem „Wildensteiner Steig“, welcher in manchen Quellen auch als „Bierweg“ bezeichnet wird, geradeaus weiter. In diesem Waldgebiet ist der „Wildensteiner Steig“ oft verzweigt. So auch nach 300 Metern. Die „5“ würde auf dem breiten Schotterweg auch geradeaus weiterführen, doch wir zweigen nach rechts ab auf den Forstweg. Die Abzweigung ist markiert mit dem gelben Schild „Zum Breitfelsen“.

Auch auf diesem Abschnitt finden wir die „5“. Gemäß dem Hinweis halten wir uns nach 130 Metern an einer Y-Gabelung links. Die beiden Wegweiser bringen uns schließlich auf verwunschenen Waldpfaden nach 650 Metern in südlicher Richtung zum ersten Aussichtspunkt „Breitfelsen“ (7).

Hier hat man einen großartigen Blick über Mühlbach und ins Altmühltal in Richtung Riedenburg. Wir schlendern denselben Pfad 115 Meter zurück und gelangen an eine Weggabelung. Hier folgen wir dem „Wildensteiner Steig“ rechts in Richtung Mühlbach.

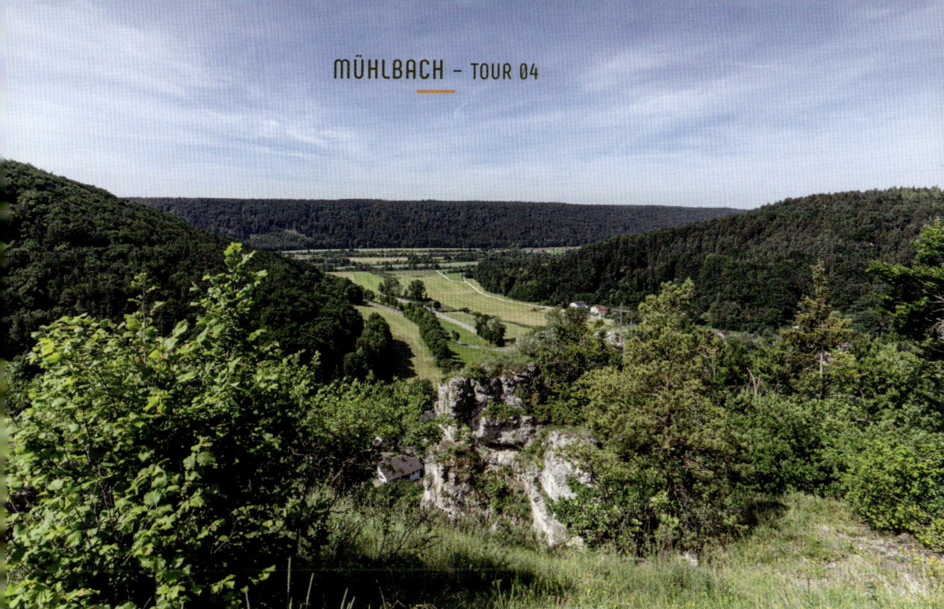

Aussicht über den Kopffelsen ins Altmühltal in Richtung Deising

Der Wegweiser „5" bringt uns in 600 Metern ostwärts auf schönen Waldwegen an eine T-Kreuzung. Wenige Meter vorher hätte man schon rechts in Richtung Mühlbach abbiegen können, doch wir wollen uns die zweite Aussicht „Kopffelsen" nicht entgehen lassen. Während wir links in 30 Metern den Schotterweg erkennen, biegen wir rechts ab auf den festen Forstweg „zum Kopffelsen".

Mittlerweile befinden wir uns zugleich auch auf dem „Höhenkundlichen Weg („6")" und können uns immer wieder an Infotafeln informieren. Nach 220 Metern könnten wir erneut rechts nach Mühlbach abkürzen, doch wir gehen noch gute 500 Meter weiter in Richtung Süden. Schließlich stehen wir auf dem Kopffelsen und genießen erneut eine atemberaubende Aussicht am „Kopffelsen" über das Altmühltal 8.

Auch hier gehen wir wieder zurück, und zwar 130 Meter. Dann erkennen wir, dass die Wege „5" und „6" nach links in Richtung Mühlbach abzweigen. Wir spazieren auf dem schönen Waldpfad gemäß den Hinweisen für etwa 450 Meter in nördlicher Richtung. Dann endet der Pfad an einer Art Rinne. Wir erkennen die beiden bekannten Wegweiser an einem Baumstumpf. An diese Stelle wäre man auch von rechts gekommen, wenn man eine der beiden Abkürzungen nach Mühlbach vor dem Kopffelsen genommen hätte. So wenden wir uns nach links hinab ins Tal.

Wir folgen dem Pfad in der Rinne talwärts nach Westen für etwa 475 Meter. Vor den ersten Häusern in Mühlbach finden wir einen Schilderbaum. Dort zweigt nach rechts die „Jurasteig Hauptroute" ab. Wir folgen ihr auf dem Schotterweg in Richtung Dietfurt, welches 3,4 Kilometer entfernt wäre. So weit wollen wir jedoch nicht mehr und nehmen deshalb bereits nach 120 Metern den Pfad links hinab. Nach einer Linksbiegung finden wir schattige Stufen hinab zur Straße „Sommerbergweg". Das Ende des Pfades ist links mit einem schönen Wegkreuz markiert.

Unten angekommen überqueren wir die „Riedenburger Straße" und spazieren auf dem Radweg ein paar Minuten nach rechts bis zu unserem Ausgangspunkt. Eine Stärkung haben wir uns nun im Landgasthof gegenüber redlich verdient.

LENGENFELD

Für Ritter, Bergsteiger, Höhlenforscher und Abenteurer

TOUR
05

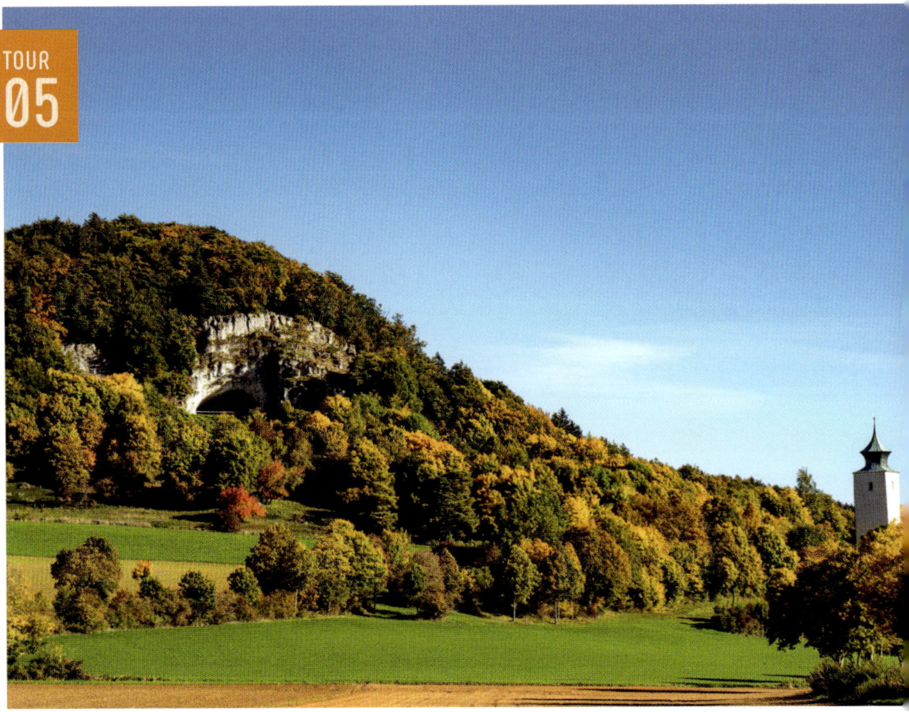

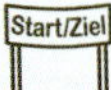

Vereinsheim DJK SV Lengenfeld
Navi: Vereinsheim DJK SV Lengenfeld; Helfenbergstraße 17, 92355 Velburg

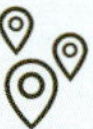

Lengenfeld – Schlossruine Helfenberg – Schwaighof – Herz-Jesu-Berg – Velburg – Alte Buche – Ruine Velburg – Hohllochberg – Schwammerl-Felsen bei Sankt Colomar – Walderlebnispfad – Schafhof

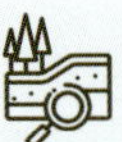

Kurzes alpines Wegstück, sonst abwechslungsreicher Untergrund mit überwiegend losem Untergrund, sehr geringer Asphaltanteil, abschnittsweise befestigter Weg, festes Schuhwerk

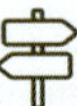

„MD" (Main-Donau-Radweg); Jurasteig (König-Otto-Schlaufe); Burgensteig; grüner, roter, gelber Kreis vom Fränkischen Albverein; Walderlebnispfad; weiß-gelbes Rechteck (Parsberger Weg); grüner Ring

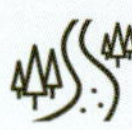

Anspruchsvoll, abwechslungsreich und abenteuerlich: das sind die drei „A's" auf dieser längeren Runde für angehende Ritter, Bergsteiger, Höhlenforscher und Abenteurer von Lengenfeld rund um und durch Velburg.

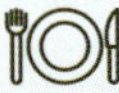

Gutshofhotel Winkler Bräu
St.-Martin-Straße 6
92355 Velburg/Lengenfeld
Tel. 09182 170
www.winkler-braeu.de

Foto: Grandioser Blick nach St. Wolfgang und zum Hohlloch

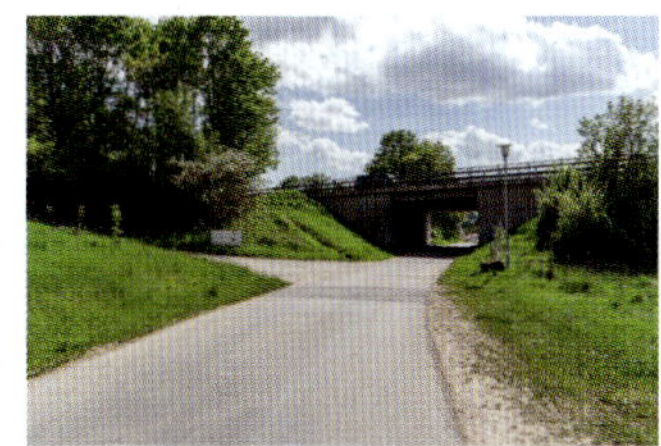

Startrichtung

schwer | 14,4 km | 291 Hm | 5:00 h

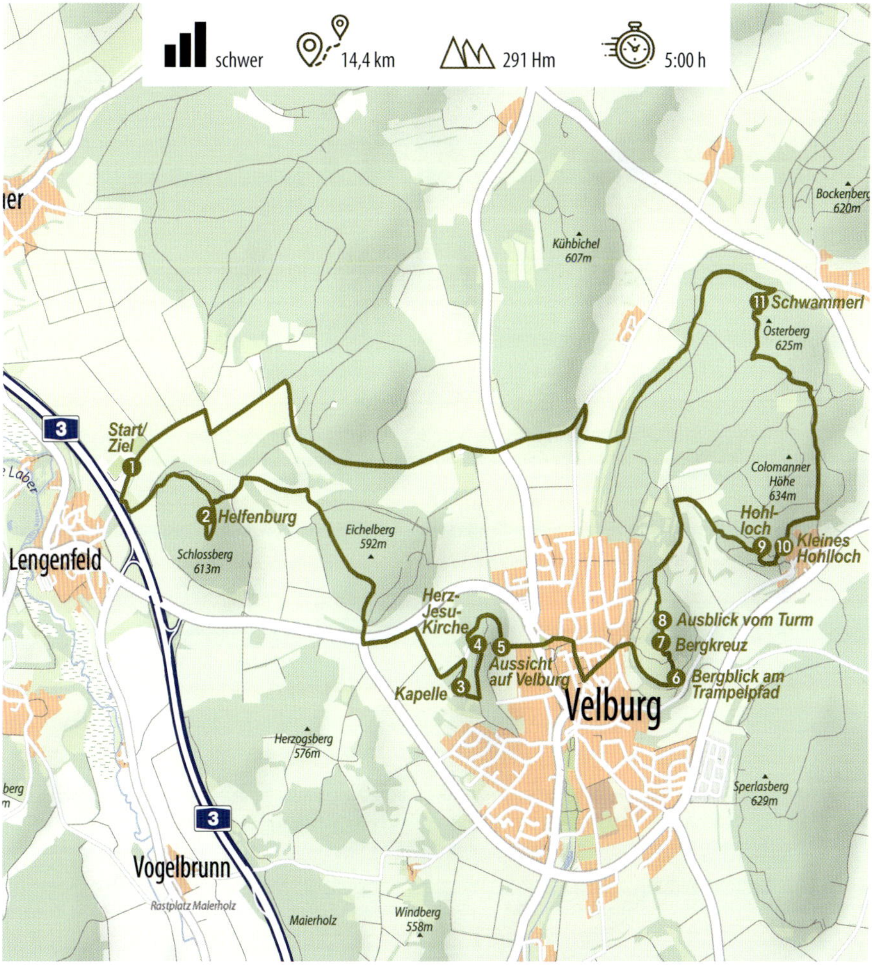

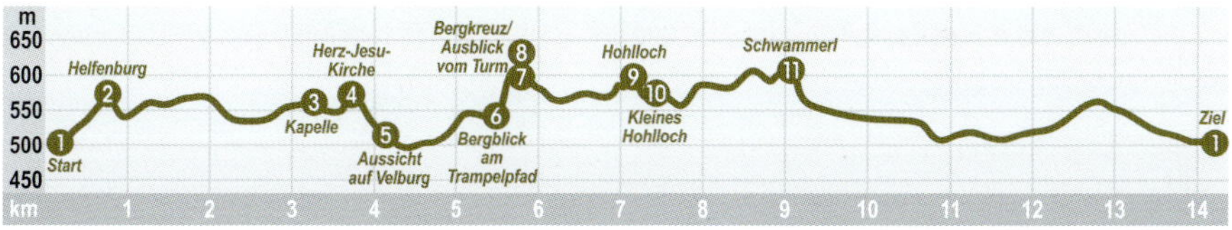

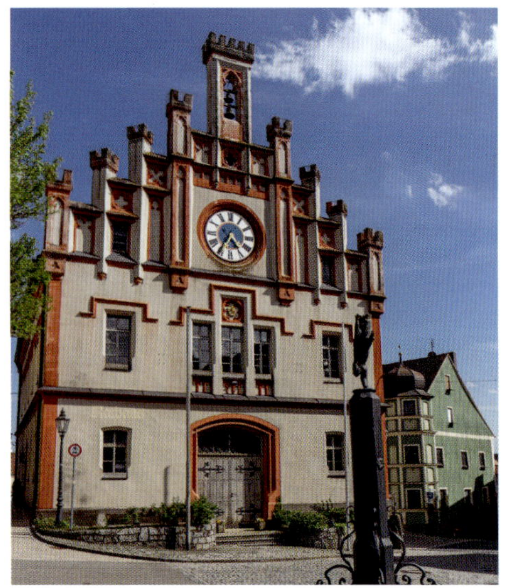

Rathaus

Unsere abwechslungsreiche, abenteuerliche und anspruchsvolle Runde beginnt am Vereinsheim der DJK SV Lengenfeld mit Blickrichtung zur Autobahn A3 ❶.

Kurz vor der Unterführung folgen wir den Wanderhinweisen und biegen nach links ab. Unsere Orientierung sind der „grüne Kreis", der „Ritter Wonnebold" und das „MD" bis zum Schlossberg. Hier gabelt sich der Weg. Unsere Route führt uns gemäß den Hinweisen und dem roten Burgensteig links um das Waldgebiet herum.

Der Forstweg biegt rechts hinauf zur Ruine auf dem „Helfenberg". Kurz unterhalb zweigt der Weg hinab talwärts, doch wir setzen den Aufstieg fort und erobern wie ein Ritter den ehemals repräsentativen Schlossbau ❷.

Nach der Besichtigung spazieren wir auf dem Pfad wieder zurück und biegen nun demzufolge nach rechts, dem „grünen Kreis" folgend, hinab in Richtung der Einöde Schwaighof. Hier wenden wir uns auf der schmalen Teerstraße nach links und genießen ein herrliches Panorama. Unser Wegweiser auf dem nächsten Teilstück ist der weiß-gelbe „Parsberger Weg", der „MD" und der rote Ritter Wonnebold (an diesem können wir uns bis kurz vor der Marienkapelle orientieren). So biegen wir bei nächster Gelegenheit nach 100 Metern nach rechts auf den geschotterten Feldweg und folgen diesem die nächsten 1200 Meter. Während wir links den „Abgebrannten Berg" passieren, erhalten wir rechts großartige Fernblicke über die Kuppenalb des Bayerischen Jura. Nach einer Rechtsbiegung wird aus dem Schotterweg ein Forstweg, und wir durchqueren den Eichelberg. Nach etwa 480 Metern biegen wir im Eichelberg scharf nach rechts hinab und erreichen schon bald das Ende des Waldes. Hier wenden wir uns auf der schmalen Straße nach links und überqueren kurz darauf die „St 2220" (NM1) und gehen auf dem Radweg nach links in Richtung Velburg. Unser nächstes Etappenziel ist die Marienkapelle auf dem Herz-Jesu-Berg. Deshalb verlassen wir den Radweg nach 320 Metern und spazieren rechts auf der Teerstraße den Anstieg hoch. Nach einer Linkskurve oben heben wir uns die Besichtigung der „Herz-Jesu"-Wallfahrtskirche noch für einen Moment auf, denn wir zweigen nach 160 Metern nach rechts ab zur „Marienkapelle". Wir orientieren uns am „grünen Ring" und erreichen über den unbefestigten Pfad nach dem Motto „direkter Draht nach oben" zuerst einen Funkturm und danach die beschauliche Kapelle ❸.

Wir folgen gemäß dem Wanderhinweis dem Trampelpfad hinab und stehen wenig später vor einer Bank. Hier befindet sich davor ein schmaler Trampelpfad nach links, welcher mit einem blauen Stein am Boden markiert ist. Nach 300 Metern verlassen wir den schmalen Trampelpfad unterhalb der „Herz-Jesu"-Wallfahrtskirche. Wir spazieren links hoch zur schmalen Stirnseite des Gotteshauses aus dem Jahr 1730 ❹.

Wir kehren ihm dann aber unseren Rücken zu, denn etwa 30 Meter weiter befindet sich rechts der Einstieg zum Kreuzweg, welcher vorbei an eindrucksvollen Felsformationen um den Berg herum hinab ins Tal führt. Unten angekommen

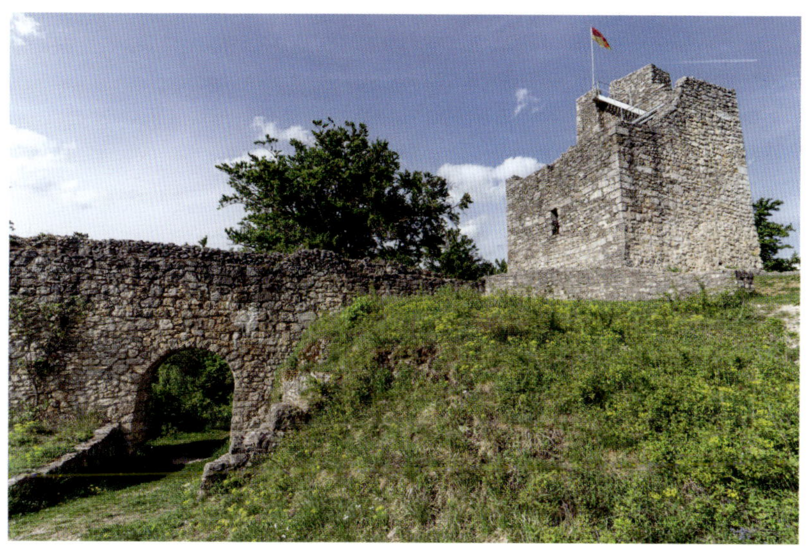

Torbogen mit Turm

erblicken wir die Ortsmitte von Velburg mit der erhabenen Burgruine darüber 5.

Wir überqueren die Straße „Zum Pilgram", wo wir zahlreiche Wanderhinweise erkennen, passieren den Spielplatz und erreichen die „Neumarkter Straße". Kurz darauf biegen wir rechts ab durch das nördliche Stadttor aus dem 14. Jahrhundert und erreichen den Stadtplatz von Velburg mit dem majestätischen Rathaus am anderen Ende. Vorm Rathaus biegen wir links in die „Burgstraße". Wir passieren links die Pfarrkirche „Johannes der Täufer" aus dem 15. Jahrhundert. Es geht links vorbei an einem mächtigen Baum. Oben, am Ende der „Burgstraße", scheint der Weg zu enden. Hier gehen wir etwa 10 Meter weiter geradeaus auf den Feldweg und orientieren uns am grünen Schild des Landschaftsschutzgebiets. Unser Pfad am Fuße des Schlossbergs befindet sich rechts und ist markiert mit dem roten Kreis und dem blauen Ritter Wonnebold. Wir folgen dem Pfad in südöstlicher Richtung für 400 Meter und bestaunen eindrucksvolle Felsformationen. Schließlich stehen wir vor einer Bank mit einer Infotafel. Jetzt kommen die Bergsteiger auf ihre Kosten, denn unser Weg ist der schmale Trampelpfad links davor, welcher steil den Berg nach oben führt. Wir blicken hoch zum Gipfel des Berges und machen uns auf den Weg 6.

Hier merkt man die hoffentlich vorhandene Bein- und Wadenmuskulatur auf dem etwa 130 Meter langen Anstieg, bis wir vor einer eindrucksvollen alten Buche (Station 2) stehen. Hier können wir innehalten und das Panorama genießen. Unser Pfad führt uns nach links in Richtung Velburg am Hang entlang. Jetzt erblicken wir vor uns ein Bergkreuz und links erhöht die Ruine der Burg 7.

Natürlich lassen wir uns eine Besichtigung des Burgareals sowie das Besteigen des Turms nicht entgehen. Wir betreten das Areal von der Westseite und verlassen es danach durch den nördlichen Torbogen 8. Vorher genießen wir die Aussicht auf dem Turm. Den besten 360-Grad-Aus-

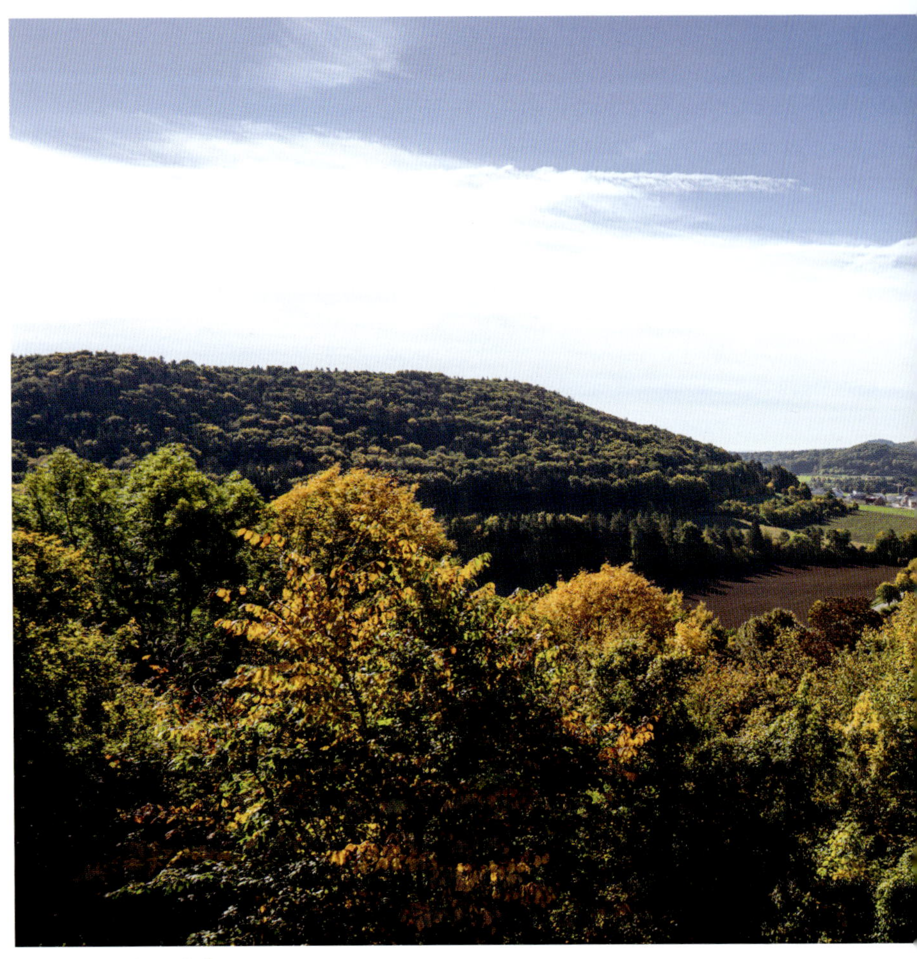

Panorama in Richtung Hollerstetten

blick über die Landschaft des Bayerischen Jura erhält man von hier oben.

Wir verlassen das Gelände auf dem Pfad durch das Burgtor und folgen ihm für 200 Meter bergab. Dann ist erhöhte Aufmerksamkeit gefordert. Denn auf Höhe eines Baumes links am Pfad spaltet sich rechts ein Trampelpfad ab. Während der Burgensteig sich nach unten in Richtung Velburg windet, bleiben wir oben am Bergkamm. Es handelt sich um eine Abkürzung. An der höchsten Stelle befinden sich Felsen und dazwischen führt der Trampelpfad hinab zum Jurasteig und dem Walderlebnispfad. Hier werden wir von einer Sonnenuhr willkommen geheißen. Wir wenden uns nach rechts und folgen Jurasteig, Walderlebnispfad oder blauem Kreis. Nach 280 Metern biegen wir links auf die Teerstraße. Es geht vorbei an der „Barfuß-Station" und dann bei nächster Gelegenheit rechts in Richtung „Hohlloch". Nach 240 Metern wird es spannend. Nach dem Schild „Geschützter Landschaftsbestandteil" spazieren wir noch etwa 60 Meter weiter. Dann finden wir rechts einen Felsen, auf welchem ein silber-graues Wegkreuz befestigt ist. Gegenüber befindet sich der Einstieg zum Pfad mit weniger Nervenkitzel, welcher auch zum Hohlloch führt. Dieser Pfad hat

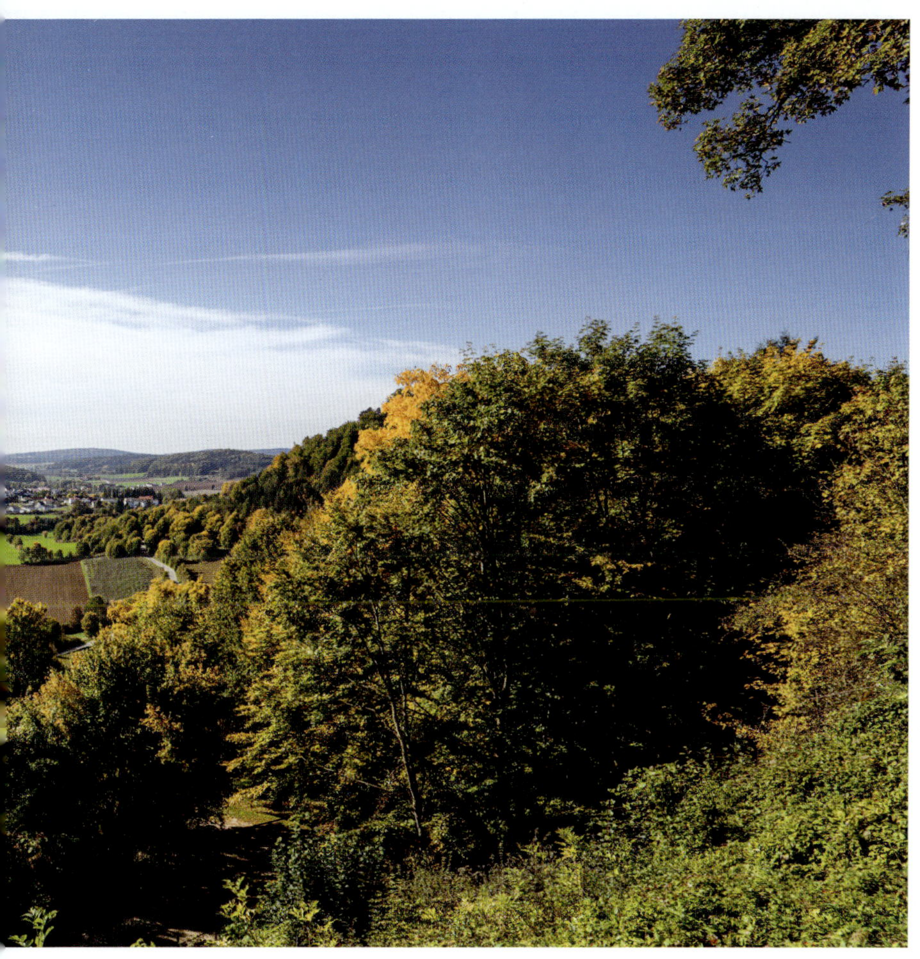

etwas Mystisches an sich, während er sich zum Hohlloch vorbei an beeindruckenden Felsformationen windet. Nach etwa 300 Metern eröffnet sich das große Hohlloch vor uns 9.

Nachdem wir uns ausgeruht haben, marschieren wir wieder nach unten, vorbei am Zigeunerloch, und nehmen auf Höhe der 180-Grad-Kurve, nach 120 Metern, die Abzweigung links, ostwärts nach Sankt Wolfgang. Nach etwa 40 Metern erkennen wir rechts am Wegesrand vier bemooste Felsen. Gegenüber befindet sich links eine Abzweigung, die aber bei entsprechend reicher Vegetation möglicherweise etwas zugewachsen und schwer zu erkennen ist. Das nächste Etappenstück sind wir komplett ohne Wegweiser unterwegs. Da wir in dichtem Waldgebiet sind, können die GPS-Daten durchaus abweichen. Wir wandern den schmalen Trampelpfad links hoch zum kleinen Hohlloch, welches wir nach etwa 80 Metern erreichen. Auch hier kommen Abenteurer und Höhlenforscher auf ihre Kosten 10.

Unser Pfad führt uns links am Hohhloch vorbei. Es geht zwischen Felsen hindurch auf einen Forstweg in nordöstlicher Richtung. Wir halten uns immer relativ nah am Rand des Waldes und erreichen nach etwa 300 Metern einen breiten, ge-

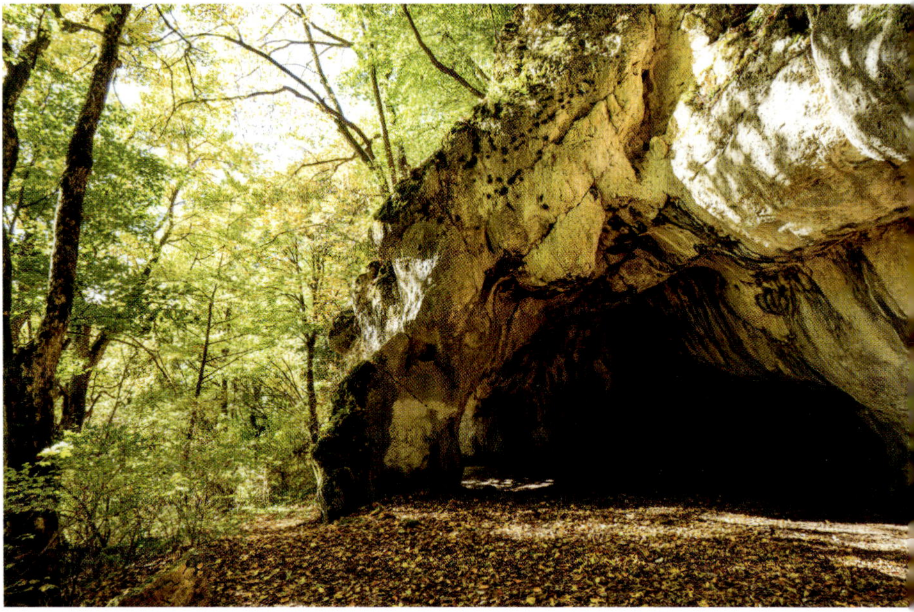

Kleines Hohlloch

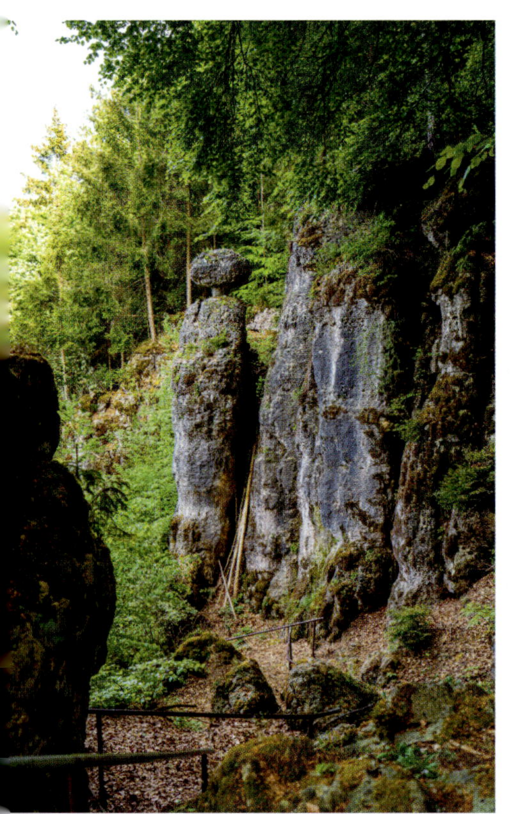

schotterten Forstweg. Jetzt folgt ein weiterer steiler Aufstieg. Wir spazieren den Schotterweg links hoch und halten uns nach etwa 50 Metern rechts bzw. gehen geradeaus weiter, während der Schotterweg nach links abbiegt.

Bei feuchten Witterungsbedingungen kann der Untergrund auf dem folgenden Stück tief sein. Der Anstieg in nördlicher Richtung ist leider noch nicht zu Ende. Fast ganz oben angekommen, halten wir uns an einer Y-Gabelung wieder rechts. Jetzt wird es flacher, und nach 350 Metern etwa kreuzen wir einen geschotterten Forstweg. Wir spazieren auf dem Waldpfad noch ungefähr 100 Meter geradeaus weiter und erreichen eine weitere Kreuzung. Hier treffen wir auf einen anderen Forstweg. Diese Stelle ist mit einem Zwillingsbaum versehen.

Wir folgen dem Forstweg nach links den Anstieg hoch, welcher nach 140 Metern eine Rechtskurve vollzieht. Dann erreichen wir eine weitere Y-Gabelung. Hier dürfen wir auf keinen Fall rechts gehen, sondern wir halten uns links in westlicher Richtung. Nach 100 Metern etwa scheint sich der

Schwammerl

Weg nach links zu winden, doch wir gehen auf dem Pfad geradeaus an einem Baum mit rotem Punkt weiter. Kurz darauf treffen wir etwas abschüssig wieder auf eine Weggabelung, die mit einigen bekannten Wegweisern versehen ist. Die abenteuerliche „Pfadfinderei" ist beendet. Unser nächstes Etappenziel ist der „Schwammerl", weshalb wir hier dem blauen Kreis und dem Jurasteig nach rechts den Anstieg hoch folgen. Dank der Wegweiser erreichen wir nach 200 Metern das Plateau neben dem „Schwammerl"-Felsen von Sankt Colomar 11.
Rechts folgt der Abstieg mit abgezählten 195/196 Treppenstufen. Unten angekommen begrüßen uns ein großer Bär und ein Schild „Walderlebnispfad". Ab jetzt wird es leicht, denn unser Hinweis ist der „rote Kreis". Diesem folgen wir links bis zum Ausgangspunkt der Wanderung in Lengenfeld.

Die nächsten 1300 Meter bleiben wir erst einmal auf dem Walderlebnispfad und bestaunen großartige Felsformationen. Nach 650 Metern gehen wir nicht rechts hinab nach Richterhof, sondern geradeaus weiter. Schließlich zweigt der „rote Kreis" rechts hinab auf einen Feldweg. Dieser endet an einer Teerstraße. Hier wenden wir uns nach links und folgen ihr hinab zu einer Kreuzung, wo wir geradeaus weiter vorbei an der Einöde Schafhof wandern. Danach wird die Teerstraße zu einem Schotterweg bzw. festen Forstweg, welcher durch das Waldgebiet „Kramertsbügel" führt. An dessen Fuße genießen wir das Panorama: links der „Abgebrannte Berg" und dahinter der „Helfenberg". In der Ferne erkennen wir bereits den Sportplatz von Lengenfeld. Nach ein paar 90-Grad-Kurven erreichen wir das Vereinsheim von Lengenfeld.

DEISING

Vom Himmelreich über Steige auf Panoramatour

TOUR 06

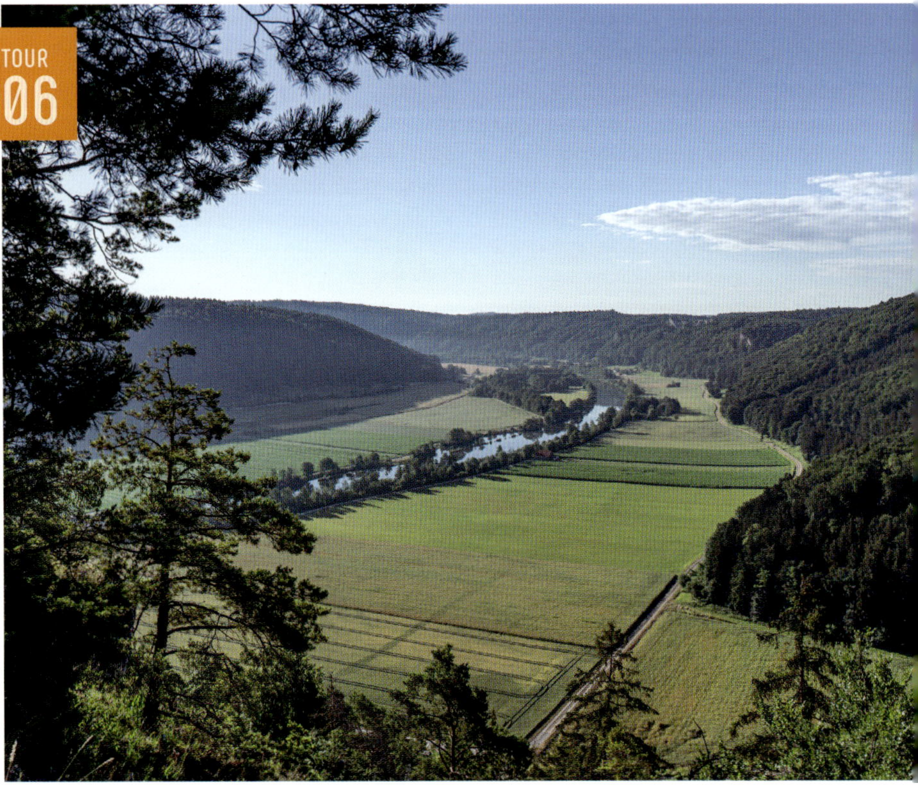

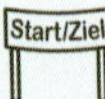

Parkplatz nahe dem Gasthaus Zum Himmelreich an der Thanner Straße in Deising
Navi: Gasthof Zum Himmelreich; Thanner Straße 1; 93339 Riedenburg-Deising

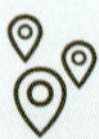

Deising – Eselsteig – Roßkopfsteig – Kühberg – Blauhof

Kaum Asphalt, überwiegend loser Untergrund, naturbelassen oder auch befestigt

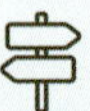

Jurasteig; Eselsteig B (gelb); Roßkopfsteig; Altmühl-Panoramaweg

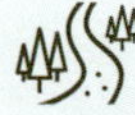

Eine kürzere, aber abwechslungreiche Runde mit zwei Steigen zum Aussichtspunkt Roßkopf und über weitere herrliche Aussichten auf dem Altmühl-Panoramaweg.

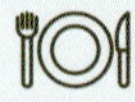

Gasthof Zum Himmelreich
Thanner Straße 1
93339 Riedenburg-Deising
Tel. 09442 1215
www.gasthaus-himmelreich.de

Foto: Aussicht Roßkopf

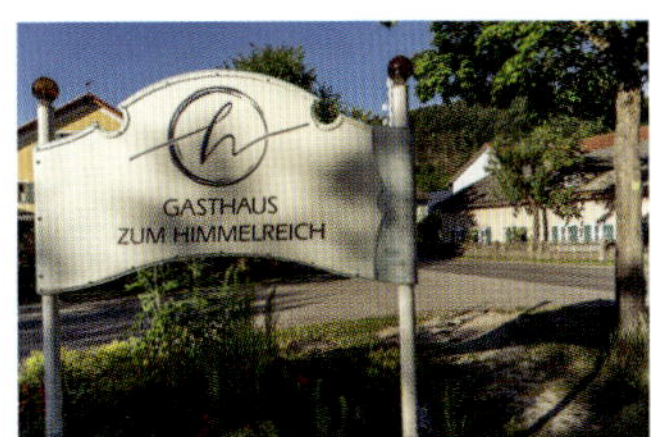

Startrichtung

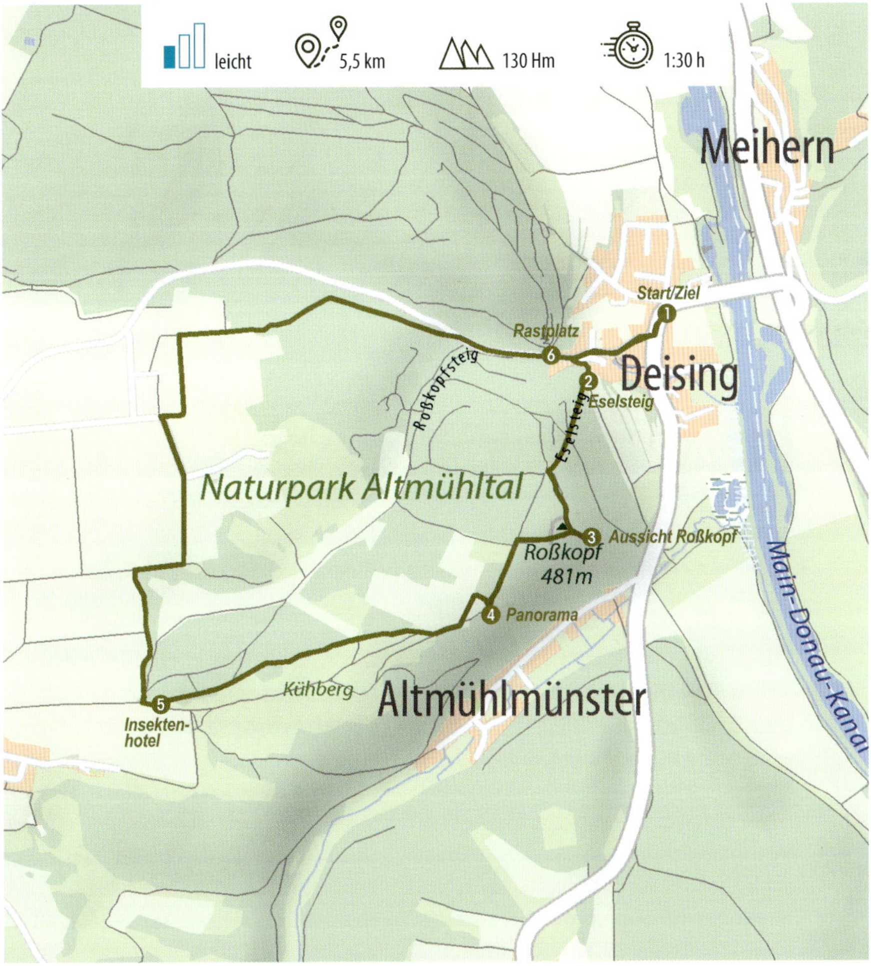

leicht | 5,5 km | 130 Hm | 1:30 h

Meihern
Start/Ziel
Rastplatz
Deising
Roßkopfsteig
Eselsteig
Naturpark Altmühltal
Aussicht Roßkopf
Roßkopf 481m
Panorama
Kühberg
Altmühlmünster
Insektenhotel
Main-Donau-Kanal

m
500
450
400
350
Start
Eselsteig
Aussicht Roßkopf
Panorama
Insektenhotel
Rastplatz
Ziel
km 1 2 3 4 5

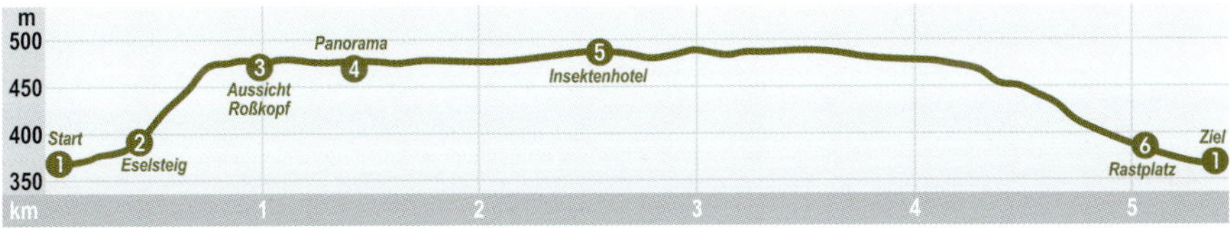

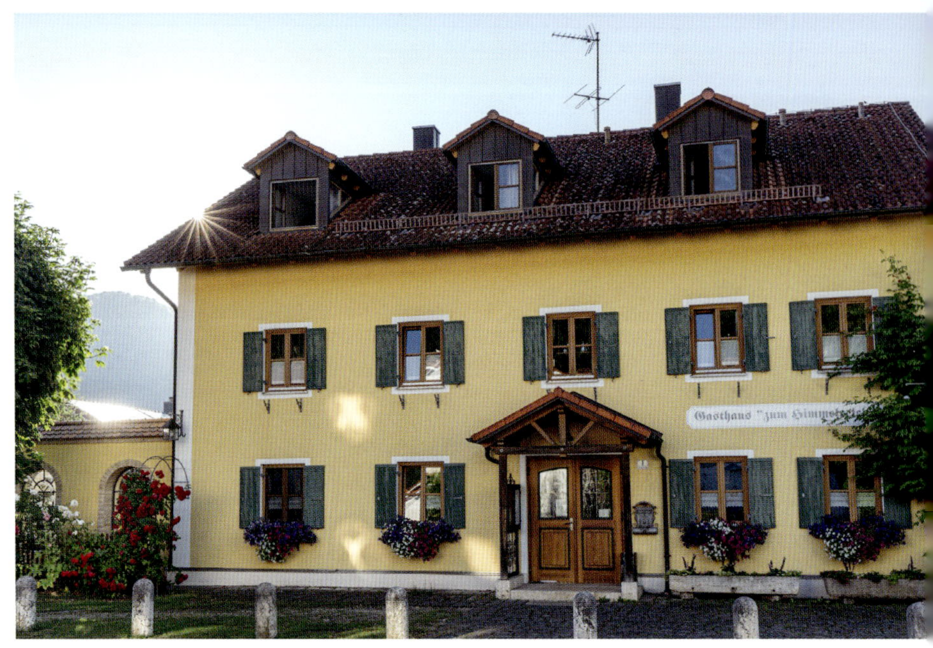

Gasthaus Zum Himmelreich

Himmlischer kann man eine Wanderung kaum beginnen als direkt im Himmelreich. Naja, zumindest beinahe am wunderschönen, majestätischen Gasthaus Zum Himmelreich in Deising ❶.

Die kulinarischen Genüsse heben wir uns für unsere Ankunft auf. Deshalb wenden wir uns an der „Thanner Straße" nach links und nehmen gegenüber dem wunderschönen Lokal auf Höhe der Figur von König Ludwig die „Zeller Straße" nach rechts und folgen dem „Jurasteig". Wir spazieren auf der schmalen Straße unterhalb der Kirche St. Nikolaus nach Westen in Richtung Ortsausgang. Kurz vorher erkennen wir an einer Scheune Wegweiser zum „Roßkopfsteig". Wir orientieren uns am „Eselsteig B". Wir folgen dem Jurasteig und machen eine 180-Grad-Linkskehre, einen ansteigenden Schotterweg hinauf in Richtung Kirche. Bereits nach wenigen Metern dürfen wir die Abzweigung rechts nicht verpassen. Sie wird markiert mit dem Hinweis „Aussicht Roßkopf über Eselsteig 700 Meter" ❷.

Je nach Vegetation kann es nach ein paar Metern etwas unübersichtlich werden. Der schmale Trampelpfad, der Eselsteig, befindet sich leicht links entlang eines silbernen Zauns. Danach tauchen wir ein in ein schattiges Waldgebiet und schlendern auf dem Waldpfad in südlicher Richtung vorbei an Grenzsteinen den ersten und einzigen richtigen Anstieg hoch. Oben angekommen wenden wir uns nach links zum Roßkopf und erkennen an einem Schild oberhalb einer Sitzbank, dass sich der „Jurasteig" in den „Altmühl-Panoramaweg" verwandelt.

Nach etwa 250 Metern in südlicher Richtung erreichen wir „die Wacht über dem Altmühltal", wie wir an der ersten von drei Infotafeln auf unserer Wanderung erfahren. Wir befinden uns auf einer Höhe von 481 Metern, und die Aussicht ist grandios. Dieser Platz ist wahrlich himmlisch im Altmühltal ❸.

Nachdem wir uns ausgeruht und satt gesehen haben, spazieren wir ein kurzes Stück zurück und halten uns auf dem idyllischen Waldpfad, dem

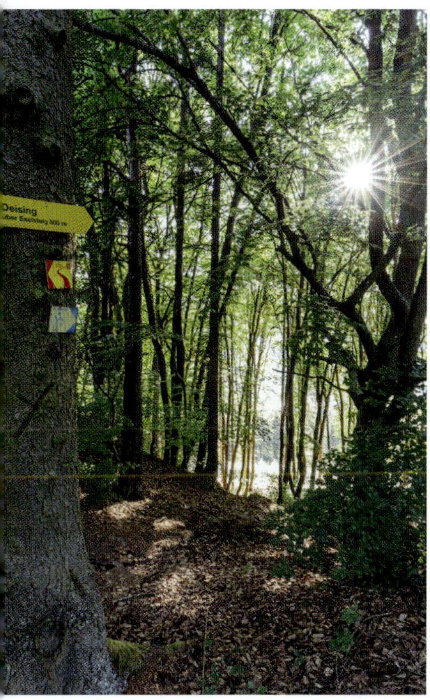

Blick zurück

Unterwegs erfahren wir an der zweiten Infotafel einiges über den typischen Magerrasen im Bayerischen Jura und Altmühltal. Entlang des Weges passieren wir Sträucher der Wachholderheide, die in den Sommermonaten gerne von bunten Schmetterlingen und anderen Insekten aufgesucht wird. Schließlich endet der Schotterweg, und wir erreichen die dritte Infotafel, wo wir etwas über dieses Gewächs erfahren, uns ausruhen können und ein beeindruckendes Insektenhotel bewundern können 5.

Wir orientieren uns rechts auf dem Schotterweg, welcher zwischen Insektenhotel und wunderschönem Marterl nach Norden führt. Der Pfad führt entlang des Waldrandes und endet nach etwa 420 Metern an einer T-Kreuzung. Hier spazieren wir auf dem geschotterten Feldweg nach rechts weiter und nehmen den ersten Wiesenweg „Roßkopfsteig", links auf dem Altmühl-Panoramaweg. Der Pfad endet an einem breiteren Feldweg, an dem wir uns erneut nach links orientieren. Wir verlassen das Waldgebiet und können nach etwa 150 Metern an einem Trampelpfad links abbiegen, um erneut eine herrliche Aussicht als Nachschlag genießen zu können. Diese erreichen wir nach 30 Metern, und sie ist nicht weniger spektakulär als die vorherige 4.

Wir befinden uns oberhalb der Ortschaft Altmühlmünster. Wir gehen wieder zurück zum offiziellen Wanderweg und schlendern entlang des Kühbergs in südwestlicher Richtung weiter. Auf diesem bleiben wir die nächsten 1100 Meter.

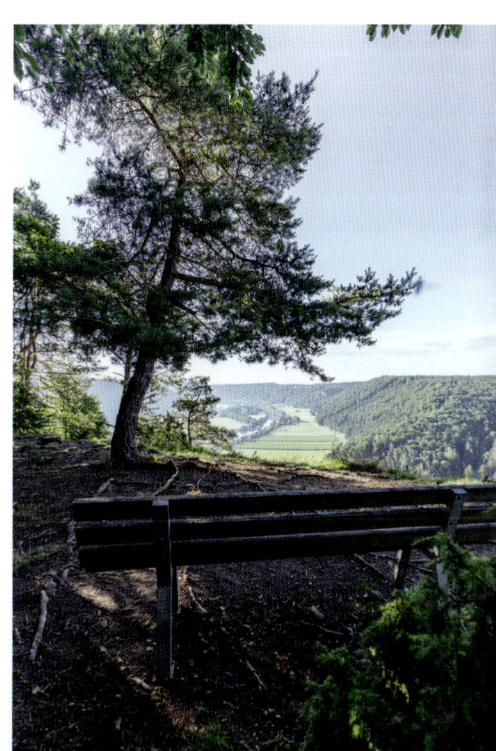

Aussicht Roßkopf

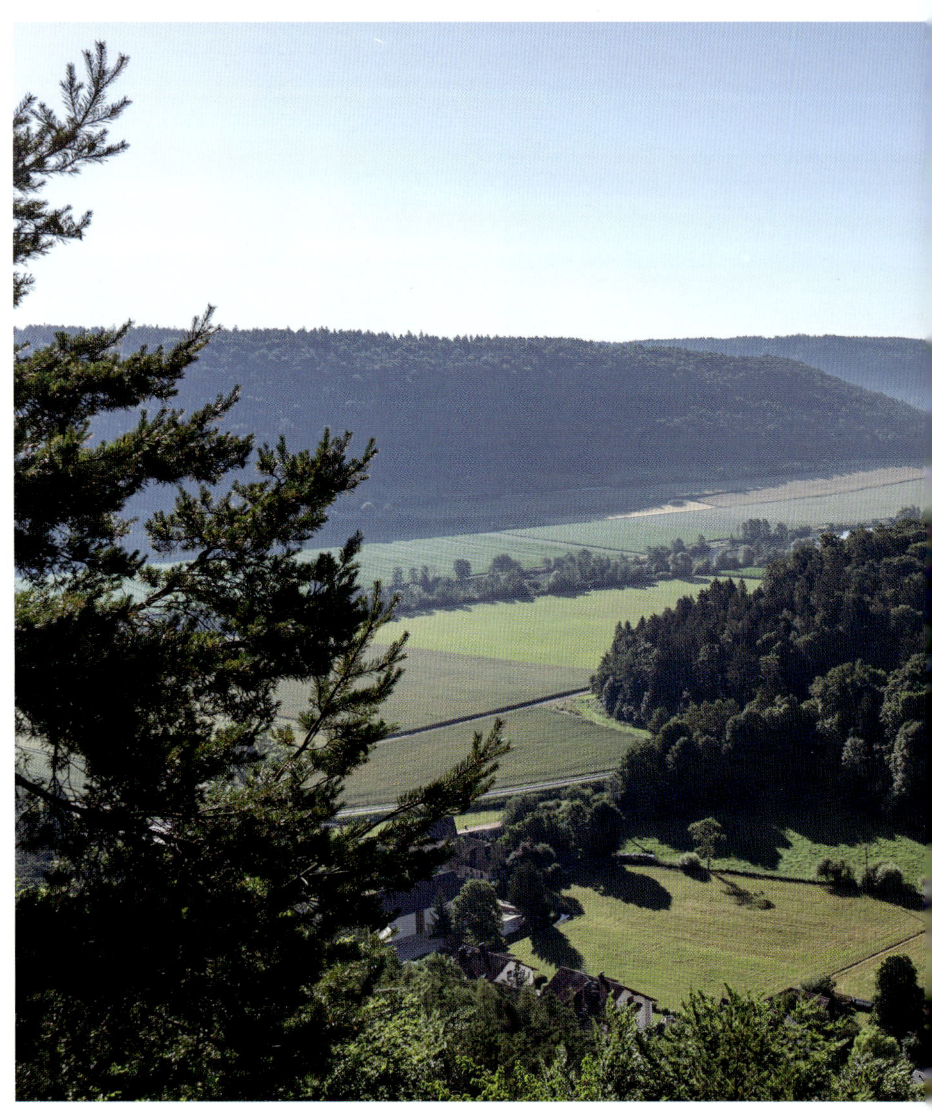

links nach 140 Metern. Nach 260 Metern entlang eines Feldes endet unser Pfad an einer Teerstraße. Rechts von uns befindet sich die Einöde Martlhof. Wir gehen aber geradeaus weiter nach Norden in Richtung Blauhof. Kurz vorher macht die schmale Straße eine Linkskurve, hier nehmen wir den Feldweg nach rechts. Nach 60 Metern folgen wir dem Pfad nach links und passieren die Siedlung. Dann endet der Feldweg an einem Schotterweg, welchem wir nach rechts in ein Waldgebiet folgen. Hier wird es dann etwas unübersichtlich. Der Schotterweg gleicht einer breiten Forststraße, von welcher rechts ein etwas unscheinbarer Waldweg abzweigt. Diesen wählen wir.

Nach 180 Metern mündet unser Pfad in einen festeren Forstweg. Diesem folgen wir parallel zur Teerstraße, welche sich links unterhalb von uns befindet, hinab ins Tal in Richtung Deising.

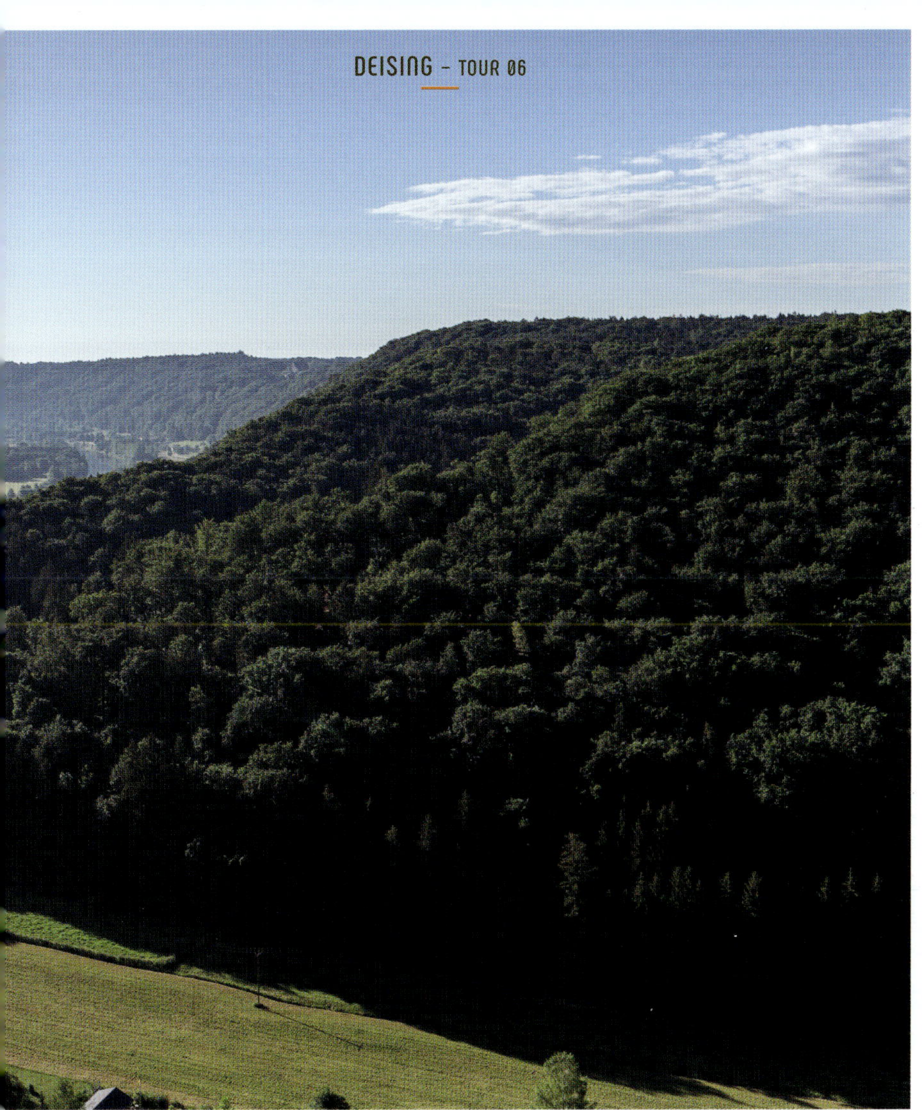

Aussicht ins Altmühltal in Richtung Riedenburg

Schließlich erreichen wir die Straße und spazieren ostwärts weiter. Wir erkennen das Ortschild und dahinter die Scheune, die uns zum „Eselsteig" gebracht hat. Etwa 50 Meter vorher passieren wir links einen schönen Rastplatz mit einem Marterl und so kehren wir wenig später zurück ins Himmelreich, wo wir uns eine kulinarische Stärkung redlich verdient haben 6.

PLANKSTETTEN

Zwischen Benediktinerabtei und Wodansburg im Naturpark Altmühltal

TOUR 07

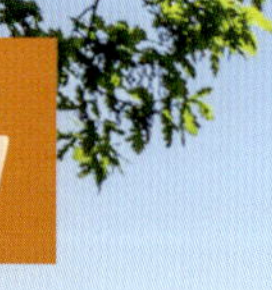

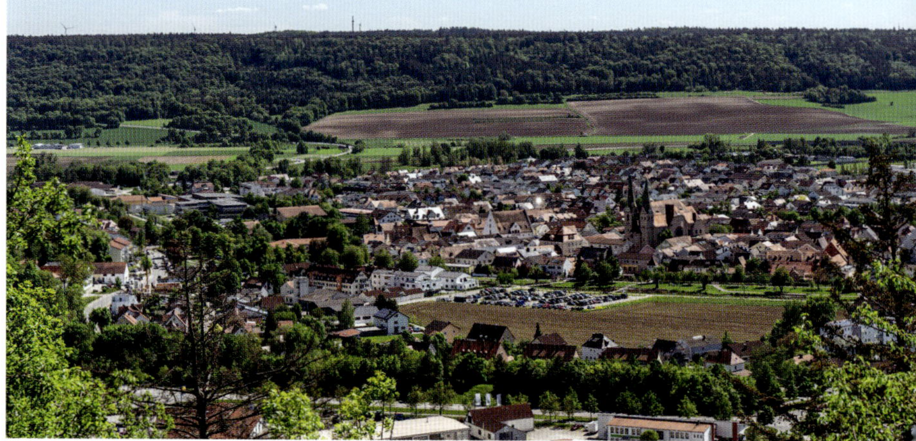

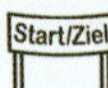

Kostenloser Parkplatz unterhalb der Klostermauer in der Biberbacher Straße
Navi: Benediktinerabtei Plankstetten, Klosterplatz 1 (bzw. Biberbacher Straße), 92334 Berching

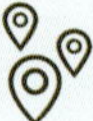

Kloster Plankstetten – Reiterberg – Wodansburg – Beilngries – Biberbach

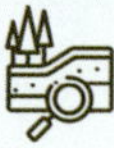

Abschnittsweise in den Ortschaften Plankstetten und Beilngries Asphalt, ansonsten überwiegend loser Untergrund oder befestigter Weg; kaum Kies-Anteil

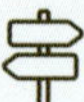

Sulztal-Wanderweg 22 (blau-gelb); Nordic Walking Beilngries 4 (grün-weiß); Beilngries 1 (gelb-grün); Beilngries 3 (gelb-grün); Beilngries Wünschelrutenweg 7 (gelb-grün); Fränkischer Wasser-Radweg; JT (grün-gelb, Jura-2000-Tour)

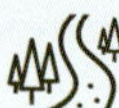

Eine abwechslungsreiche Wanderung im Naturpark Altmühltal zwischen der Benediktinerabtei Plankstetten und der Wodansburg oberhalb bei Beilngries, auf unmarkierten Pfaden, auf welchen man Höhenluft einatmen kann, und idyllischen Waldpfaden oberhalb des belebten Kanals.

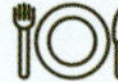

Schenke der Benediktinerabtei
Klosterplatz 1, 92334 Berching
Tel. 08462 2060
www.kloster-plankstetten.de/betriebe/schenke/

Bräustüberl Biergarten Hotel Schattenhofer
Hauptstraße 44, 92339 Beilngries
Tel. 08461 6413 0
www.braugasthof-schattenhofer.de

 Foto: Panorama über Beilngries

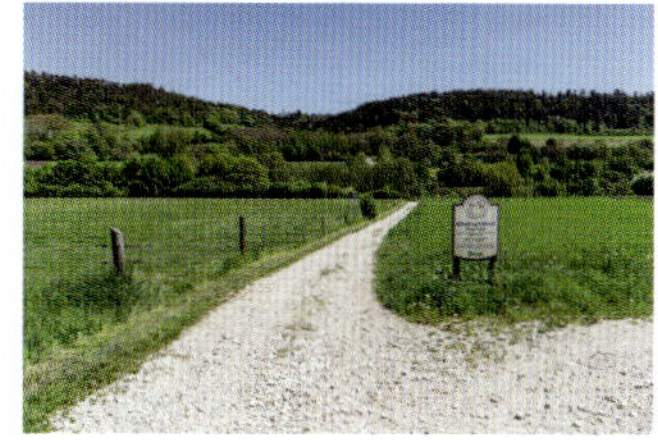

Startrichtung

mittel | 14,3 km | 194 Hm | 4:00 h

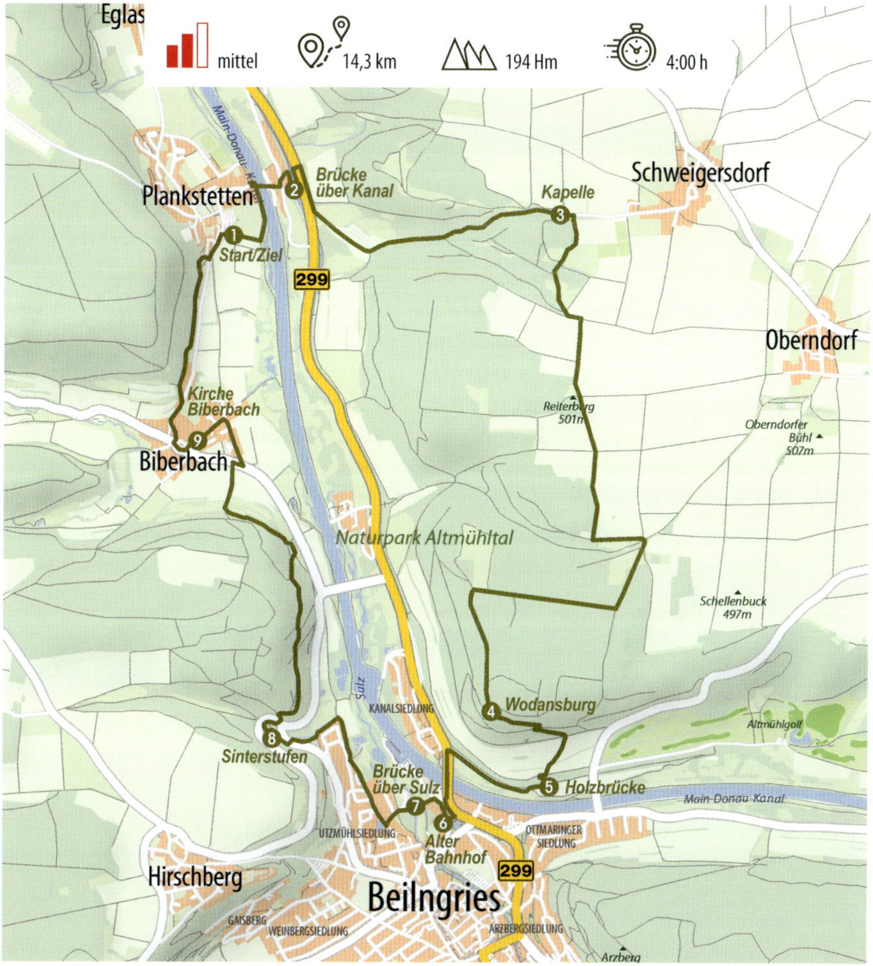

Eglas
Main-Donau-Kanal
Plankstetten
Brücke über Kanal
Start/Ziel
Kapelle
Schweigersdorf
299
Oberndorf
Reiterberg 501m
Oberndorfer Bühl 507m
Kirche Biberbach
Biberbach
Naturpark Altmühltal
Schellenbuck 497m
Sulz
Kanalsiedlung
Wodansburg
Altmühlgolf
Sinterstufen
Brücke über Sulz
Holzbrücke
Main-Donau-Kanal
Utzmühlsiedlung
Alter Bahnhof
Ottmaringer Siedlung
Hirschberg
Beilngries
Gaisberg
Weinbergsiedlung
Arzbergsiedlung
Arzberg

m
500
450
400
350
km 1 2 3 4 5 6 7 8 9 10 11 12 13 14
Start
Brücke über Kanal
Kapelle
Wodansburg
Holzbrücke
Alter Bahnhof
Brücke über Sulz
Sinterstufen
Kirche Biberbach
Ziel

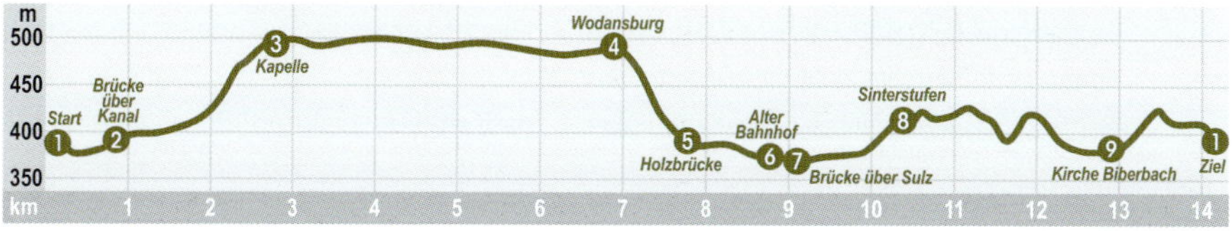

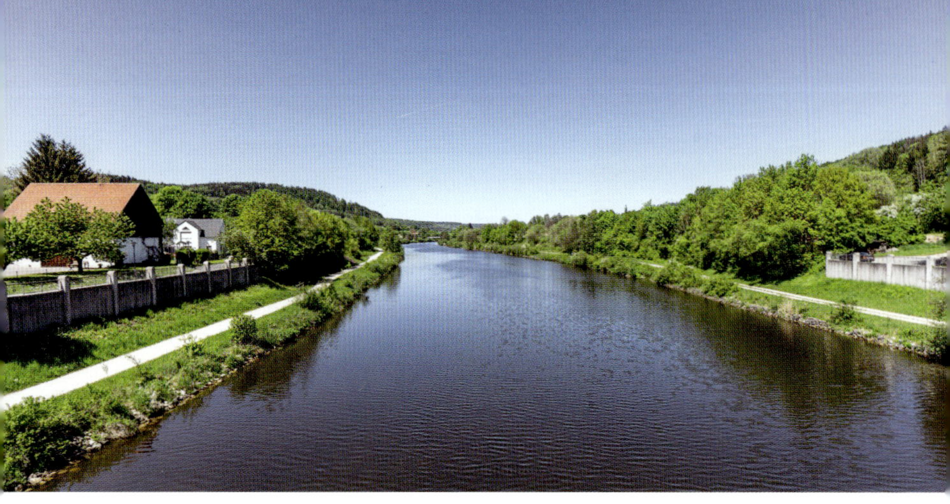

Auf der Brücke, Blick in Richtung Berching

Wir parken direkt unterhalb der Klostermauer der Benediktinerabtei in Plankstetten. Jetzt liegt es an uns, ob wir uns vor der Wanderung beispielsweise im Klosterladen umsehen und uns mit einer Wegzehrung versorgen oder uns in der Schenke stärken, oder erst nachdem wir uns am Ende der Runde eine kulinarische Belohnung verdient haben.

Wir starten in östlicher Richtung vom Parkplatz aus auf dem Schotterweg vorbei an dem Schild der Klostergärtnerei talwärts zum Main-Donau-Kanal ❶.

Unten angekommen, wenden wir uns auf dem geschotterten Radweg nach links in Richtung Brücke. Wir befinden uns auf der Nordic-Walking Beilngries-4-Strecke. Wir gehen unter der Brücke hindurch und nehmen dann unmittelbar links die Treppe hoch. Wir überqueren das breite Gewässer auf der Abt-Maurus-Straße in Richtung Osten, bis wir an die T-Kreuzung gelangen. Hier wenden wir uns nach links auf der Alten Hauptstraße, und sofort bei nächster Gelegenheit rechts die kleine Gasse hoch, die Schweigersdorfer Straße. Hier finden wir drei Wanderwegweiser (Beilngries 1, Nordic Walking 4, Sulztal-Wanderweg 22) sowie ein Schild „10T". Die schmale Teerstraße leitet uns rechts zum Ludwig-Donau-Main-Kanal, über welchen eine hölzerne Brücke führt. Dort hat man einen großartigen Blick zur Abtei ❷.

Nach wenigen Metern links gehen wir rechts eine Unterführung der B299 hindurch und danach rechts weiter. Nach 260 Metern halten wir uns links an die Hinweise in Richtung Schweigersdorf. Nach weiteren 370 Metern halten wir uns links auf der Teerstraße nach Schweigersdorf. Die Wanderhinweise würden uns nach rechts lotsen, wir gehen aber den 15%-igen Anstieg hoch, welcher entlang eines idyllischen Bachlaufes durchaus steil und etwas anstrengend ist. Wir wandern für etwa 1100 Meter auf der schmalen Teerstraße hoch in Richtung Schweigersdorf, bis wir links eine kleine Kapelle passieren ❸.

Etwa 60 Meter nach der Kapelle nehmen wir rechts die Abzweigung auf den geschotterten Feldweg am Waldrand. Der nächste Wegabschnitt ist komplett unmarkiert. Wir spazieren auf dem festen Forstweg in südlicher Richtung am Waldrand für etwa 350 Meter. Schließlich erreichen wir eine Y-Kreuzung. Hier halten wir uns links. Der Feldweg führt über eine Wiese am Rand des Waldes entlang, ehe wir nach 250 Metern an eine T-Kreuzung gelangen. Hier wenden wir uns nach links und biegen sofort nach 75 Metern wieder nach rechts in südlicher Richtung ab. Nach 420

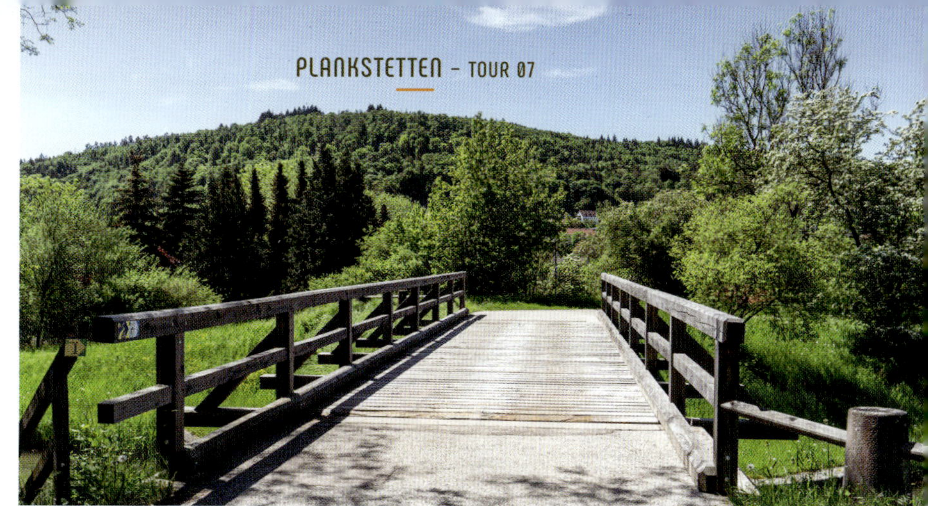

Hölzerne Brücke

Metern befinden wir uns auf dem Reiterberg. An dieser T-Kreuzung halten wir uns links und gehen im Prinzip aber sofort geradeaus weiter. Wir wandern für 800 Meter in südlicher Richtung auf dem Feldweg geradeaus. Schließlich endet unser Weg an einer T-Kreuzung, welche mit einer Ansitzvorrichtung gekennzeichnet ist. Hier biegen wir nach links bzw. nach Osten ab. Nach 280 Metern bringt uns der feste Feldweg an eine etwas unübersichtliche Kreuzung. Hier zweigen einige Wege ab, doch unsere Wahl fällt auf den Pfad nach rechts in südlicher Richtung. Dieser ist mit dem Hinweis „Beilngries 3" gekennzeichnet.

Ab jetzt wird es leicht! Wir orientieren uns am Hinweis „Beilngries 3" nicht nur bis zu unserem nächsten Etappenziel, der Wodansburg in 1800 Metern, sondern bis direkt nach Beilngries. Bereits nach 100 Metern passieren wir auf dem breiten, festen Forstweg ein malerisches Wegekreuz und folgen nach weiteren 300 Metern dem Hinweis, indem wir nach einem weiteren Wegekreuz mit Sitzbank rechts abbiegen. Nach 790 Metern

Blick zur Abtei

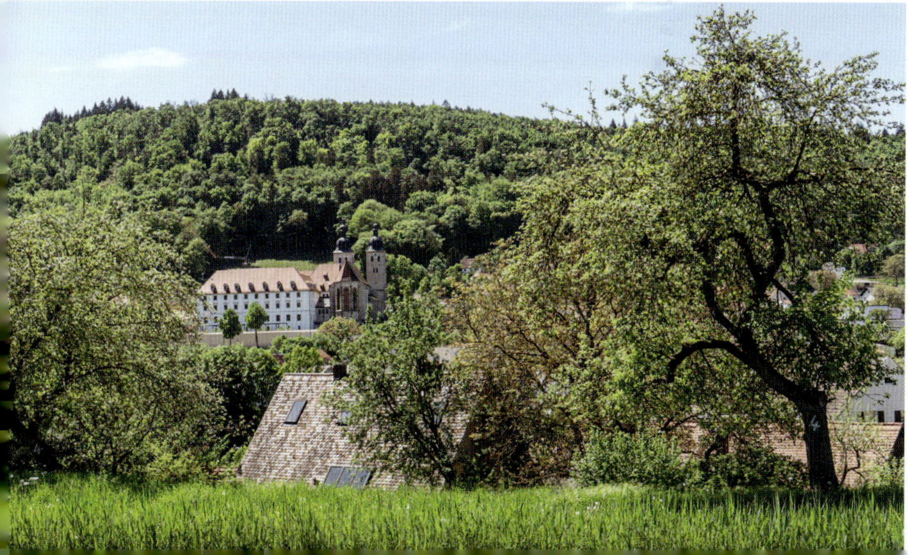

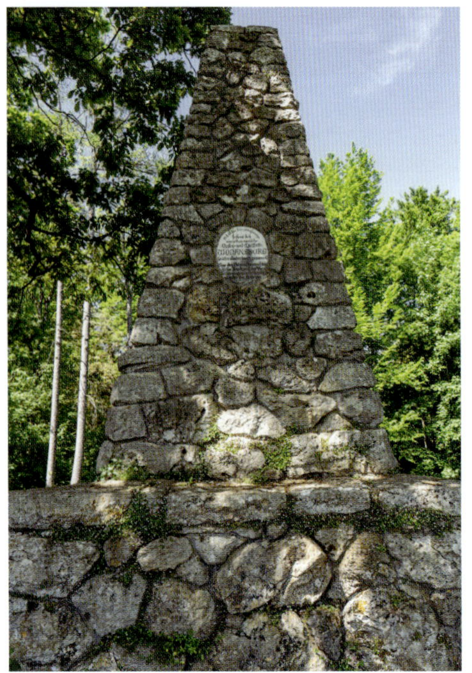

halten wir uns links und biegen gen Süden ab, um dann nach weiteren 650 Metern einen schmalen Pfad rechts hinab zur Wodansburg abzuzweigen. Wenige Momente später erblicken wir eine hohe, steinerne Pyramide. Es handelt sich um die Wodansburg, wie man auf der Inschrift lesen kann. Von hier kann man ein herrliches Panorama über die Stadt Beilngries und den Naturpark Altmühltal genießen ❹.

Ab jetzt orientieren wir uns bis zum Stadtpark in Beilngries an den Wegweisern „Beilngries 3" und dem „Wünschelrutenweg 6". Diese führen uns neben der Wodansburg links auf einem schmalen Trampelpfad hinab in Richtung Main-Donau-Kanal. Auf diesem Weg durchkreuzen wir einige Wasseradern. Nach ein paar 180-Grad-Biegungen sind wir unten an einer Wegkreuzung angekommen. Hier folgen wir den Hinweisen „3" und „6", überqueren den Feldweg und gehen in südlicher Richtung weiter über eine Wiese, bis nach 250 Metern erneut ein Radweg kreuzt. Etwas unterhalb erkennen wir eine hölzerne Brücke, die wir überqueren möchten. Deshalb halten wir uns rechts und biegen nach wenigen Metern links hinab zur Brücke. Die beiden bekannten Hinweise bestätigen uns die Richtigkeit ❺.

Nach 140 Metern in westlicher Richtung erreichen wir einen Feldweg, auf welchen wir nach rechts einbiegen. Zwischendurch hat man einen großartigen Blick auf das Schloss Hirschberg, welche majestätisch über der Stadt Beilngries thront. Wir befinden uns oberhalb vom Kanal und wandern in westlicher Richtung auf dem geschotterten Feldweg weiter, bis wir nach 500 Metern vor der B299 stehen. Vorsichtig überqueren wir diese vielbefahrene Straße und wandern nach links, den Wegweisern für Wanderer folgend für 350 Meter. Wir überqueren den Main-Donau-Kanal, bis wir unmittelbar nach dem Alten Bahnhof mit der Aufschrift „Beilngries" rechts auf die schmale Straße abbiegen, so dass sich der Stadtpark links von uns befindet. Schließlich erreichen wir die „Neumarkter Straße". An dieser Stelle, vorm Hotel Gasthof Gallus und gegenüber des Alten Bahnhofs Beilngries, wenden wir uns nach rechts ❻.

Nach 140 Metern biegen wir bei der ersten Gelegenheit nach links ab auf einen fein geschotterten Weg. Der „Nordic Walking 1 Beilngries" zeigt uns den Weg. Wir überqueren über eine hölzerne Brücke die Sulz und biegen ein in den „Utzmühlweg" ❼.

An einer T-Kreuzung, gegenüber einem Kindergarten, wenden wir uns nach rechts in die „Utzmühlstraße". An deren Ende wird aus der Teerstraße ein Schotterweg. Auf diesem schlendern wir weiter in nördlicher Richtung für 400 Meter. Dann biegen wir nach links ab und bleiben auf dem Schotterweg in Richtung Waldgebiet. Nach 150 Metern, am Waldrand, biegen wir rechts ab und folgen den Jurasteig-Wanderwegen, z. B. dem Wallfahrerweg oder auch dem „22 Sulztal Wanderweg".

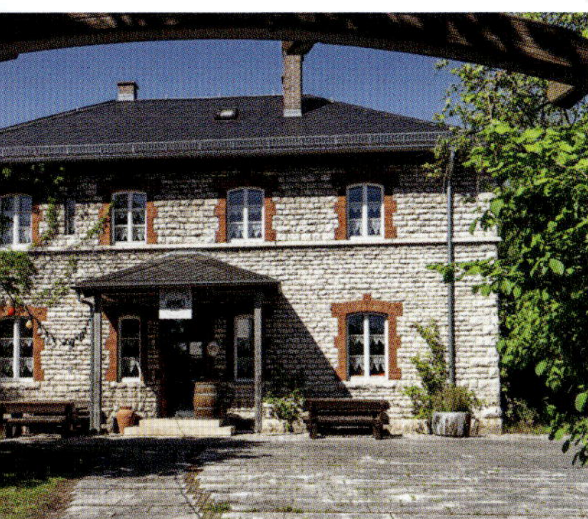

Alter Bahnhof

Diesem Hinweis folgen wir im Grunde bis zum Parkplatz in Plankstetten. Wenig später überqueren wir die „Hirschberger Straße". Der nächste kurze Abschnitt ist unfassbar idyllisch. Es geht über eine kleine Holzbrücke über einen schmalen Bachlauf. Wenig später erreichen wir einen weiteren Wasserlauf, der sich um Steine herumschlängelt. Es handelt sich um die Sinterstufen bei der Marienklause bei Beilngries 8.

Unser Pfad führt uns an einer malerischen Kapelle vorbei hoch zur Straße „El 21", welche wir auch überqueren. Gegenüber halten wir uns links hoch und finden zu unserer Linken den Quelltopf des kleinen Bächleins. Unser idyllischer Waldpfad führt jedoch rechts gegenüber gen Norden in Richtung Biberbach. Auf den nächsten 1,3 Kilometern im schattigen Waldgebiet wechseln sich Trampelpfade, Wiesenwege und schöne Waldpfade ab. Dank der Wegweiser kann man sich nicht verirren. So biegen wir schließlich hinab zur Straße nach Biberbach. Unser Fixpunkt ist der Turm der Pfarrkirche St. Michael. Schließlich orientieren wir uns in der Ortschaft links entlang des Forellenbachs. Unser Weg führt uns an der Pfarrkirche vorbei 9.

Wenige Meter weiter erreichen wir die Kreuzung der St2393, an welcher wir uns rechts halten. Nach 80 Metern halten wir uns erneut rechts. Damit wir nicht auf der Straße bleiben müssen, dürfen wir nach 250 Metern die Abzweigung nach links, gemäß den Wegweisern, nicht verpassen. Es geht eine gepflasterte Rampe hoch, und nach 80 Metern spazieren wir nach rechts weiter. Der Waldpfad bringt uns am Fuße des Hanges nach 750 Metern in nördlicher Richtung nach Plankstetten. Zwischendurch lassen wir unsere Blicke zurück in Richtung Beilngries gleiten, um ein großartiges Panorama des Naturparks Altmühltal zu genießen. Wenig später erreichen wir die Teerstraße vor der Abtei. Nun haben wir uns eine Stärkung im Biergarten redlich verdient.

Hölzerne Brücke

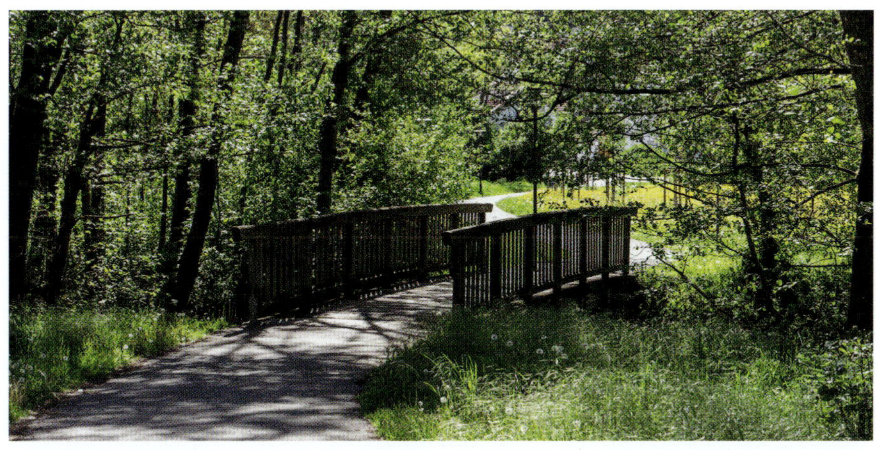

STAUFERSBUCH

Durchs Tal der Unterbürger Laber / Kalktuffkaskaden bei Holnstein

TOUR 08

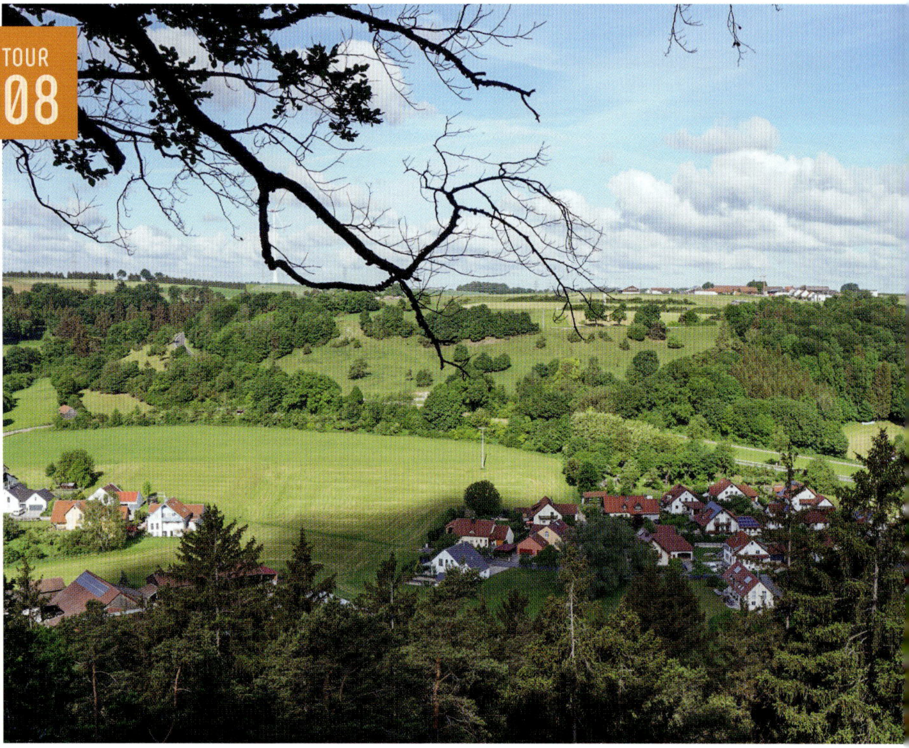

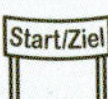

Direkt neben dem Dorfhaus bzw. Feuerwehrhaus am Keltenweg in Staufersbuch
Navi: Dorfhaus Staufersbuch, Keltenweg 8, 92334 Berching

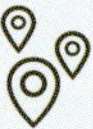

Staufersbuch – Erbmühle – Tal der Unterbürger Laber – Kalktuffkaskaden – Rudersdorf

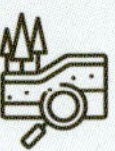

Überwiegend Wald- und Wiesenweg auf losem Untergrund oder befestigtem Weg; kurze Abschnitte auf Asphalt

Wasserbüffelweg (6); Wasser- und Mühlenweg (Tour 2); Jura 2000 Tour (JT); Jurasteig; Jurasteig bei Petersberg; König-Ludwig-Schlaufe am Jurasteig; Juraktiv Tour (orange)

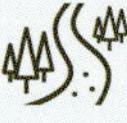

Eine mittelschwere Runde, welche den Wanderer mit herrlichen Panoramen, idyllischen Tälern und der einmaligen Faszination der Kalktuffkaskaden belohnt.

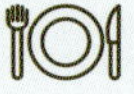

Altstadthotel Brauerei-Gasthof Winkler
Reichenauplatz 21–23, 92334 Berching
Tel. 08462 27331
www.winkler-berching.de

Foto: Panorama mit Blick auf Holnstein

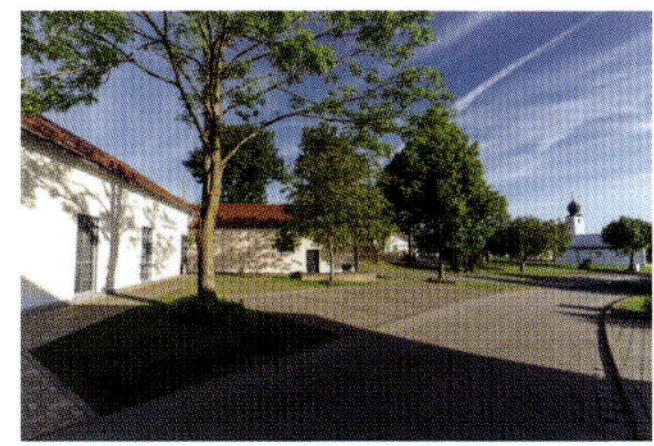

Startrichtung

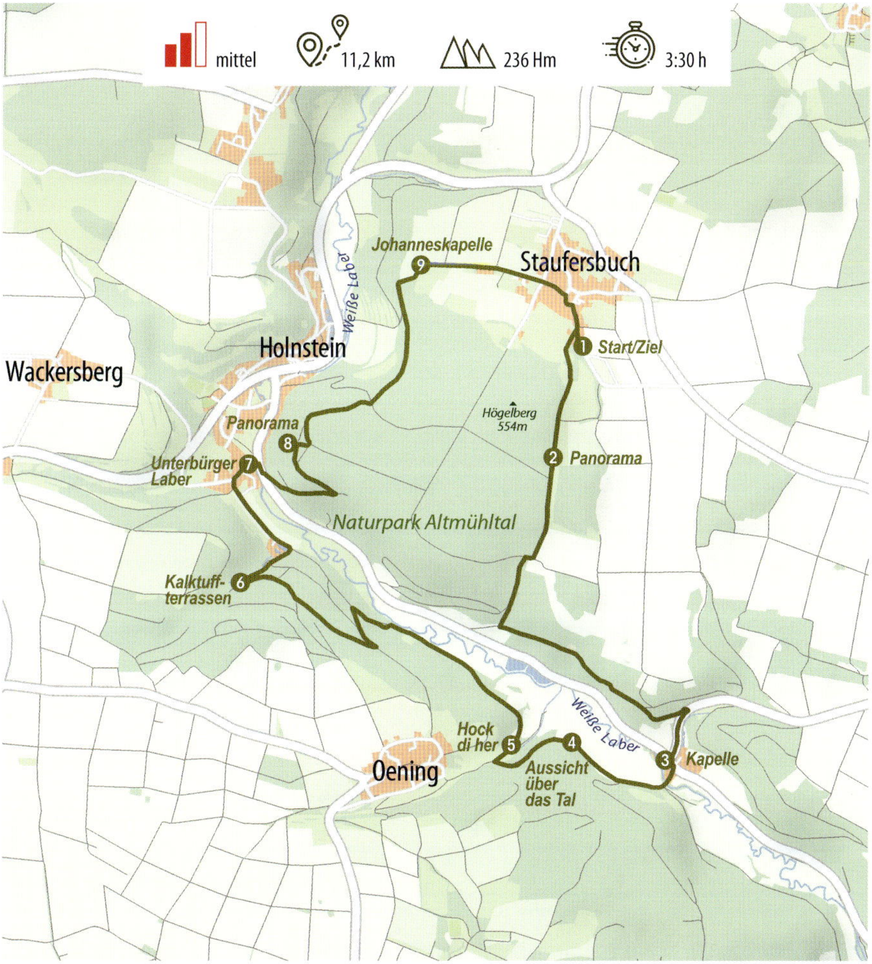

mittel | 11,2 km | 236 Hm | 3:30 h

Johanneskapelle
Staufersbuch
Weiße Laber
Holnstein
Wackersberg
Start/Ziel
Högelberg 554m
Panorama
Panorama
Unterbürger Laber
Naturpark Altmühltal
Kalktuff-terrassen
Weiße Laber
Hock di her
Oening
Aussicht über das Tal
Kapelle

m
550
500
450
400
Start
Panorama
Kapelle
Aussicht über das Tal
Hock di her
Kalktuff-terrassen
Unterbürger Laber
Panorama
Johannes-kapelle
Ziel
km 1 2 3 4 5 6 7 8 9 10 11

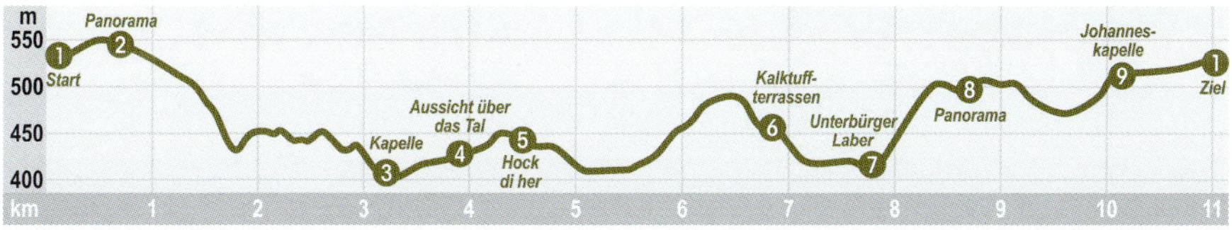

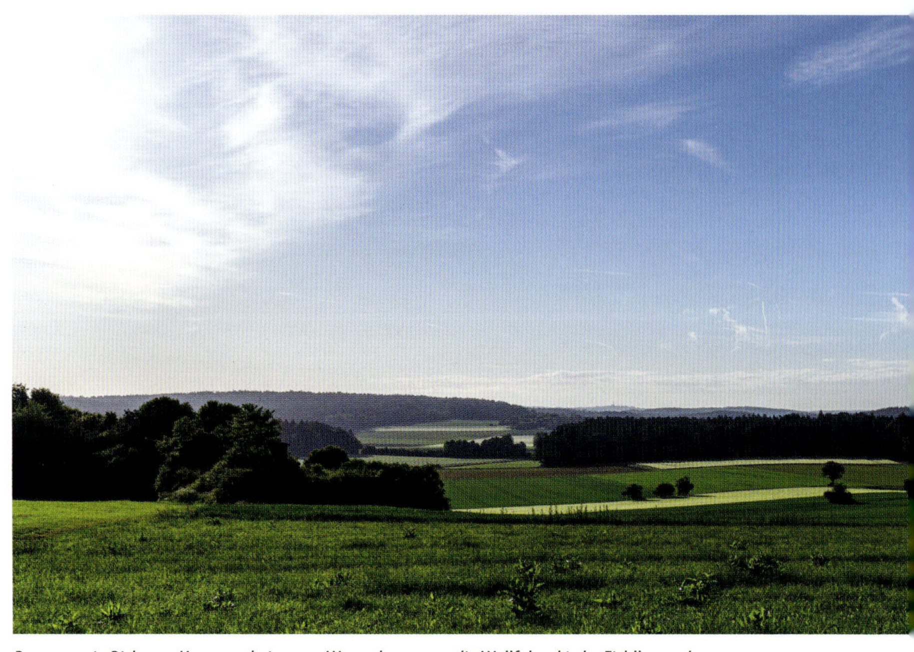

Panorama in Richtung Hemau – bei gutem Wetter kann man die Wallfahrtskirche Eichlberg erkennen

Wir beginnen unsere Runde auf der schmalen Teerstraße, die vom „Keltenweg" abzweigt und hinter dem Feuerwehrhaus bzw. Dorfhaus vorbeiführt. Sogleich spazieren wir, vorbei an einem tollen Kinderspielplatz, leicht ansteigend in südwestlicher Richtung 1. Schon bald wird aus der schmalen Straße ein geschotterter Feldweg, der uns am Fuße des Högelbergs am Waldrand ein großartiges Panorama beschert. Von dort kann man bei gutem Wetter sogar die Wallfahrtskirche Eichlberg im Osten erkennen, welche Luftlinie mehr als 13 Kilometer entfernt ist 2.

Nach etwas mehr als einem Kilometer gelangen wir an eine Weggabelung, an welcher wir uns rechts halten. Kurz darauf sehen wir die Hinweisschilder des Jurasteigs „Wasser- & Mühlenweg" und erfahren, dass unser erstes Etappenziel, die Erbmühle, 1,9 Kilometer entfernt ist. Wir folgen der Beschilderung links hinab ins Tal in südwestlicher Richtung.

Etwas aufpassen sollte man nach etwa 280 Metern, denn hier gabelt sich der Weg. Wir halten uns links und bleiben auf dem Jurasteig. Wenig später sind wir unten angekommen. Hier folgen wir den Hinweisen und biegen nach links, in östlicher Richtung ab, auf den etwas ansteigenden Forstweg. Wir bleiben für etwa 1200 Meter auf dem Jurasteig „Wasser- & Mühlenweg" und erhalten dabei sowohl einen kurzen Einblick in die verschiedenen Gesteinsschichten des Staufersbucher Bergs, aber auch Ausblicke in das malerische Tal der Weißen Laber unter uns. Immer wieder ändert sich die Wegbeschaffenheit von festem Feldweg in einen grasbewachsenen Wiesenweg, aber ein Verirren ist kaum möglich. Schließlich gelangen wir nach einer Linkskurve an eine Straße, die uns rechts hinab ins Tal in die Idylle „Erbmühle" führt. Eventuell kann man sogar Wasserbüffel auf einer Weide sehen, die hier gezüchtet werden. An der Erbmühle treffen die drei Gemeindegebiete von Berching, Breitenbrunn und Dietfurt aufeinander. Wir überqueren die Straße neben einer kleinen Kapelle 3.

An einer Kreuzung etwas links finden wir Wegweiser, z. B. zur Voglmühle oder nach Oening.

Kurz darauf überqueren wir die „Unterbürger Laber“, einen Abschnitt der Weißen Laber, und folgen den bekannten Hinweisen des Jurasteigs oder der „JT-Tour“ in Richtung Oening. Die schmale Teerstraße führt uns für etwa 1,1 Kilometer den Hang hinauf. Wir genießen das Panorama und blicken zurück zur Erbmühle 4.

Auf halber Strecke passieren wir ein kleines Wegkreuz. Wir erfahren, dass an dieser Stelle ein Herr Wagner im Jahr 1936 durch einen Blitzschlag sein Leben verloren hat. Schließlich zweigt der Jurasteig vor einem Hang nach rechts auf einen Schotterweg ab, und wir verlassen mit ihm die geteerte Straße. Nach wenigen Metern halten wir uns gemäß den Hinweisen links und passieren unmittelbar danach eine Holzbank rechts, welche den Wanderer mit dem bayerischen „Hock di her“ zum Verweilen einlädt 5.

Wir blicken hinab ins Tal zum Flusslauf und ruhen uns nach dem Anstieg aus, ehe wir dem Jurasteig

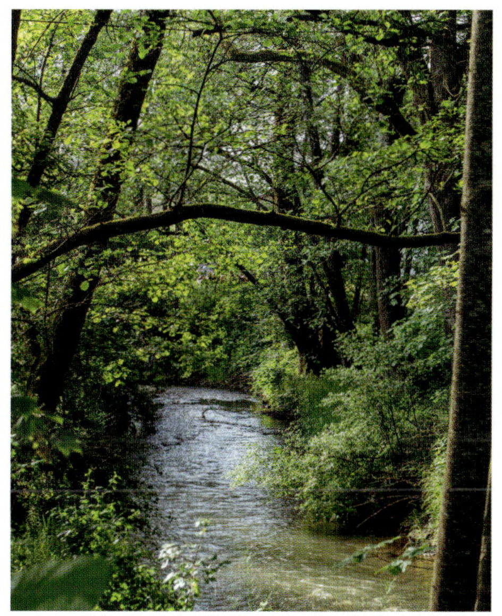

Unterbürger Laber

„Hock di her“

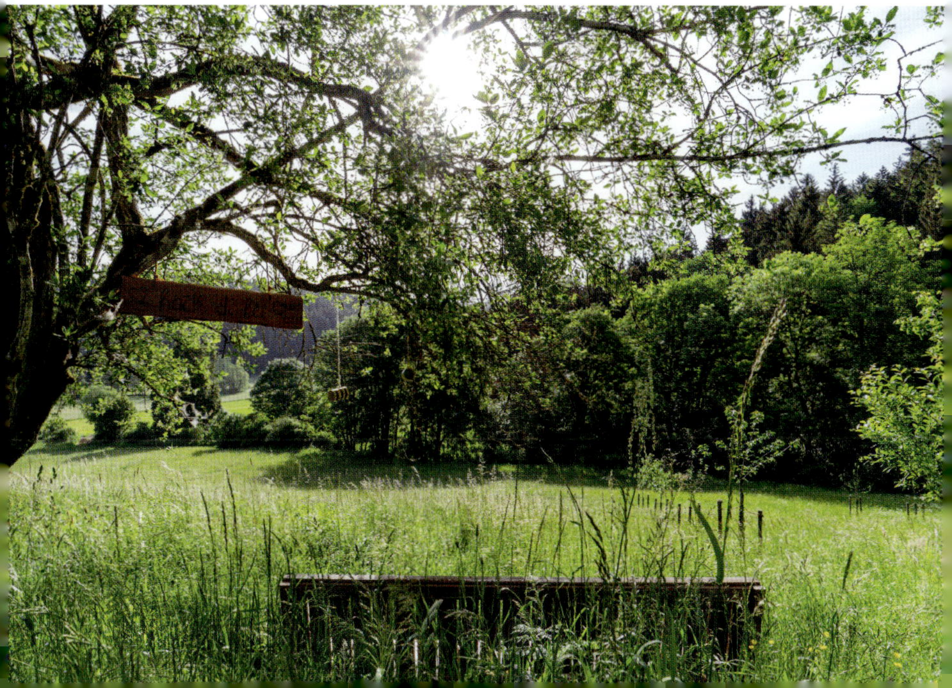

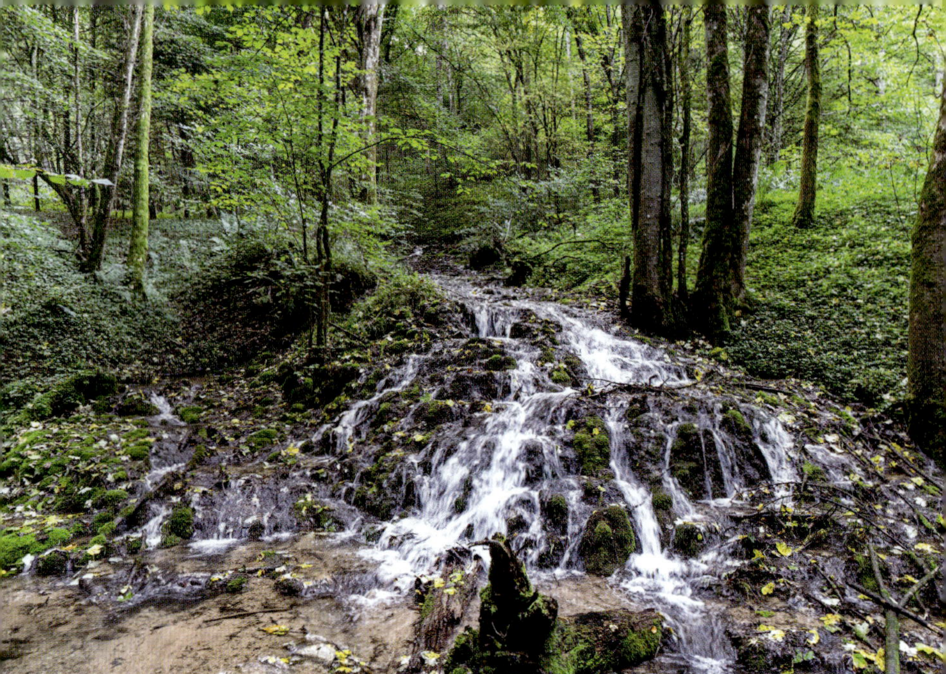

Kalktuffkaskaden

nordöstlich talwärts für etwa einen Kilometer folgen. Dann leiten uns die Hinweise etwas links einen leichten Anstieg hinauf. Nach 230 Metern kreuzt von links die „Hohensteiner Leite". An einem hohen Baumstumpf würden uns die Wegweiser geradeaus weiterleiten, doch wir biegen scharf nach links ab und schlendern den geschotterten Forstweg den Anstieg hoch. Der Anstieg ist etwa 250 Meter lang. Wir nehmen die zweite Abzweigung nach rechts, welche mit dem grünen Schild „ES 129" markiert ist.

Der Schotterweg führt uns entgegengesetzt in nordwestlicher Richtung. Nach etwa 100 Metern gelangen wir zu einer Y-Gabelung. Hier wählen wir den Anstieg links. Schon bald macht unser steiniger Waldpfad eine Linksbiegung, und wir erkennen etwa 6 Quadratmeter Teer vor uns. Danach endet unser Weg an einer T-Kreuzung. Hier biegen wir scharf nach rechts ab in nordwestlicher Richtung. Der abschüssige, geschotterte Waldweg würde nach etwa 700 Metern rechts hinab ins Tal abbiegen, doch wir gehen noch etwa 150 Meter gerade weiter und vernehmen das leise Plätschern von Wasser. Nach einer Linksbiegung erkennen wir rechts an einem Platz und unterhalb von ihm einen kleinen Wasserfall. Unser Pfad führt uns rechts hinab talwärts, parallel zu dem treppenartigen und eindrucksvollen Naturschauspiel. Es handelt sich um die Kalktuffkaskaden bei Holnstein 6.

Eine persönliche Anmerkung: Ich bin diese Runde insgesamt drei Mal für diesen Wanderführer gewandert, das erste Mal im September, dann noch im Februar und Ende Mai. Ende September waren alle Terrassen gut mit Wasser gefüllt. Die beiden anderen Male waren die unteren Ebenen komplett ausgetrocknet. Ein Zeichen des Klimawandels?

Wir verlassen das Naturschauspiel und wandern auf dem Waldboden den Pfad hinab ins Tal parallel zum Wasserlauf. Dort finden wir den Hinweis „Wasser- & Mühlenweg Tour 2". Wir wenden uns im Tal der Weißen Laber nach links und folgen der schmalen Teerstraße nordwestlich in Richtung

Holnstein. Nach ein paar Metern wird der Feldweg zu einer schmalen Teerstraße, die nach 350 Metern an einer Weggabelung endet. Wir befinden uns in Rudersdorf. Dann spazieren wir nach rechts durch die kleine Ortschaft hindurch und überqueren vor der „Laabertalstraße" die bekannte „Unterbürger Laber" 7.
Hier wenden wir uns nach rechts und blicken auf die „Buttenmühle". Ein paar Meter weiter, gegenüber auf der anderen Straßenseite, finden wir das Straßenschild „Laabertalstraße". Dahinter befindet sich unser Einstieg in den Wald. Nun folgt ein steiler Aufstieg durch schattiges Waldgebiet auf Waldboden, wo man seine Wadenmuskulatur gehörig zu spüren bekommt. Nach 420 Metern hat die Quälerei in südöstlicher Richtung ein Ende. Hier finden wir links eine Abzweigung, welche nordwestlich auf einem unmarkierten Waldpfad relativ eben am Hang entlangführt. Nach etwa 300 Metern erkennen wir ein paar Meter links unterhalb von uns an einem Abhang eine Sitzbank. Hier können wir uns ausruhen und ein herrliches Panorama genießen 8.
Nun wenden wir der Bank und der Aussicht unseren Rücken zu und spazieren in entgegengesetzter Richtung einen Trampelpfad in östlicher Richtung entlang und erreichen nach etwa 80 Metern einen breiten, geschotterten Forstweg. Links finden wir eine Ansitzvorrichtung und ein paar Meter weiter an einem Baum das bekannte Schild des „Wasser- & Mühlenwegs". Wir bleiben auf dem Jurasteig für 480 Meter bis zu einer Kreuzung. Während sich der Jurasteig nach links in Richtung der Ortschaft Holnstein verabschiedet, gehen wir geradeaus weiter. Nach 700 Metern folgt der letzte Anstieg. Wir verlassen das Waldgebiet und erkennen links eine kleine malerische Kapelle. Unser Weg führt mit einer Rechtskurve an der „Johanneskapelle" vorbei 9.
Schon bald erkennen wir Staufersbuch. Der Schotterweg ist zu einer schmalen Straße geworden, dem Holnsteiner Weg. Wir passieren zuerst links ein schönes, hölzernes Marterl, gehen weiter in die Pfarrer-Eckert-Straße, die in die Hofmarkstraße mündet. Vor der Kirche des St. Martin halten wir uns auf dem gepflasterten Stück links und biegen rechts in den Keltenweg. Diesem folgen wir zu unserem Ausgangspunkt am Dorfhaus.

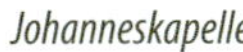
Johanneskapelle

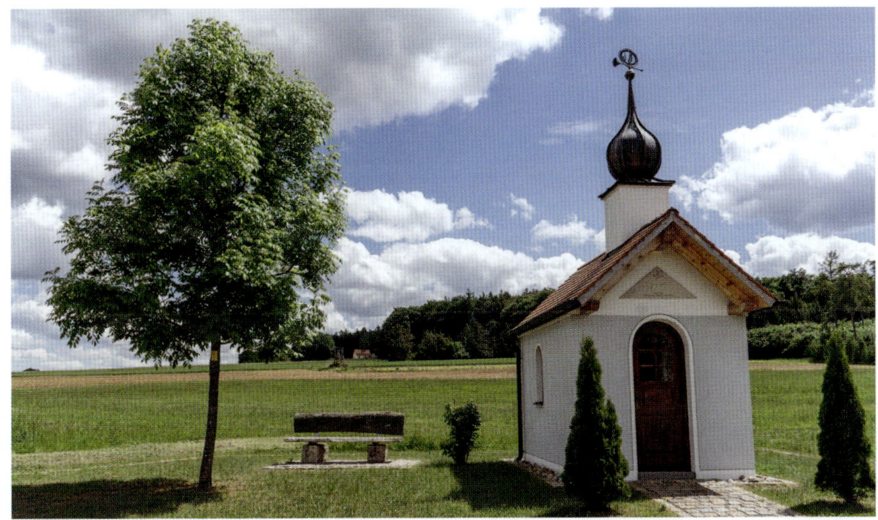

WISSING

Entlang der Wissinger Laber auf den Spuren des Bibers durch das Heutal

TOUR 09

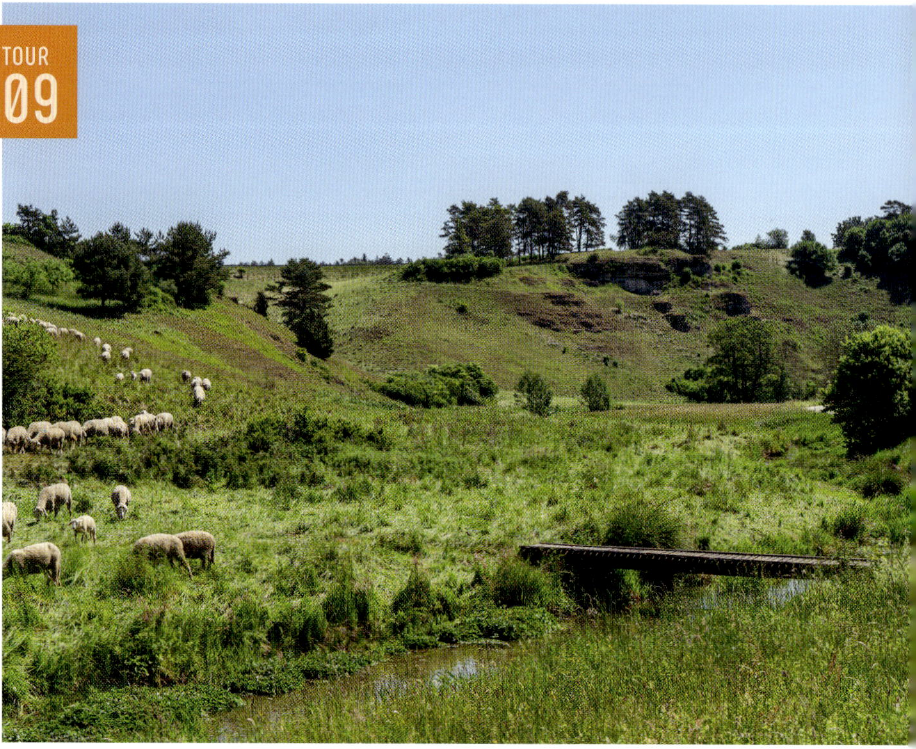

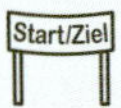

Direkt neben der katholischen Pfarrkirche „Mariä Himmelfahrt" in Wissing
Navi: Oberdorf 4, 92358 Wissing (Seubersorf)

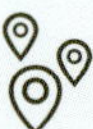

Wissing – Heutal – Aumühle

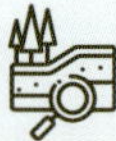

Überwiegend auf feinem Kiesweg oder auf losem Untergrund im Waldgebiet, abschnittsweise auf Asphalt

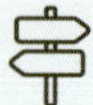

Heutalweg (3); Wasserbüffelweg (6); Wasser- und Mühlenweg; Weg 7

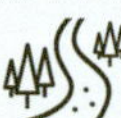

Eine einfache Wanderung durch die malerische Weite des idyllischen Heutals auf den Spuren des Bibers entlang der Wissinger Laber und durch tiefe Wälder mit großartigen Weitblicken.

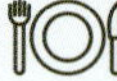

Gasthaus Karl
Hauptstraße 29, 92363 Hamberg
Tel. 09492 5638
www.gasthaus-karl.de/willkommen

 Foto: Heutal

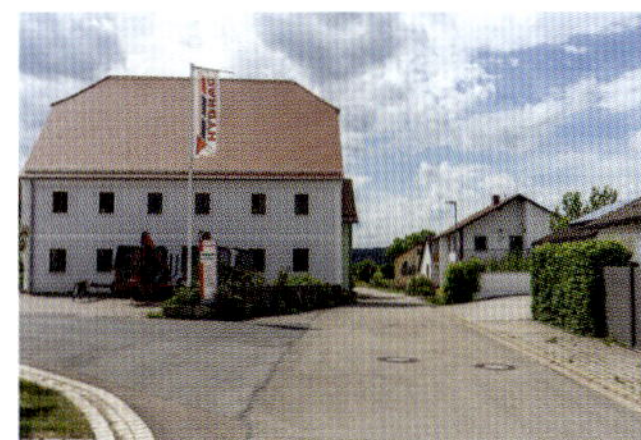

Startrichtung

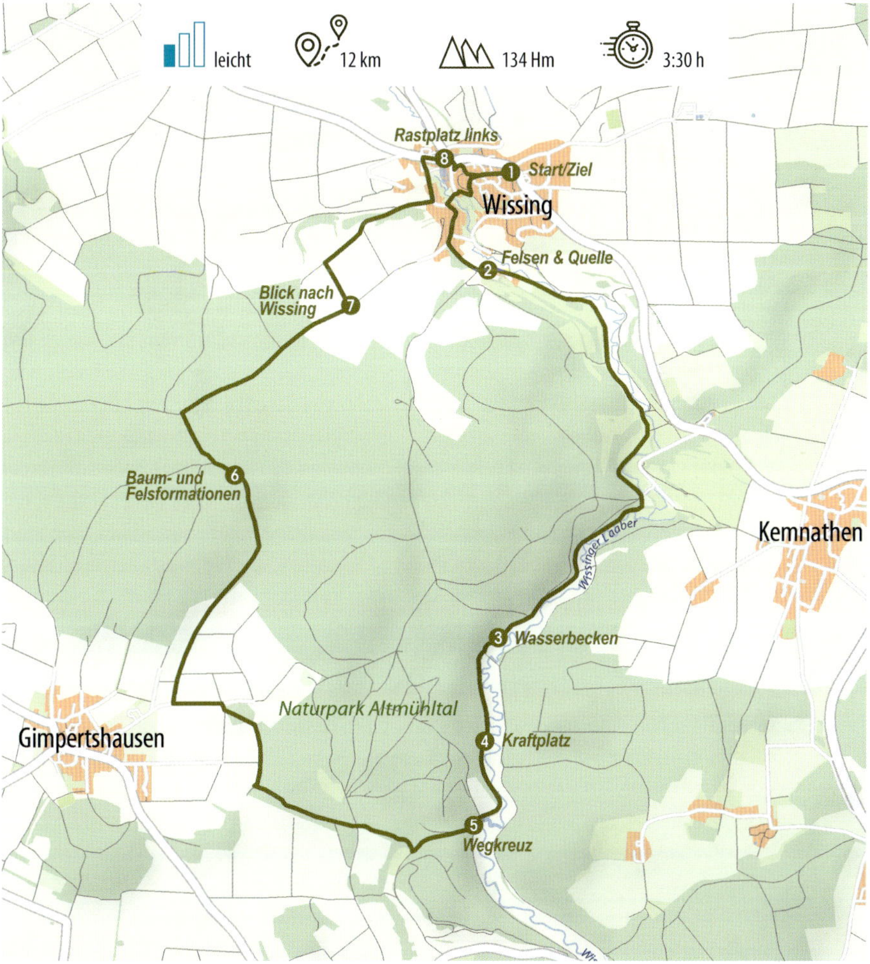

leicht | 12 km | 134 Hm | 3:30 h

Rastplatz links
8
1 Start/Ziel
Wissing
2 Felsen & Quelle
Blick nach Wissing 7
Baum- und Felsformationen 6
Kemnathen
Wissinger Laaber
3 Wasserbecken
Naturpark Altmühltal
Gimpertshausen
4 Kraftplatz
5 Wegkreuz

m
650
550
500
450
400
km 1 2 3 4 5 6 7 8 9 10 11

1 Start
2 Felsen & Quelle
3 Wasserbecken
4 Kraftplatz
5 Weg-kreuz
6 Baum- & Felsformationen
7 Blick nach Wissing
8 Rastplatz links
1 Ziel

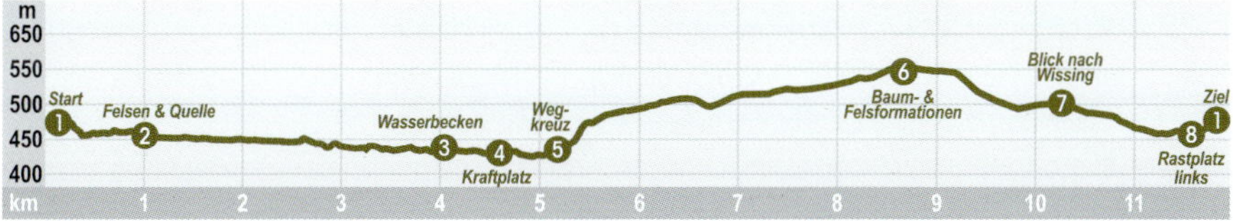

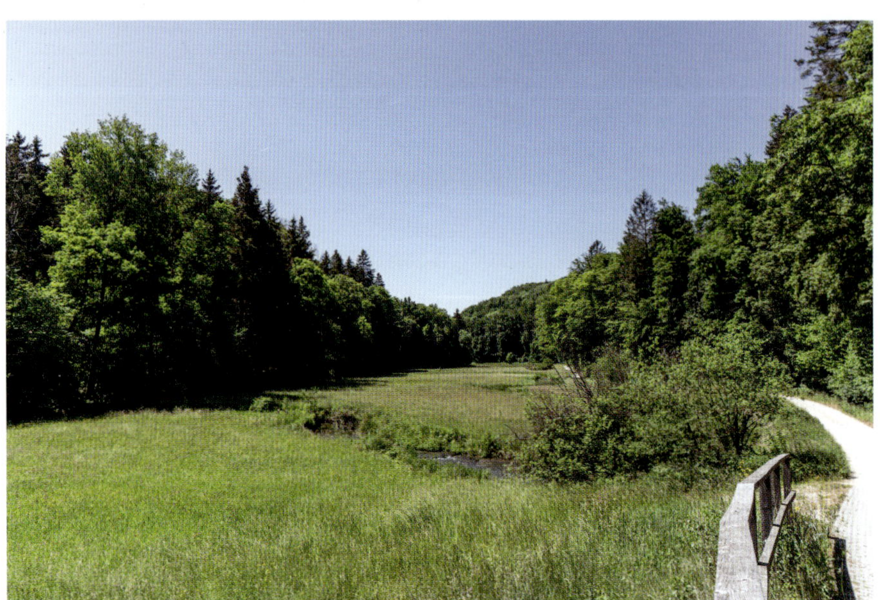

Ausgang Aumühle

Diese Wanderung durch das malerische Heutal beginnt mit göttlichem Beistand neben der Pfarrkirche „Mariä Himmelfahrt" in Wissing, einem Gemeindeteil von Seubersorf 1.
Wir wenden uns nach Westen und halten uns nach 170 Metern links, in die Gasse „Burgberg", welche mit einem beeindruckenden Baum auf einem Keller kaum zu übersehen ist. Ein paar Meter weiter rechts erkennen wir ein Wegekreuz. Am „Anlieger frei"-Schild geht es auf der schmalen Teerstraße zu einem schmalen Pfad, an welchem wir bereits den Hinweis „Wasser- & Mühlenweg" erkennen. Es geht rechts hinab, wo wir sogleich das Unterdorf erreichen. Wir überqueren links die Wissinger Laber. Nach 300 Metern verlassen wir die Straße „Unterdorf" und biegen links ins „Heutal". Die Beschilderung „Wasser- & Mühlenweg" weist uns den Weg.
Auf Höhe des letzten Hauses finden wir rechts beeindruckende Felsen und links eine kleine Quelle 2.
Wir folgen den Hinweisen für die nächsten 4,5 Kilometer. Dieses landschaftliche Gebiet mit den malerischen Magerrasenhügeln, den malerischen Wegen und der idyllisch sich hinschlängelnden Wissinger Laber ist überregional als Wander-, Radfahr- und Naherholungsgebiet bekannt. Bereits hier bekommt man einen wundbaren Eindruck von dem vor uns liegenden Etappenstück. Vor der Aumühle spazieren wir an einem Marterl mit einer Sitzbank vorbei. Kurz darauf, nach etwa 2 Kilometern, passieren wir die Aumühle und gehen im Heutal weiter in südwestlicher Richtung. Auf dem nächsten Etappenstück erkennen wir immer wieder deutliche Spuren des Bibers und schlendern vorbei an einem idyllischen Rastplatz, dem Wasserbecken Heutalweg 3.
Nach etwa 1100 Metern kreuzen sich mehrere Wanderwege. Der „Wanderweg 3" gesellt sich zu uns. Wir gehen jedoch auf dem festen, leicht geschotterten Wanderweg geradeaus weiter am Waldrand entlang des Flusses, welcher in Schlangenlinien durch das malerische Tal mäandert. Wenig später weckt links nahe des Wassers eine große Bank und davor eine kunstvoll in den Boden eingelassene Steinformation unser Interesse. Es handelt sich um den Kraftplatz „MERAL" von Gori Rassadin 4.

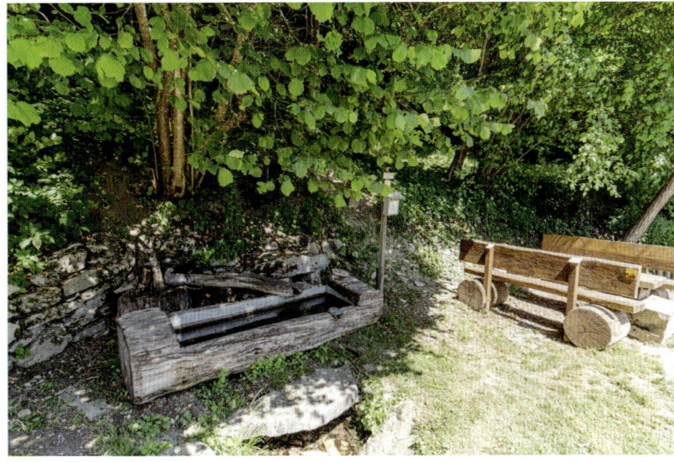

Idyllischer Rastplatz

Nach etwa 600 Metern verlassen wir das Heutal. Unter uns befindet sich eine Art Staubecken, welches vom Biber angelegt wurde. Rechts finden wir ein eisernes Wegkreuz mit einer hölzernen Bank daneben. Davor zweigt ein breiter Forstweg in westlicher Richtung ab (5).

Nun folgt der einzige Anstieg der Wanderung. Nach etwa 40 Metern zweigt links von uns ein schmaler, etwas unscheinbarer Trampelpfad ab, welcher eine Art Rampe hinaufführt, während der breite Forstweg eben geradeaus weitergeht. Ehe wir oben ankommen, spazieren wir durch eine Art „grünen Tunnel". Schließlich gelangen wir an eine kleine Lichtung. Hier finden wir an einem Baum den grün-gelben Hinweis „6", den „Wasserbüffelweg". Wir folgen dem Wegweiser nach rechts. Es zweigen zwei Pfade in westlicher Richtung ab, wir nehmen gemäß dem Hinweis den linken. An diesem Hinweis orientieren wir uns auf dem nächs-

Staubecken

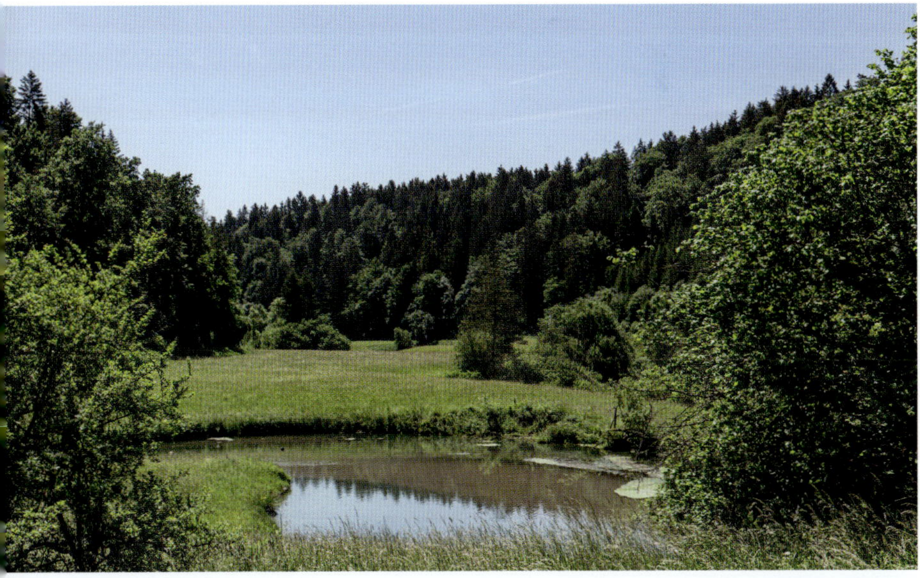

ten Kilometer. Es geht auf weichen Waldpfaden durch das Gehölz. Nach etwa 340 Metern kreuzen wir eine schmale Teerstraße. Hier erblicken wir links in der Ferne die Ortschaft Dürn, welche zum Gemeindegebiet von Breitenbrunn gehört. Wir gehen jedoch geradeaus weiter auf dem idyllischen Forstweg nahe dem Waldrand. Wir spazieren für 600 Meter im Schatten des Waldrandes, ehe wir uns erneut an einer T-Kreuzung nach rechts auf einem Feldweg halten. Während der „Wasserbüffelweg" nach links abzweigt, spazieren wir auf dem Schotterweg entlang des Waldes in Richtung einer Ansitzvorrichtung. Danach geht es durch ein kleines Waldstück, ehe unser Weg rechts in den geteerten „Wissinger Weg" mündet. Die Ortschaft Gimpertshausen ist bereits in unser Blickfeld gerückt. Wir spazieren links auf dem „Wissinger Weg" in westlicher Richtung für 250 Meter und verlassen den Weg bereits nach 250 Metern bei erster Gelegenheit. Hier finden wir vorher einen hölzernen Strommast mit der Nummer 9.

Wir genießen das Panorama über das Lochfeld, bevor wir für ein längeres Stück in die Tiefen des Waldes eintauchen. Nach knapp 400 Metern wandelt sich die Straße in einen Schotterweg. Wenig später gabelt sich der Weg. Wir halten uns links und bleiben auf dem geschotterten Weg und gehen nicht geradeaus weiter auf dem unbefestigten Waldweg. Links am Wegesrand finden wir auch eine Dreier-Baumgruppe. Wir spazieren etwas ansteigend in nördlicher Richtung und erkennen schon bald links von uns urwaldartige Baum- und Felsformationen 6.

Nach etwa 200 Metern erreichen wir eine Y-artige Weggabelung, in deren Mitte ein hoher Baum

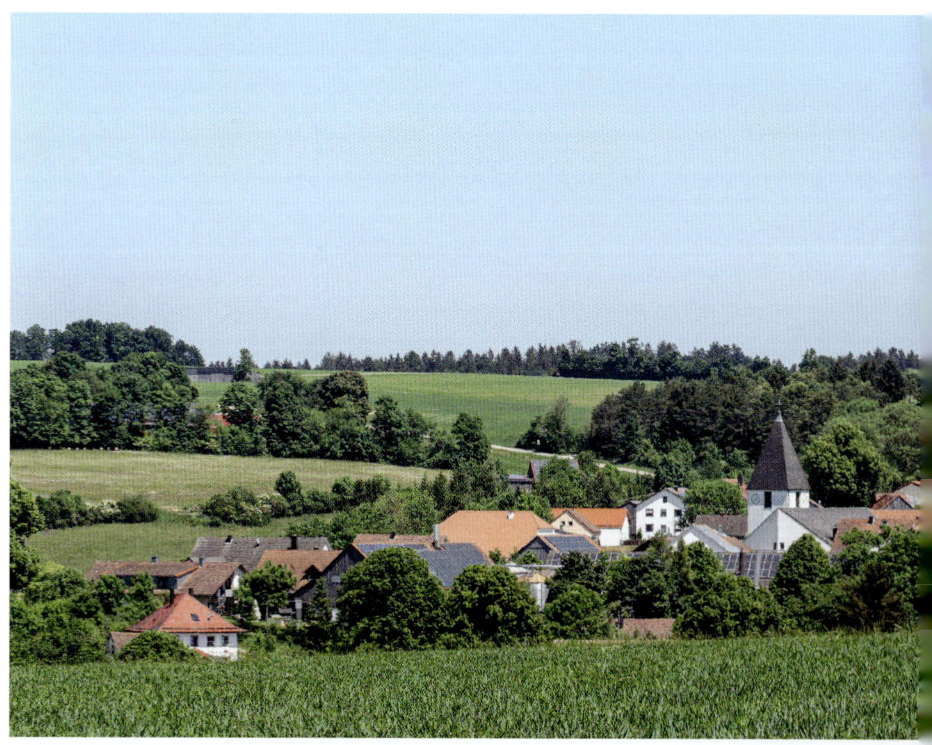

steht. Daran finden wir am Stamm einen blauen Pfeil nach links und einen grünen Pfeil nach rechts. Diesem folgen wir.
Der geschotterte Forstweg endet nach 330 Metern an einem breiten Schotterweg. Links an einem Baum finden wir das Schild „grüne Marter". Auf diesem Weg bleiben wir und schlendern den abfallenden Weg rechts in nordöstlicher Richtung, ohne abzubiegen, für 1100 Meter. Nach 900 Metern haben wir die Grenze des Waldgebietes erreicht. Nach weiteren 200 Metern nehmen wir den ersten Wiesenweg links, ehe ein paar Meter weiter die Teerstraße beginnen würde. In der Ferne erkennen wir bereits den Kirchturm von Wissing 7.

Am Ende des Feldweges biegen wir rechts ab auf die schmale Straße. Sie führt uns hinab ins Tal, und wenig später erreichen wir östlich an einer T-Kreuzung die „Ledergasse" in Wissing. Hier halten wir uns links und erkennen in einer Senke einen Quelltopf der „Wissinger Laber". Die „Ledergasse" endet an der „Ittelhofener Straße". Dieser folgen wir rechts durchs Unterdorf. Nach 160 Metern finden wir links einen schön angelegten Rastplatz an einer Quelle mit Kneipp-Anlage 8.
Wir gehen jedoch auf der anderen Seite rechts in die Straße „Burgberg". Nach ein paar Biegungen endet der kurze Anstieg, und wir erkennen unseren Ausgangspunkt.

Blick nach Wissing

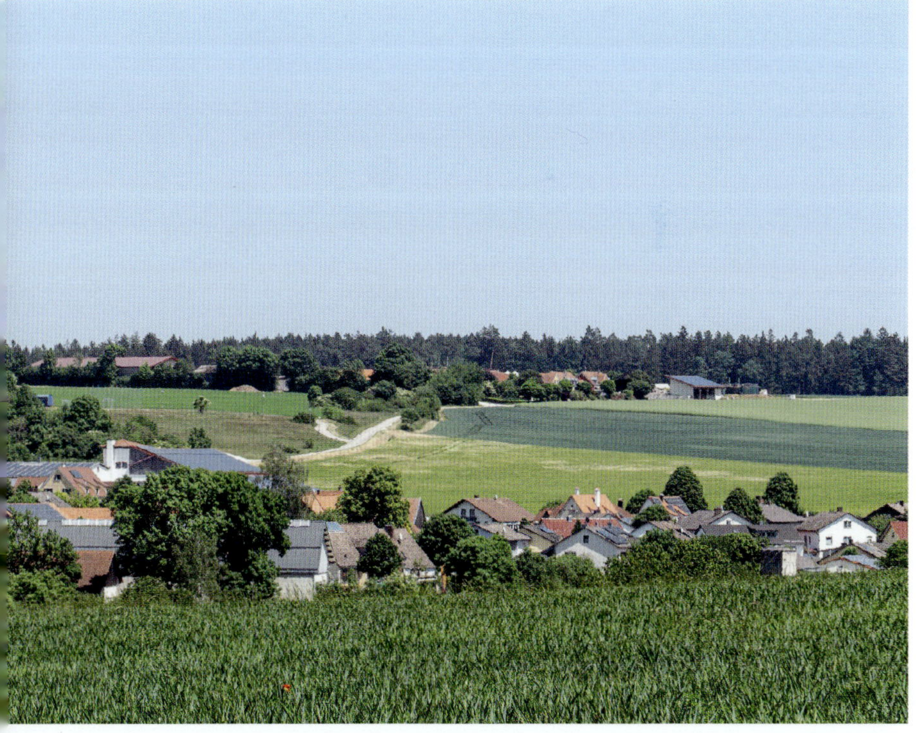

TOUR 10

PARSBERG / DASSWANG

Zwischen Felsen und malerischen Hügeln und durch verwunschene Täler

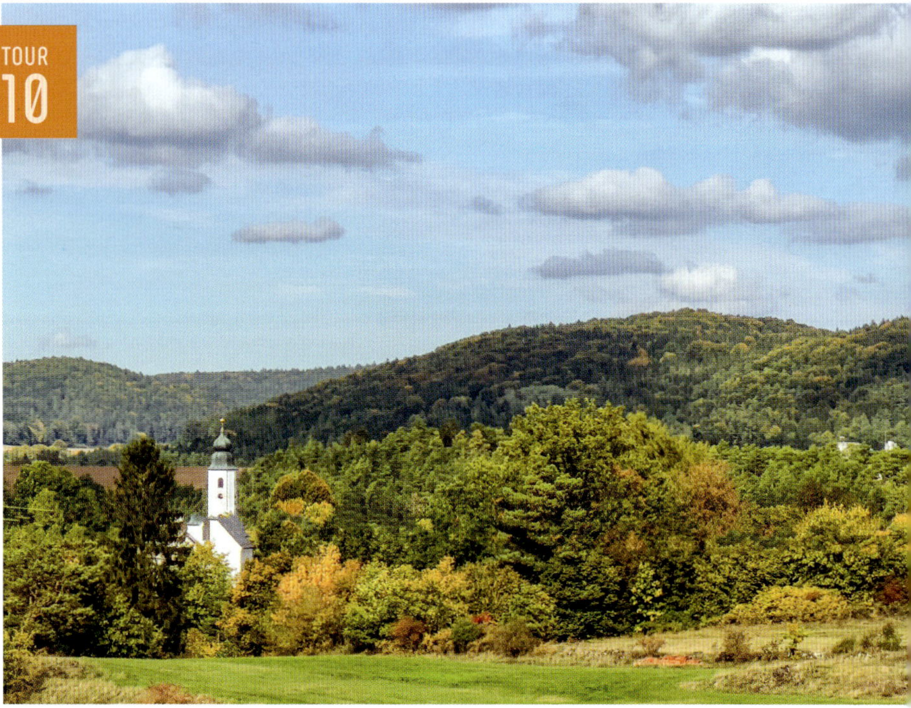

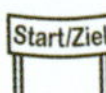

Parkplatz des TSV Parsberg bzw. des Jura-Mare Freibads in Parsberg
Navi: Wellen-Freibad „Jura-Mare“, Jahnstraße 18, 92331 Parsberg

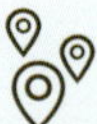

Felsensteig – Kerschhofen – Bogenmühle – Daßwang – Eglwang

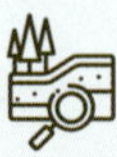

Meist Wald- & Forstwege auf losem Untergrund, abschnittsweise auch Kies- oder befestigter Weg, zwei Stücke auf Teerstraße bei Kerschhofen und bei Daßwang

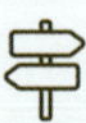

Weißes Rechteck mit gelbem Kreuz (Weg Parsberg-Breitenbrunn); Naab-Altmühl-Radweg; G'schichtenweg; Malerweg; Vier-Bacherl-Weg; Mühltal

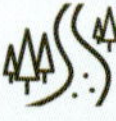

Eine einfache Runde mit einem Schuss Abenteuer durch felsige, schattige Wälder und verwunschene, idyllische Täler zwischen Parsberg und Daßwang.

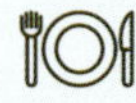

Romantik Hotel Hirschen
Marktstraße 1 a, 92331 Parsberg
Tel. 094 92 606-0
www.romantikhotelhirschen.de

 Foto: Panorama-Blick nach Darshofen

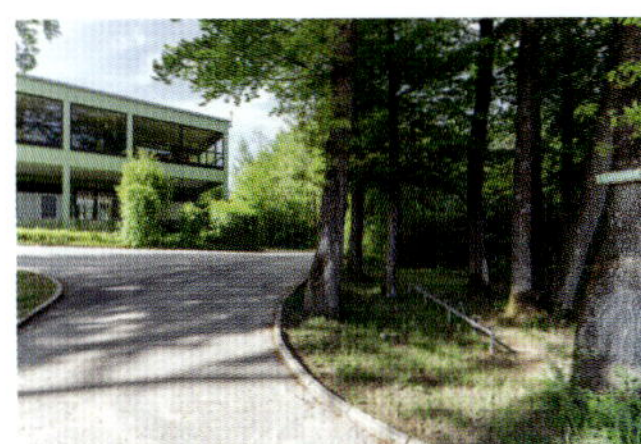

Startrichtung

leicht | 11,1 km | 115 Hm | 2:30 h

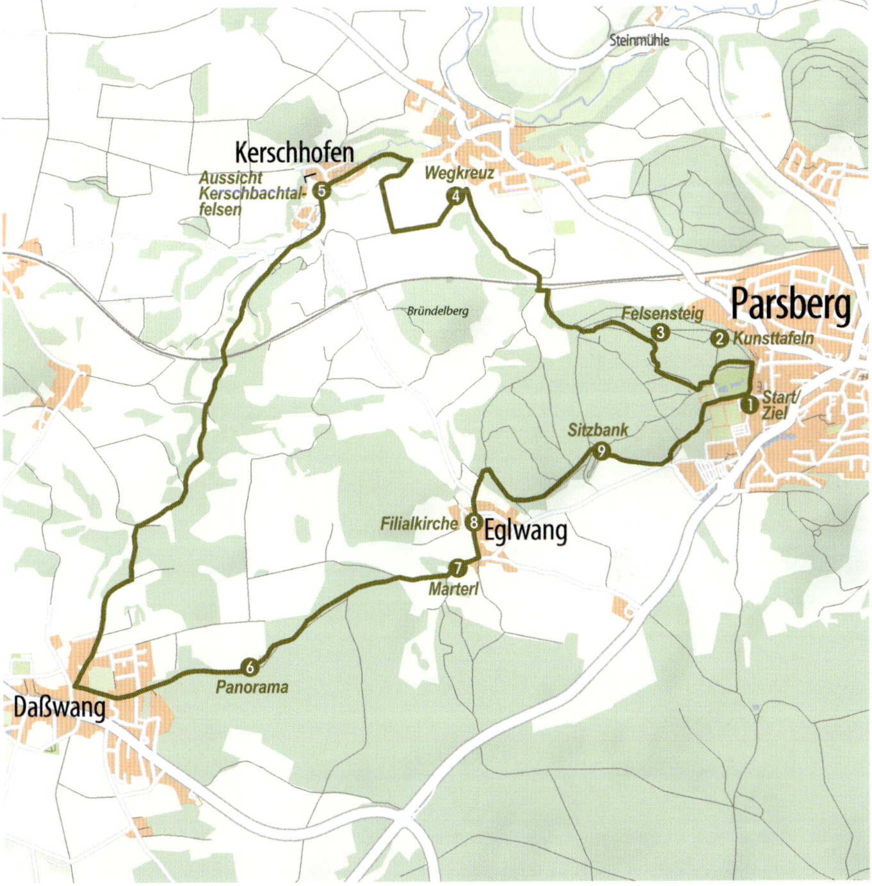

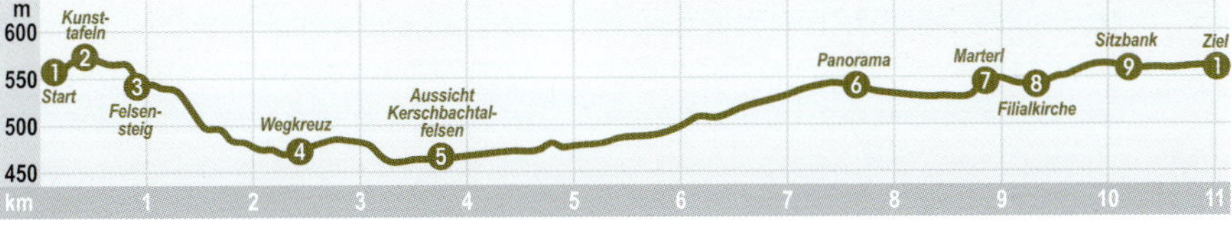

Wir parken am Parkplatz des Parsberger Freibads, und dementsprechend eng kann es in den heißen Sommermonaten dort auch zugehen. Auch auf dieser Runde können speziell im Waldgebiet die GPS-Daten etwas vom verwendeten Kartenmaterial abweichen. Die Runde startet direkt rechts neben dem Eingangsgebäude des Freibads in nördlicher Richtung auf einem schattigen Forstweg 1.

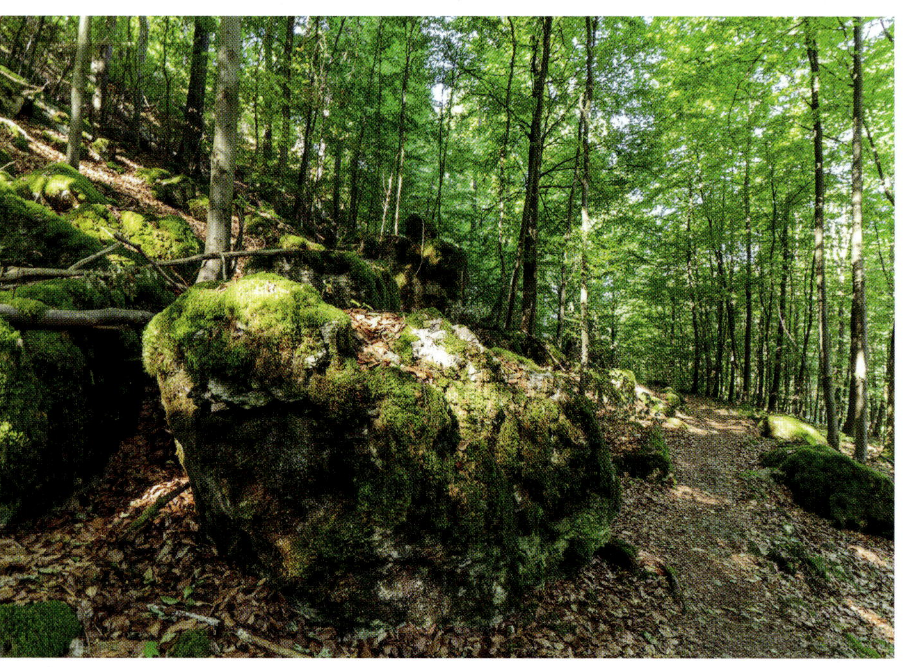

Felsensteig

Nach dem gepflasterten Stück neben dem Freibad finden wir einen breit geschotterten, im Sommer aber schön schattigen Weg vor. Auf diesem bleiben wir für etwa 320 Meter in nördlicher Richtung. Bereits hier befinden wir uns auf einem Abschnitt des Lehrpfads, denn man kann beispielsweise einiges über Pilze im Wald erfahren. Dann kommen wir an einen Platz. Hier finden wir zwei Anschlagtafeln, die oftmals kunstvoll von Kindern gestaltet sind.

Während die Hinweise „Felsensteig" und „Lehrpfad" auf dem Schotterweg geradeaus gehen würden, verlassen wir diesen nach links und halten uns aber sofort rechts auf dem malerischen, schmalen Waldpfad. Auf den nächsten 300 Metern in westlicher Richtung bekommen wir auf dem verwunschenen Waldpfad bereits einen Vorgeschmack auf den Felsensteig, welchen wir dann erreichen 2.

Wir brauchen nur den leichten Anstieg geradeaus weiterschlendern, folgen so dem schmalen Steig für etwa 400 Meter und passieren eindrucksvolle Felsformationen und diverse Infotafeln. Dieser Abschnitt lädt besonders junge Entdecker zum Klettern und Erkunden der mystischen Landschaft

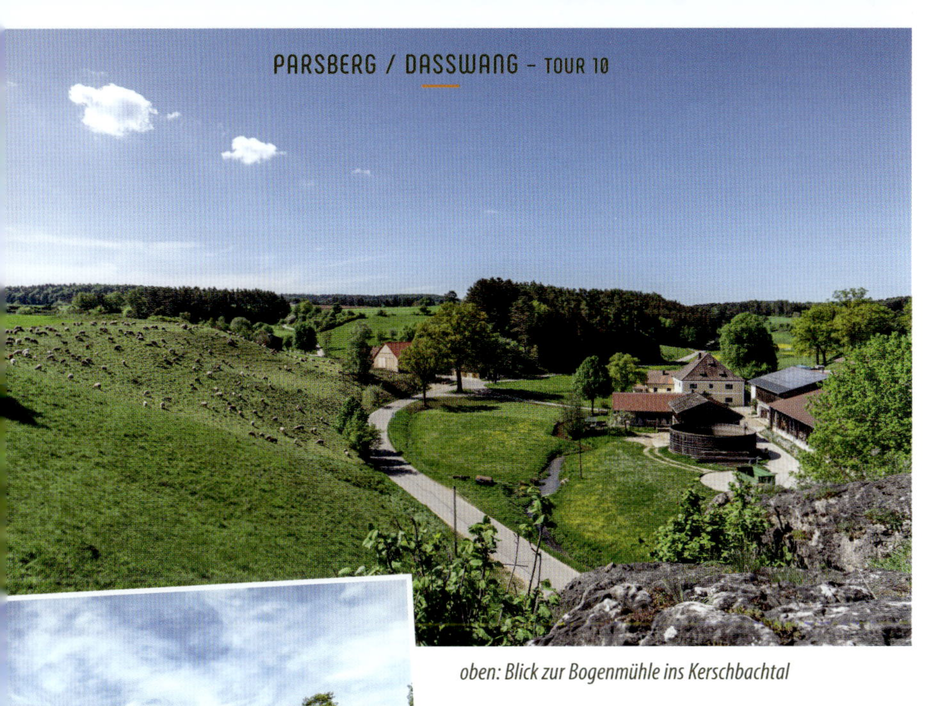

oben: Blick zur Bogenmühle ins Kerschbachtal

links: Felsen vor Bogenmühle

ein. Schließlich endet der Waldpfad etwas abschüssig an einem breiten, geschotterten Forstweg. Wir wenden uns etwa 5 Meter nach rechts und erkennen dann links den etwas versteckten Einstieg in einen weiteren Waldpfad, welcher sich abschüssig hangabwärts windet.

Nach etwa 280 Metern auf dem verwunschenen Trampelpfad in nördlicher Richtung erreichen wir nicht nur das Ende des Waldgebiets, sondern auch einen geschotterten Feldweg und die Gleise der Bahnstrecke Nürnberg – Regensburg. Unten angekommen, biegen wir links auf einen Schotterweg, welcher sich parallel zu den Gleisen befindet, und durchqueren rechts eine Bahnunterführung. Wir gehen durch diese hindurch und folgen dem Schotterweg für etwa 600 Meter in Richtung Darshofen. Am Ortseingang nehmen wir die schmale, ansteigende Teerstraße nach links und orientieren uns an der weiß-gelben Beschilderung des Wegs Parsberg-Breitenbrunn. Es geht vorbei an zwei Wegkreuzen 3.

Ehe sich vor einer Baumgruppe mit einer Sitzgelegenheit die Teerstraße in einen Schotterweg wandelt, nehmen wir rechts den Feldweg in Richtung Norden. Am Ende des unbefestigten Feldweges biegen wir rechts auf den Schottweg und gelangen wenig später ins malerische Kersch-

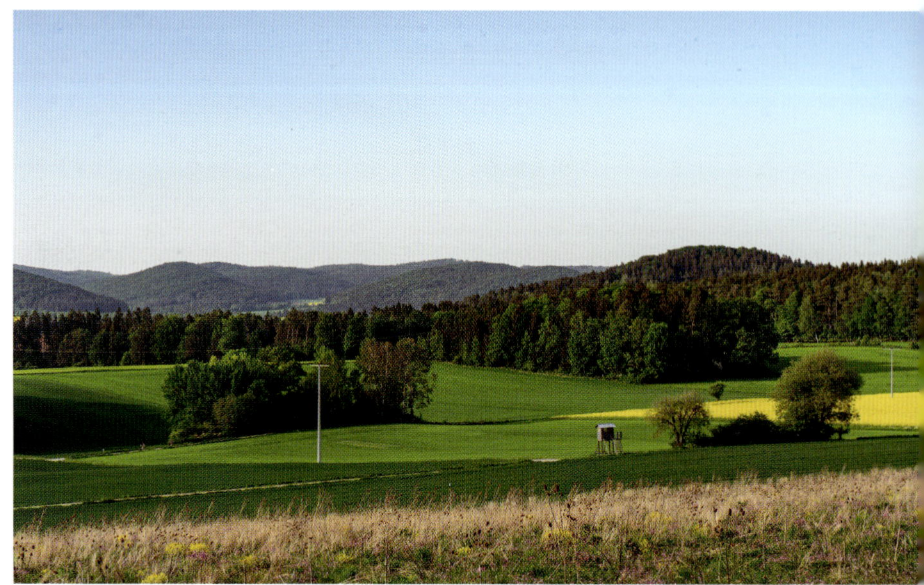

Panorama-Blick in Richtung Lengenfeld

bachtal zwischen den Ortschaften Darshofen (rechts) und Kerschhofen (links). Während wir auf dem nächsten Kilometer auf der schmalen Teerstraße durch das Kerschbachtal schlendern, passieren wir beeindruckende Felsformationen links (am Hang) und genießen die Weite der Landschaft entlang des verschlafenen Bächleins. Nach der Ortschaft Kerschhofen lassen wir noch die Bogenmühle rechts liegen. Auf dem Kerschbachtalfelsen zu unserer Rechten hat man einen großartigen Blick über das malerische Tal 4.

Wir nehmen noch ein wenig das großartige Ambiente nahe des kleinen Flusslaufes in uns auf und erkennen rechts eine Einöde. Sie hat den lustigen Namen „Hennerloch". Während sich die Straße 90 Grad nach rechts zur Einöde wendet, wo sich auch der Quelltopf des Kerschbachs befindet, gehen wir auf dem Schotterweg links bzw. geradeaus weiter in südlicher Richtung durch das Tal. Wir orientieren uns an den Hinweisen „Mühltal" bzw. dem bekannten gelben Kreuz des Parsberg-Breitenbrunn-Wegs. Nach etwa 450 Metern erreichen wir erneut eine Bahnunterführung. Etwa 250 Meter nachdem wir durch die Unterführung hindurchgegangen sind, gelangen wir an eine Weggabelung. Hier wählen wir die goldene Mitte. Am Wegesrand links finden wir einen Baum mit weißer Rinde. Wir gehen geradeaus weiter.

Die nächsten knapp 800 Meter halten wir uns an die weiß-gelbe Beschilderung, auch wenn wenig später der Schotterweg in einen grünen Wiesenweg mündet. Wir wandern durch ein verwunschenes Tal am Waldrand und erreichen kurz darauf eine Y-Kreuzung. An dieser Stelle gehen wir nach links auf dem Schotterweg nach Süden.

Nach 260 Metern erreichen wir eine Teerstraße. Es ist die Straße „Zum Mühltal", welche uns nach rechts nach Daßwang bringt. Dieser folgen wir bis in den Ort hinein. Wir biegen erst nach dem Spielplatz links in den „Parsberger Weg" ab. Nach 350 Metern etwa halten wir uns links und bleiben auf dem Parsberger Weg, welcher in einen Schotterweg mündet, der in ein Waldgebiet führt. Wenig später gabelt sich der Weg. Wir gehen stoisch geradeaus weiter, tendenziell immer etwas links am Rand des Waldgebietes. Aus dem Schotterweg ist ein Waldweg geworden. An sich kann man sich bis Eglwang nicht verirren, wenn

man sich an das weiß-gelbe Schild des „Parsberger Wegs" hält.
Unsere grundsätzliche Peilung ist immer nordöstlich. Auf den nächsten 540 Metern genießen wir entlang des Waldrandes ein großartiges Panorama 5.
Dann ist man geneigt dem Pfad nach links talwärts zu folgen, doch der Hinweis leitet uns rechts in das schattige Waldgebiet ab. Wenn wir uns richtig am Wegweiser orientiert haben, mündet unser Waldweg, welcher mittlerweile durchaus an Breite zugenommen hat und geschottert ist, am Ende des Waldgebietes in einen befestigten Forstweg. Nun spazieren wir auf dem Weg nach rechts und erkennen nach einem kurzen Anstieg links ein stimmungsvolles Marterl 6.
Kurz darauf erreichen wir die Ortschaft Eglwang. Hier biegen wir sofort bei erster Gelegenheit auf der Teerstraße nach links in Richtung Kirche ab. Mit einem kleinen Weiher davor wirkt die Filialkirche „Unbeflecktes Herz Mariens" sehr idyllisch 7.
Wir wandern daran vorbei, denn unsere Abzweigung befindet sich am Ortsausgang auf Höhe des Ortsschildes rechts. Wir folgen dem Schotterweg in Richtung Wald. Nach wenigen Metern gabelt sich an einem Baum in der Mitte der Forstweg. Hier halten wir uns rechts.
Nach etwa 30 Metern biegen wir erneut rechts auf einen schönen, breiten Waldweg in südöstlicher Richtung. Wir erkennen den Hinweis „Malerweg", welchem wir fast bis zu unserem Ausgangspunkt treu bleiben. Nach etwa 220 Metern mündet der bereits bekannte „Parsberger Weg" in unseren Pfad. Nach etwa 200 Metern überqueren wir einen Forstweg und folgen den Hinweisen. Nach weiteren 100 Metern überqueren wir einen geschotterten Forstweg. Mittlerweile gleicht unser Weg eher einem schmalen Trampelpfad, und nach etwa 80 Metern, dem Hinweis

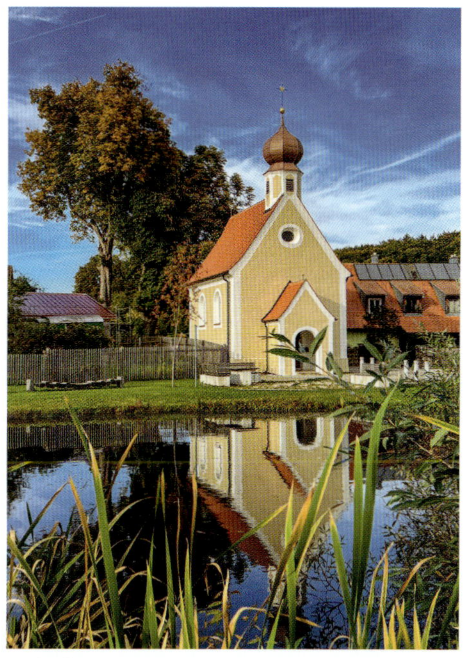

Kapelle Eglwang

„Malerweg" folgend, erreichen wir eine beeindruckende, halbrunde Sitzbank 8.
Nun spazieren wir nach rechts an den Rand des Waldgebiets „Hinteres Hatzengrün". Wir sind auf einem Teil des Lehrpfads und können uns entlang unserer Route über verschiedene Dinge der Umgebung informieren. Es geht an Bänken am Waldrand entlang, und nach 380 Metern kommen wir an ein Wegkreuz. Wir folgen dem Lehrpfad und Malerweg auf dem Schotterweg in das Waldgebiet. Nach etwa 80 Metern biegen wir nach rechts ab und bleiben auf dem „Malerweg". Der breite Forstweg bringt uns zu den Tennis- und Fußballplätzen des Parsberger Sportvereins. Wir sind wieder am Freibad angekommen. Nun haben wir uns zuerst eine Abkühlung im Freibad und danach eine kulinarische Stärkung in der Ortsmitte redlich verdient.

ROHRBACH

Eine kinoreife Tour auf dem Jurasteig zur mystischen Burgruine Kallmünz

TOUR 11

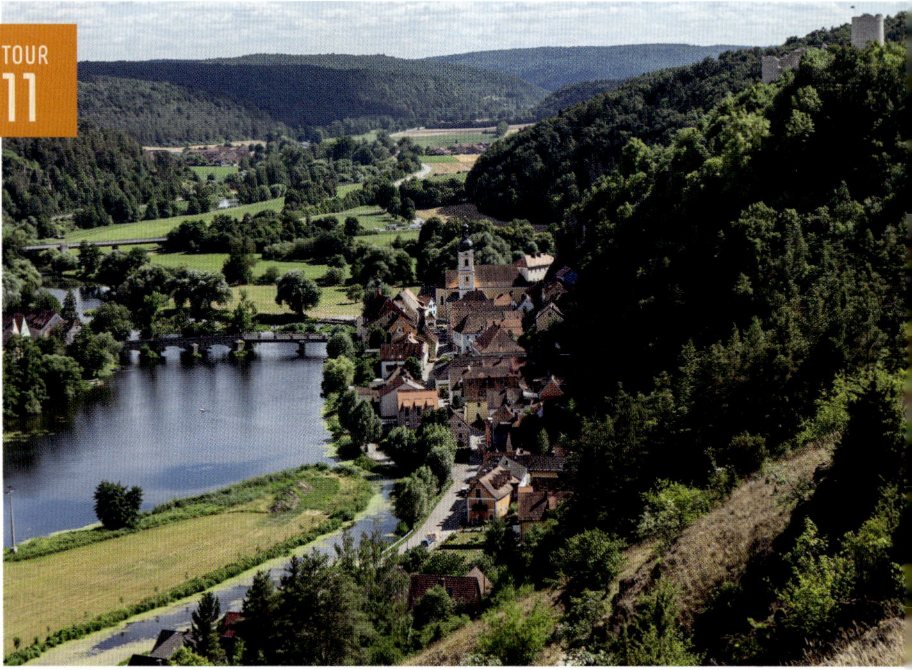

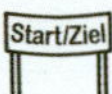

Auf dem kleinen Platz „Am Anger" nahe dem Feuerwehrhaus in Rohrbach
Navi: Am Anger 5, 93183 Kallmünz (Rohrbach)

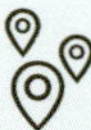

Rohrbach – Jura-Distl-Landschaftskino – Loisnitz – Grabenhof – Kallmünz – Traidendorf

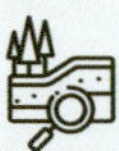

Abwechslungsreiche Bodenbeschaffenheit, überwiegend auf naturbelassenem und losem Untergrund oder Kies, kurze Abschnitte auf Asphalt in den Ortschaften

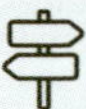

Jurasteig-Hauptroute, Burgensteig (Ritter Wonnebold); östlicher Albrandweg (roter Balken auf weißem Rechteck); Jurasteig (blau-gelb); Burg-Lengenfeld-Schlaufe 1 am Jurasteig (roter Kreis mit weißer 1); Wittelsbacher Burgensteig (blauer Kreis mit weißer 2)

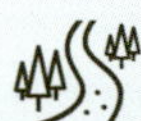

Eine abwechslungsreiche und wahrlich kinoreife Runde von Rohrbach auf dem Jurasteig zur Burgruine Kallmünz mit ordentlich Höhenmetern auf idyllischen Pfaden des Jurasteigs.

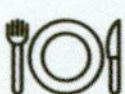

Landgasthof Weiß
Dietldorf 24, 93233 Burglengenfeld
Tel. 09473 578
www.landgasthof-weiss-dietldorf.de

Landgasthof „Zum Birnthaler"
Heitzenhofener Weg 13, 93183 Kallmünz
Tel. 09473 95080
www.landgasthof-birnthaler.de

Foto: Blick nach Kallmünz

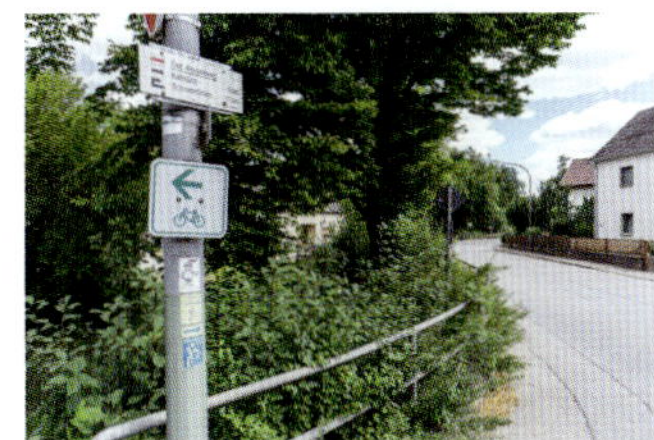

Startrichtung

mittel | 13,7 km | 275 Hm | 4:00 h

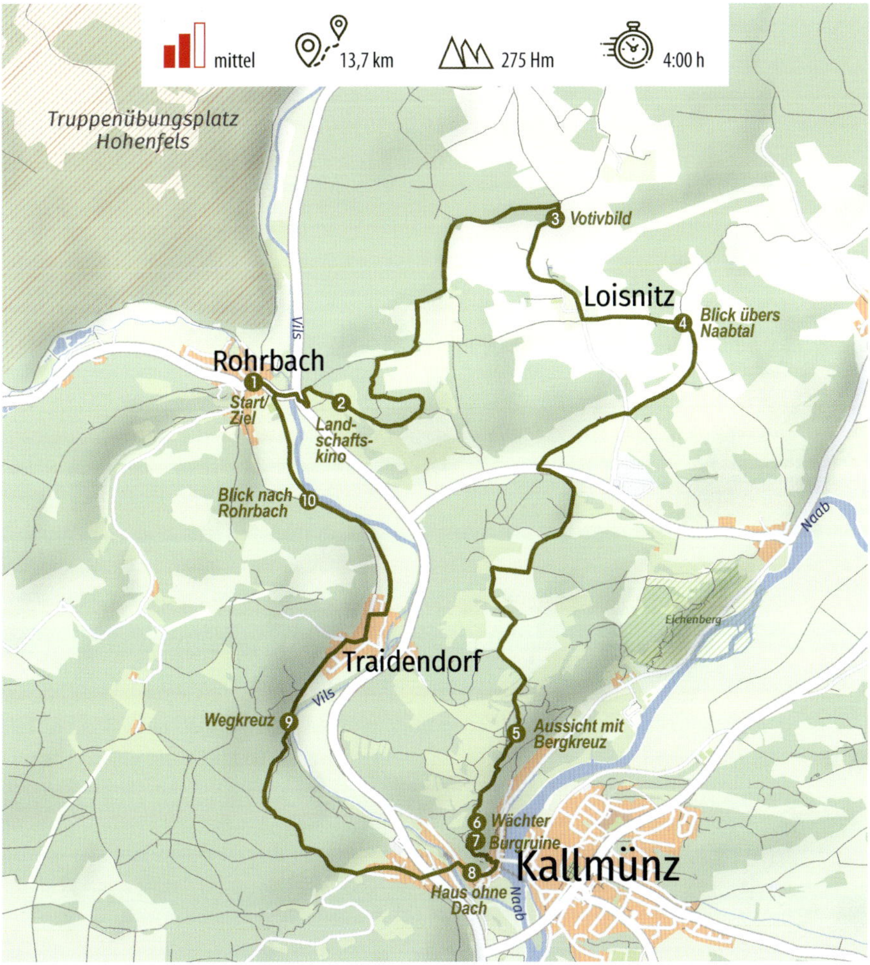

Truppenübungsplatz Hohenfels
Vils
Rohrbach
1 Start/Ziel
2 Landschaftskino
3 Votivbild
Loisnitz
4 Blick übers Naabtal
Naab
Eichenberg
Traidendorf
5 Aussicht mit Bergkreuz
6 Wächter
7 Burgruine
Kallmünz
8 Haus ohne Dach
9 Wegkreuz
10 Blick nach Rohrbach

m: 500, 450, 400, 350, 300
km: 1, 2, 3, 4, 5, 6, 7, 8, 9, 10, 11, 12, 13
1 Start – 2 Landschaftskino – 3 Votivbild – 4 Blick übers Naabtal – 5 Aussicht mit Bergkreuz – 6 Wächter – 7 Burgruine – 8 Haus ohne Dach – 9 Wegkreuz – 10 Blick nach Rohrbach – 1 Ziel

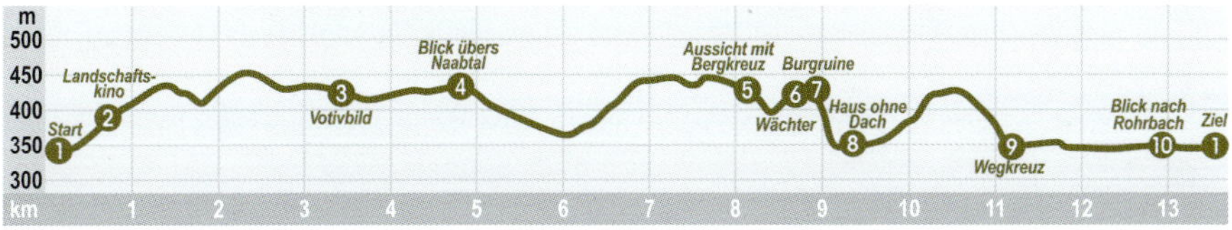

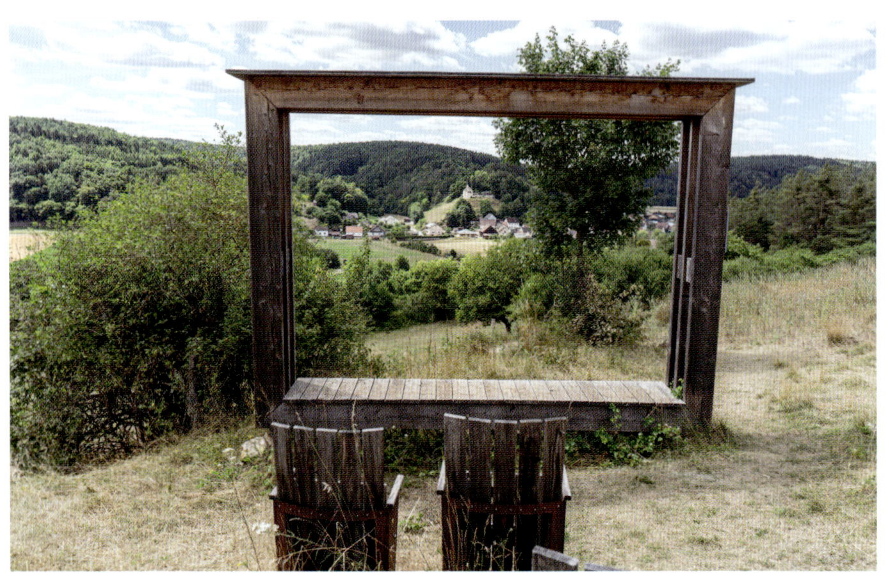

Landschaftskino

Diese Runde beginnt noch im Landkreis Regensburg in Rohrbach, einem Gemeindeteil von Kallmünz. Wir parken „Am Anger" nahe dem Feuerwehrhaus und gehen wieder raus zur „Hohenfelser Straße" (St 2234), wo wir den Hinweis „zum Jurasteig" und weitere Hinweise finden ❶.

Wir gehen nach links, überqueren zum ersten Mal die Vils und wenden uns am Ende der Straße an der St 2165 nach rechts. Wir erkennen bereits nach wenigen Metern die leicht ansteigende Abzweigung links. Es folgt der erste Aufstieg, und so bringt uns der geschotterte Feldweg nach einer Links- und einer Rechtskurve nach 190 Metern zu einer Abzweigung. Unser erstes Highlight der Wanderung ist das kleine Jura-Distl-Landschaftskino, welches wir in 200 Metern rechts vorfinden. Hier genießen wir den Ausblick auf Rohrbach und die kleine, erhöhte Kapelle „Maria Hilf" ❷.

Dann spazieren wir auf dem Feldweg weiter bergauf in Richtung Südosten und genießen das herrliche Panorama in Richtung Traidendorf. Vor einem weiteren, ansteigenden Linksbogen wird aus dem Feldweg ein fester Wiesenweg. Es geht vorbei an einem Funkturm, und wir halten uns links herum, so dass wir oberhalb von ihm auf einer offenen Fläche auf Magerrasen eine gefühlte Schleife über den Meilerberg gehen. Sobald es etwas abschüssig wird, gabelt sich der Weg. Auch hier hat man einen großartigen Blick zur Kapelle in Rohrbach. Hier halten wir uns rechts und schlendern oberhalb einen Drillingsbaumes nach rechts. Je nach Vegetation kann es sein, dass man den Pfad nun ein wenig suchen muss, aber nach 180 Metern kann man zwischen der Hecke wieder den Schotterweg des Jurasteigs erkennen. Wir spazieren nach rechts für 240 Meter. Während Ritter Wonnebold uns hier geradeaus weiterleiten würde, biegen wir aber scharf nach links ab. Wir halten uns aber sofort rechts und schlendern auf einem Feldweg zwischen Feldern hindurch in nördlicher Richtung zu einem Waldgebiet. Dieses erreichen wir nach 220 Metern. Sobald wir im Wald sind, finden wir rechts das bekannte Schild der Jurasteig-Hauptroute.

Wir schlendern nach rechts und orientieren uns auf dem nächsten Kilometer an diesem Wegweiser. Dieser Abschnitt ist sehr idyllisch und malerisch zugleich. Stellenweise befinden wir uns im Wald und teilweise auch etwas außerhalb. Nach

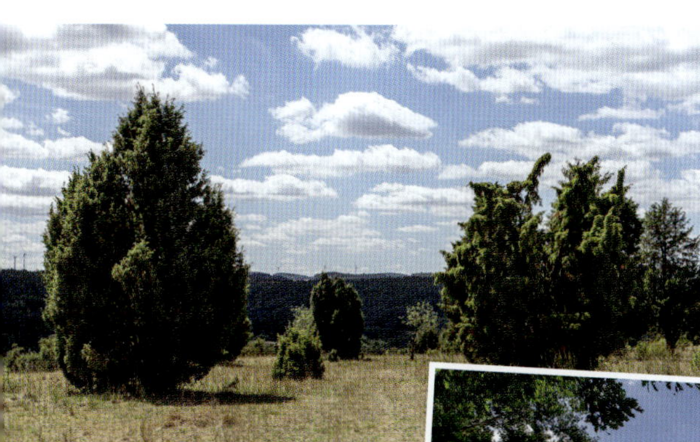

links:
Wandern auf Magerrasen

unten:
Panorama in Richtung der Einöde Grabenhof

160 Metern biegen wir nach rechts in Richtung Norden ab und genießen am Waldrand die Aussicht. Nach 370 Metern macht der Waldpfad eine 90-Grad-Biegung im Wald nach Osten. Schließlich endet unser Waldbad an einem Schotterweg. Hier finden wir zahlreiche Wegweiser der „Burg-Lengenfeld-Schlaufe am Jurasteig". Unser Ziel ist die kleine Ortschaft Loisnitz in 800 Metern Entfernung. Deshalb biegen wir nach rechts ab und erkennen ein paar Meter weiter links ein gemauertes Votivbild ❸.

Wir erreichen die Einöde und finden in dessen Mitte eine kleine Kapelle. In der Ortschaft haben wir wieder geteerten Boden unter unseren Füßen. Wir folgen immer noch dem Jurasteig bzw. der „Burg-Lengenfeld-Schlaufe 1" und biegen deshalb vor der Kapelle nach links ab. Kurz darauf verlassen wir das Örtchen und gehen auf dem zum Teil geschotterten Feldweg weiter. Nach etwa 500 Metern gelangen wir zu einer eindrucksvollen Ansitzvorrichtung mit einer Bank daneben. Hier kreuzen sich zwei Feldwege. Wir verlassen den Jurasteig und wenden uns nach rechts in Richtung Süden, von wo aus man einen herrlichen Blick über das Naabtal hat. Der nächste Abschnitt ist unmarkiert. Wir folgen dem Feldweg, welcher uns in einer leicht gebogenen, abfallenden Form talwärts führt. Dabei genießen wir ein weiteres Mal ein großartiges Panorama auf der Wanderung ❹.

Wir erkennen im Tal unser Ziel, die Einöde Grabenhof. Diese erreichen wir nach 700 Metern. Vorher überqueren wir an einer Kapelle, welche definitiv schon erfreulichere Zeiten gesehen hat, die Straße. Trotz mehrmaliger Kontrolle war kein Hinweis eines Privatweges erkennbar. Dennoch wirkt der Hof nicht so, als ob man willkommen wäre, und man hat möglicherweise ein unbehagliches Gefühl beim Durchqueren auf dem Schotterweg.

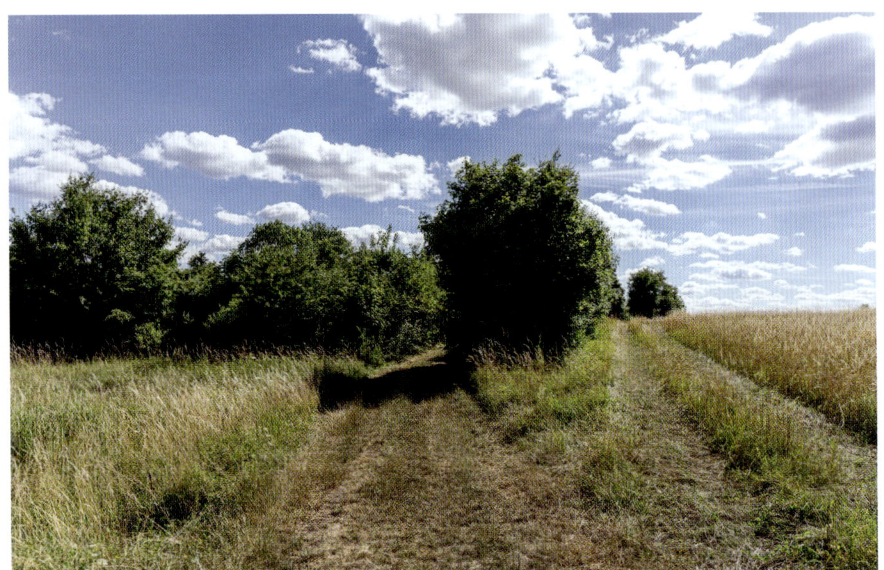

Zwischen den Hecken

Wer dies vermeiden möchte und wem etwas Teerstraße nichts ausmacht, wendet sich alternativ an der Straße bei der Kapelle nach links talwärts in Richtung Hauptstraße und biegt dort an der „R36" für 350 Meter nach rechts, bis zur Einmündung in den Wald.

Ansonsten verlassen wir den Hof sofort und gehen in südwestlicher Richtung geradeaus weiter auf dem Feldweg. Dieser endet nach 380 Metern an der Straße „R36". Wir spazieren 60 Meter nach links und biegen dann rechts in den idyllischen Waldweg ein. Hier erkennen wir den weiß-roten Hinweis des „östlichen Albrandwegs".

Nach 330 Metern endet der Waldweg an einem Schotterweg. Diesem folgen wir leicht ansteigend nach rechts, grundsätzlich in südlicher Richtung. Er endet nach ein paar Kurven nach etwa 930 Metern an einer T-Kreuzung. Hier finden wir den Hinweis „Wittelsbacher Burgensteig". Wir schlendern nach rechts in südwestlicher Richtung weiter. Nach zwei Kurven bzw. nach etwa 450 Metern ist man geneigt, sich nach links zu wenden. Diese Stelle wirkt etwas unübersichtlich. Wir gehen gerade durch den schmalen Durchgang zwischen zwei Hecken weiter. Hier kreuzt der Keltenwall.

Wir folgen dem Feldweg entlang dicht bewachsener Bäume und Büsche. Am Ende des Gangs finden wir rechts an einem Baum den Hinweis „Ritter Wonnebold". Der Weg biegt nach links ab und nach etwa 50 Metern zweigt links ein schmaler Trampelpfad vom Feldweg ab.

Der schmale Pfad bringt uns nach 160 Metern zu einem atemberaubenden Aussichtspunkt, hoch oberhalb der Naab. Er ist mit einem Bergkreuz und einer Bank davor markiert 5.

Links blicken wir in Richtung Burglengenfeld und rechts zur Burg und dem Ortskern von Kallmünz darunter. Vorm Kreuz schlendern wir den Trampelpfad nach rechts in Richtung Kallmünz. Bereits nach etwa 80 Metern erkennen wir wieder rechter Hand unsere bereits bekannte „blau-weiße 2". Kurz darauf mündet der abfallende Pfad in einen gut ausgebauten, fein geschotterten Weg, welchem wir in Richtung Burgruine südwestlich folgen. Hier oben hat man bereits eine großartige Aussicht auf den Markt Kallmünz und den Fluss „Naab". Wir halten uns an den Wegweiser und erreichen über den Schotterweg schon bald nach einem kurzen Anstieg die mystische Burgruine von Kallmünz.

Bevor wir das Areal durch das Hauptportal betreten, werden wir von einem Ensemble aus zwölf hölzernen Figuren, den „Wächtern", und einer großartigen Aussicht über den Ort begrüßt 6. Wir betreten das Gelände über den Hauptzugang mit Torhaus und fühlen uns unmittelbar in eine karge, mystische und sagenumwobene Filmkulisse aus einem keltischen Film, welcher in den schottischen Highlands gedreht wurde, versetzt. Neben den mächtigen Mauern bildet der gut erhaltene und von Weitem sichtbare 20 Meter hohe Bergfried die Hauptattraktion. Oftmals kann man ihn sogar kostenlos betreten und die 360-Grad-Aussicht von oben genießen 7.

Wir verlassen die Anlage auf dem „Schlossberg" durch das kleinere Nebenportal im Westen. Vor uns liegt nun links ein steiler Abstieg, welcher unsere Oberschenkelmuskulatur ziemlich beansprucht. Da die Treppen eine unterschiedliche Höhe aufweisen, ist es ratsam, sich am Geländer festzuhalten. Unser Ziel ist der Marktplatz mit der Pfarrkirche „St. Michael". Unser Wegweiser ist noch immer die bekannte „2". Der Pfad führt auf schmalen, betonierten Stufen an einem blauen Haus hinab, und so erreichen wir durch eine schmale Gasse schließlich den Platz vor der Pfarrkirche. Wir wandern hinunter auf den historischen Marktplatz und wenden uns dann nach rechts in die „Vilsgasse". Hier befinden sich zahlreiche Galerien und historische Gebäude wie das Schloss Raitenbuch. Etwas weiter finden wir noch ein besonderes Haus, welches direkt mitten in den schroffen Felsen ohne Dach hineingebaut wurde 8.

Vor der Vilsmühle wenden wir uns nach links und überqueren zum zweiten Mal die „Vils". Wir überqueren die „St 2165" ebenfalls zum zweiten Mal und gehen gerade weiter auf der ansteigenden „Alten Dinauer Straße". Auf den nächsten 400 Metern gehen wir leider auf Teer, da erst am Orts-

Blick zum Eingang

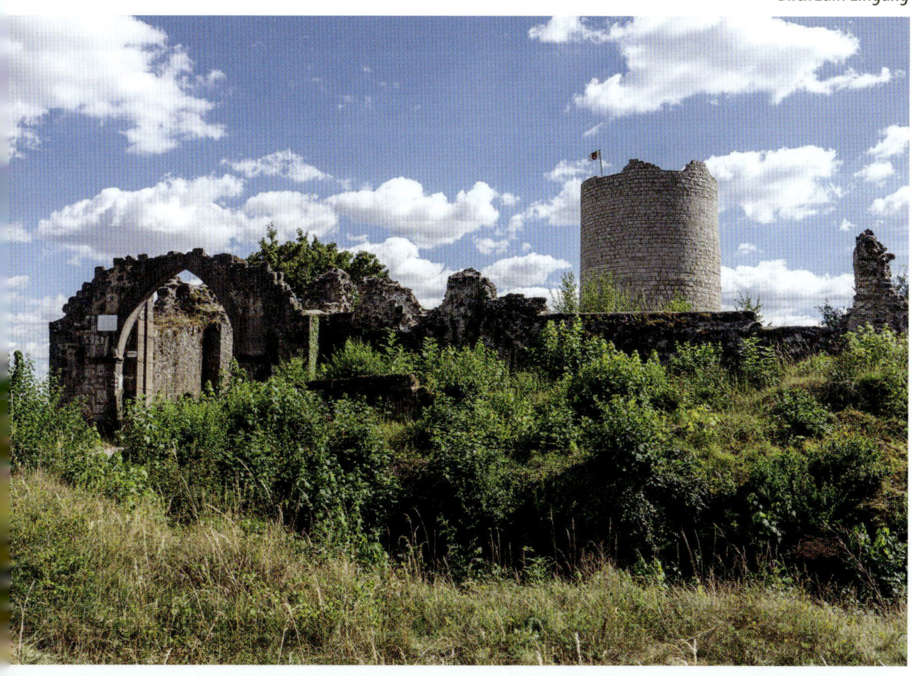

ausgang die „Jurasteig-Hauptroute" nach rechts abzweigt.

Dieser Abschnitt ist dafür umso schöner und entschädigt für den Aufstieg auf Asphalt. Wir spazieren auf einem wunderschönen, idyllischen Waldpfad oberhalb der „Osterstube". Nach 500 Metern folgen wir dem Wegweiser nach rechts und spazieren auf einem großartigen Trampelpfad entlang einer Doline so lange bergab, bis wir erneut unten an der Vils ankommen. Wir wenden und schlendern entlang des Flusses. Links passieren wir zwei schöne Wegkreuze 9.

Schließlich erreichen wir über die Straße „Am Fallgatter" Traidendorf. Am Ende der Straße biegen wir nach rechts ab in die Straße „Zum Fischerberg", um bei nächster Gelegenheit, den Hinweisen des

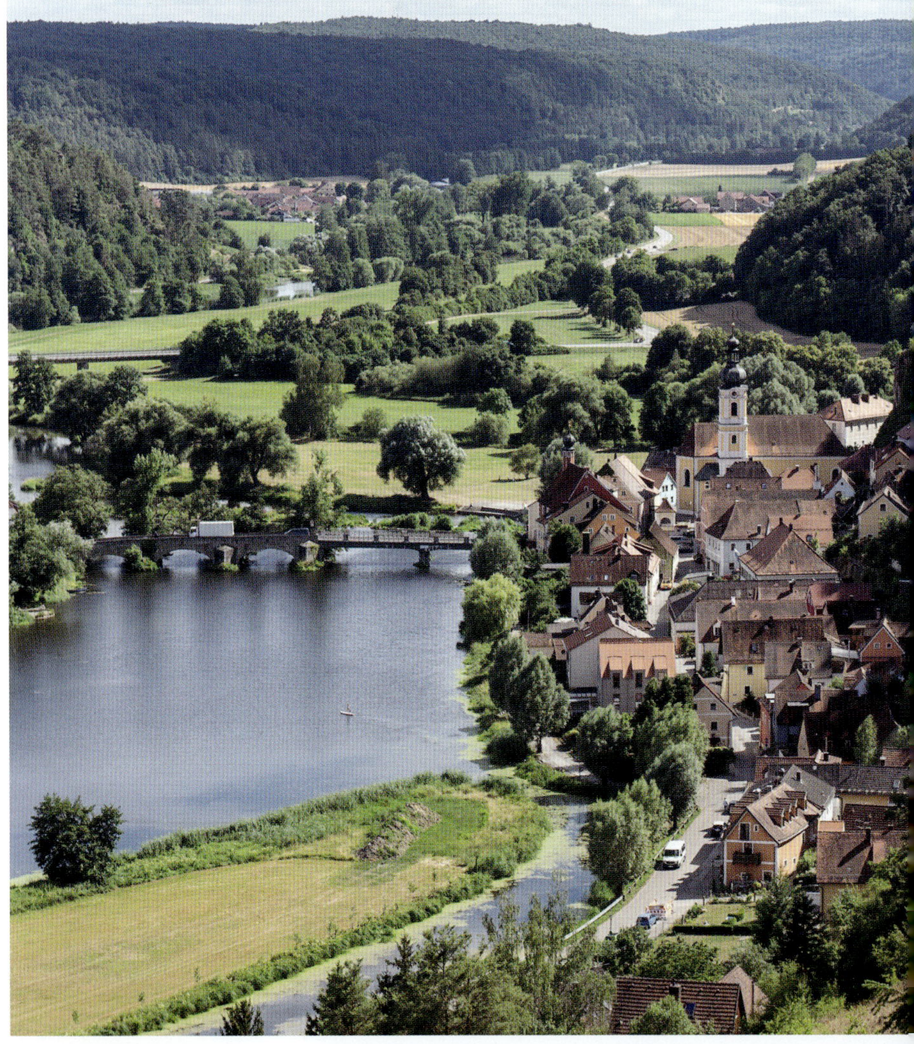

Jurasteigs folgend, nach links in den „Rohrbacher Weg" abzubiegen, um dann bei nächster Gelegenheit nach rechts in den „Schlossweg" abzubiegen. Wir bleiben auf dem „Jurasteig".
Unten spazieren wir links auf den Feldweg, während sich in unserem Rücken das Schloss Traidendorf befindet. Nach 600 Metern biegen wir wieder auf die Teerstraße, den „Vilstal-Radweg". Wir folgen den Hinweisen und biegen rechts bereits nach 240 Metern neben zwei Bäumen ein auf eine Wiese und erneut auf den „Jurasteig". In der Ferne erkennen wir bereits unser Ziel: Rohrbach 10.

Vor Rohrbach wenden wir uns an der Straße nach links und erreichen kurz darauf unseren Ausgangspunkt.

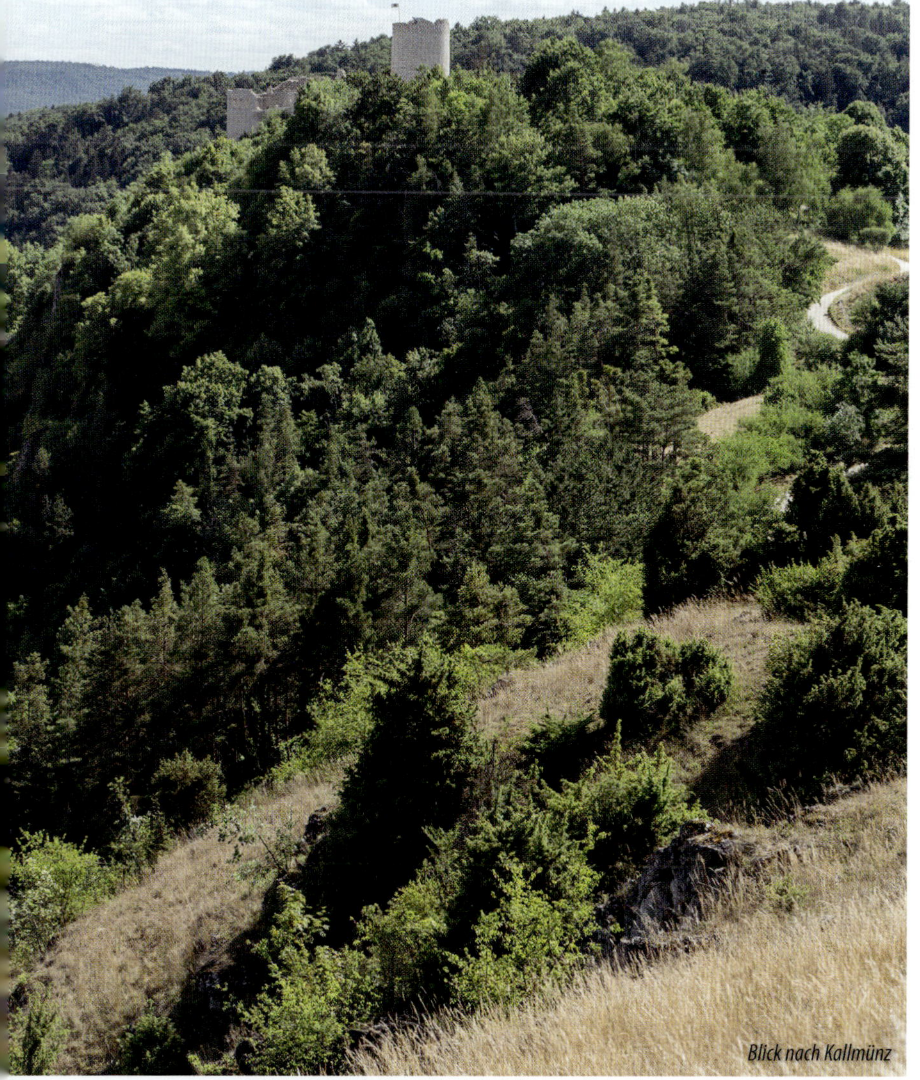

Blick nach Kallmünz

BERATZHAUSEN

Auf den Spuren von Maria ins Tal der Schwarzen Laber

TOUR 12

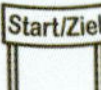

Kostenloser Parkplatz am Sportgelände des TSV Beratzhausen
Navi: TSV Beratzhausen e.V., Am Sportpl. 1, 93176 Beratzhausen, Hirschstein

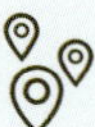

Mariengrotte – Hinterkreith – Tal der Schwarzen Laber – Walderlebnispfad – Hoher Felsen – Kreuzweg – Mariahilf-Kirche

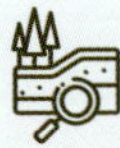

Überwiegend naturbelassener Weg auf Wald- und Wiesenwegen, kurze Abschnitte auf Asphalt oder Kies

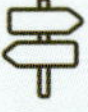

Blaues Rechteck (W70, Waldverein Regensburg e.V.); Burgensteig (Ritter Wonnebold)

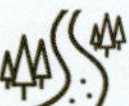

Eine einfache, kürzere und abwechslungsreiche Runde bei Beratzhausen zur Mariengrotte, zur Hohen Wand an der Schwarzen Laber und über den Kreuzweg zur Mariahilf-Kirche.

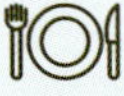

Landgasthof & Pension Friesenmühle
Friesenmühle 1, 93176 Beratzhausen
Tel. 09493 735
www.friesenmuehle.de

Foto: Panorama über das Labertal – Blick zum Kreuz auf dem Hohen Felsen

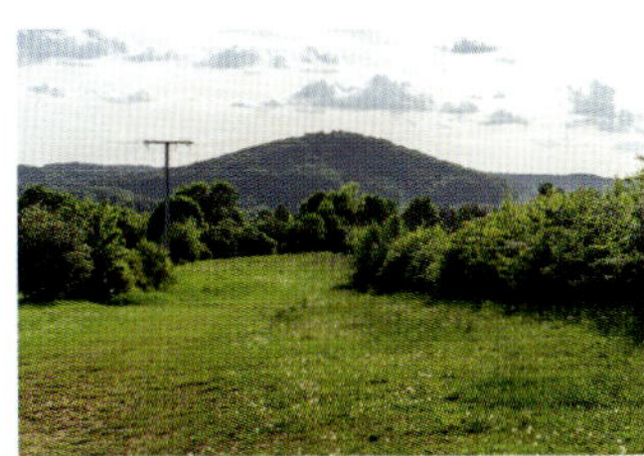

Startrichtung

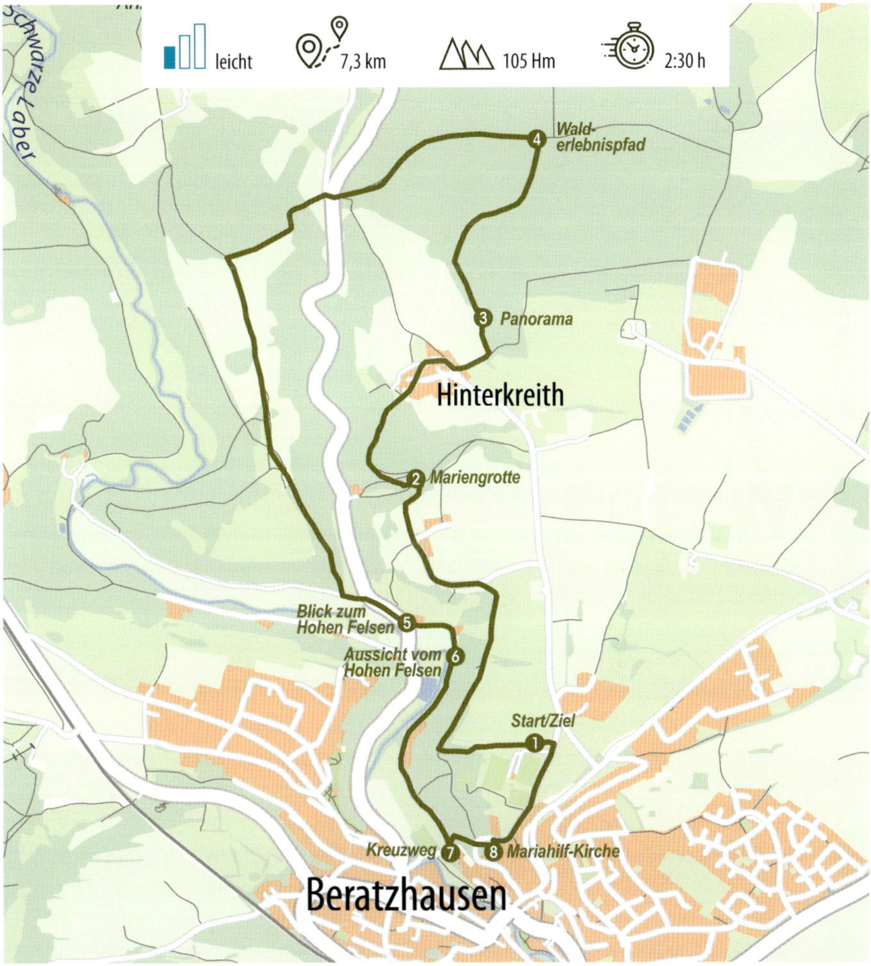

leicht | 7,3 km | 105 Hm | 2:30 h

Schwarze Laber

Wald-erlebnispfad

Panorama

Hinterkreith

Mariengrotte

Blick zum Hohen Felsen

Aussicht vom Hohen Felsen

Start/Ziel

Kreuzweg

Mariahilf-Kirche

Beratzhausen

m
550
500
450
400
Start
Mariengrotte
Panorama
Walderlebnispfad
Blick zum / Aussicht vom Hohen Felsen
Kreuzweg
Mariahilf-Kirche
Ziel
km 1 2 3 4 5 6 7

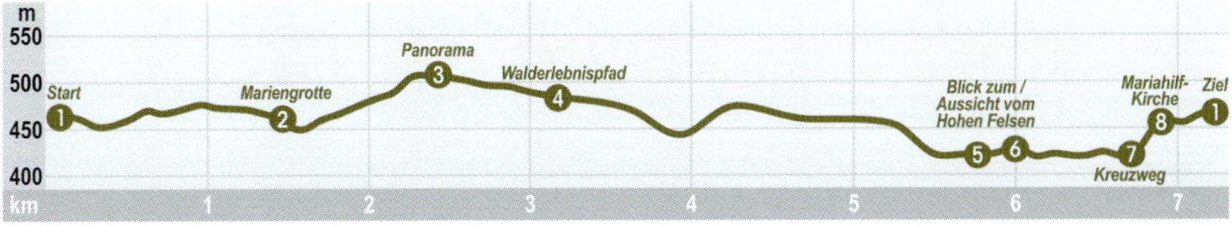

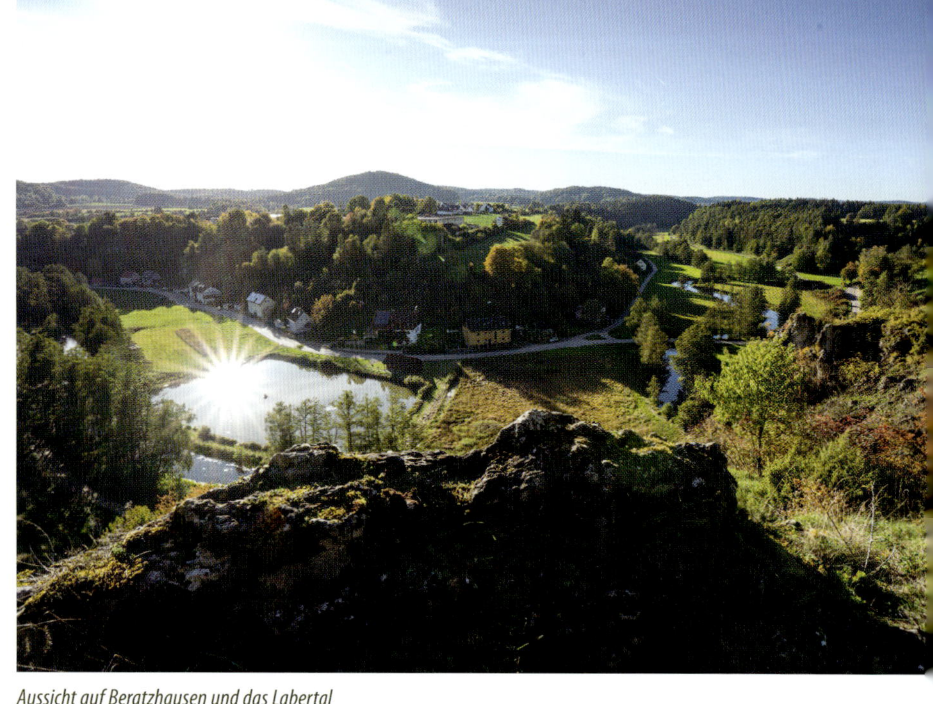

Aussicht auf Beratzhausen und das Labertal

Wir beginnen diese kürzere, abwechslungsreiche Wanderung direkt am Parkplatz des TSV Beratzhausen am Sportplatz oberhalb der Fußballplätze. Während wir auf dem Feldweg in Richtung Westen wandern, sehen wir links bereits unser letztes Etappenziel hinter den Sportplätzen: die Mariahilf-Kirche ❶. Nach 230 Metern halten wir uns rechts und erreichen nach weiteren 100 Metern eine Wegkreuzung. An dieser Stelle wenden wir uns nach rechts in nördlicher Richtung. Wir befinden uns auf einem offiziellen Wanderweg, der mit einem blauen Rechteck gekennzeichnet ist. Die Landschaft ist typisch für den Bayerischen Jura: steile, schroffe Felsenhänge, die bedeckt sind mit grün-braunen Magerrasen. Nach wenigen Metern passieren wir einen Platz mit einer hölzernen Sitzbank, von welcher man ein herrliches Panorama über die Gegend und das Tal der Schwarzen Laber unter uns genießen kann.

TIPP: Auf Höhe des Schildes „Ende des Kunstwanderwegs Nord" könnte man einen kurzen Abstecher nach links machen zum Hohen Felsen. Das Panorama über das Tal der Schwarzen Laber ist großartig ❷.

Kurz darauf führt uns der Wanderpfad an einem Wegekreuz vorbei, welches dem Pfarrer Franz Haslbeck gewidmet ist. Wenig später endet der Feldweg an der schmalen Teerstraße Gleiter. Hier wenden wir uns nach links und folgen dem Hinweis, bis wir an eine Siedlung kommen. An einer scharfen Rechtskurve würde der Burgensteig nach links abzweigen, wir verlassen die Teerstraße und folgen dem „blauen Rechteck" auf dem Feldweg geradeaus.

Unser erstes Etappenziel ist die Mariengrotte. Nach 120 Metern biegen wir nach rechts ab. Der breite Feldweg wandelt sich in einen schmalen Trampelpfad. Schließlich stehen wir vor einem steinernen Berg. Hierbei handelt es sich um die Rückansicht der Mariengrotte. Mit etwas Trittsicherheit gehen wir hinab zur Grotte. Neben dem beeindruckenden Altar befinden sich noch Sitzgelegenheiten 3.

Das nächste Teilstück der Wanderung ist unmarkiert und erfordert deshalb erhöhte Aufmerksamkeit. Wir gehen den Pfad nach unten in Richtung einer Doline und verlassen für einen Moment das „blaue Rechteck". Wir wenden uns auf dem breiteren Forstweg nach links. Nach etwa 50 Metern gabelt sich der Weg. Hier darf man die Abzweigung nach rechts nicht verpassen. Es handelt sich um einen schmalen Trampelpfad – eine Rampe hinab zur Doline, welche diese durchkreuzt. Auf der anderen Seite der Doline halten wir uns links und gehen für etwa 30 Meter südlich, hangabwärts. Dann finden wir rechts einen Pfad, der westlich eines Anstiegs hinaufführt.

Nach etwa 80 Metern haben wir den Anstieg bewältigt und können relativ eben unsere Wanderung auf dem Forstweg im Kircherlberg nach Nordwesten in Richtung Hinterkreith fortsetzen. Diesen Ortsteil von Beratzhausen erblicken wir nach etwa 300 Metern in nördlicher Richtung. Am Anfang der Ortschaft haben wir wieder eine Teerstraße unter unseren Beinen. Unsere „Tour de Hinterkreith" endet beinahe am Ortsausgang, vor dem Haus mit der Nummer 8 an einem Schotterweg links, vor welchem sich ein blauer Hydrant befindet. Dieser ansteigende Schotterweg bringt uns nach 115 Metern an einen Waldrand. Hier gabeln sich auf den ersten Blick drei Wege. Links erkennen wir das bekannte „blaue Rechteck". Daran orientieren wir uns. Deshalb spazieren wir sofort wieder ganz links am Rand des Waldes, um dem Hinweis in nördlicher Richtung folgen zu können. Wir folgen dem idyllischen Pfad entlang des Waldes zuerst am Waldrand, wo wir das herrliche Panorama genießen und eine idyllische Bank 4 passieren und dann weiter in das Waldgebiet hinein für etwa 860 Meter. Dann kreuzen wir einen breiten Schotterweg. Hier verlassen wir erneut das „blaue Dreieck", welches nach rechts weitergehen würde. Wir gehen jedoch nach links in südwestlicher Richtung.

Mariengrotte

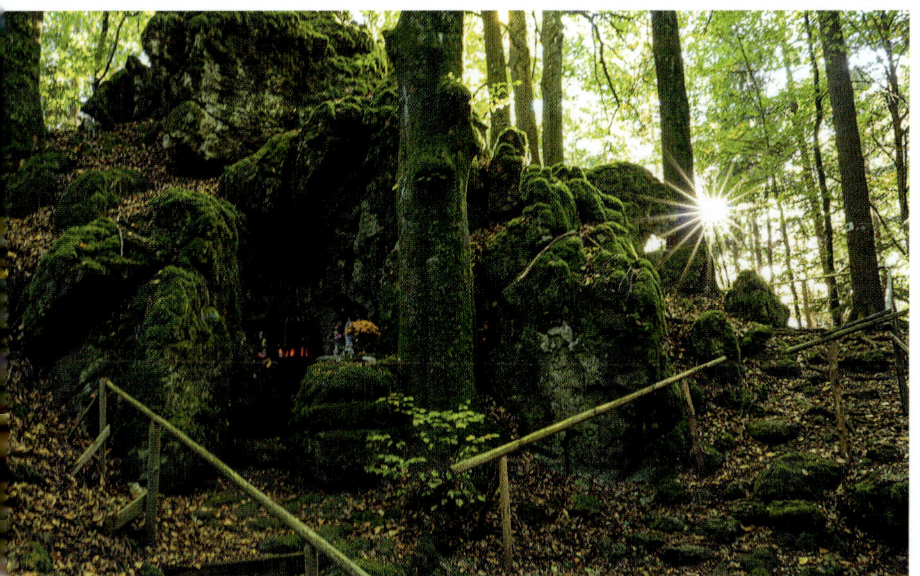

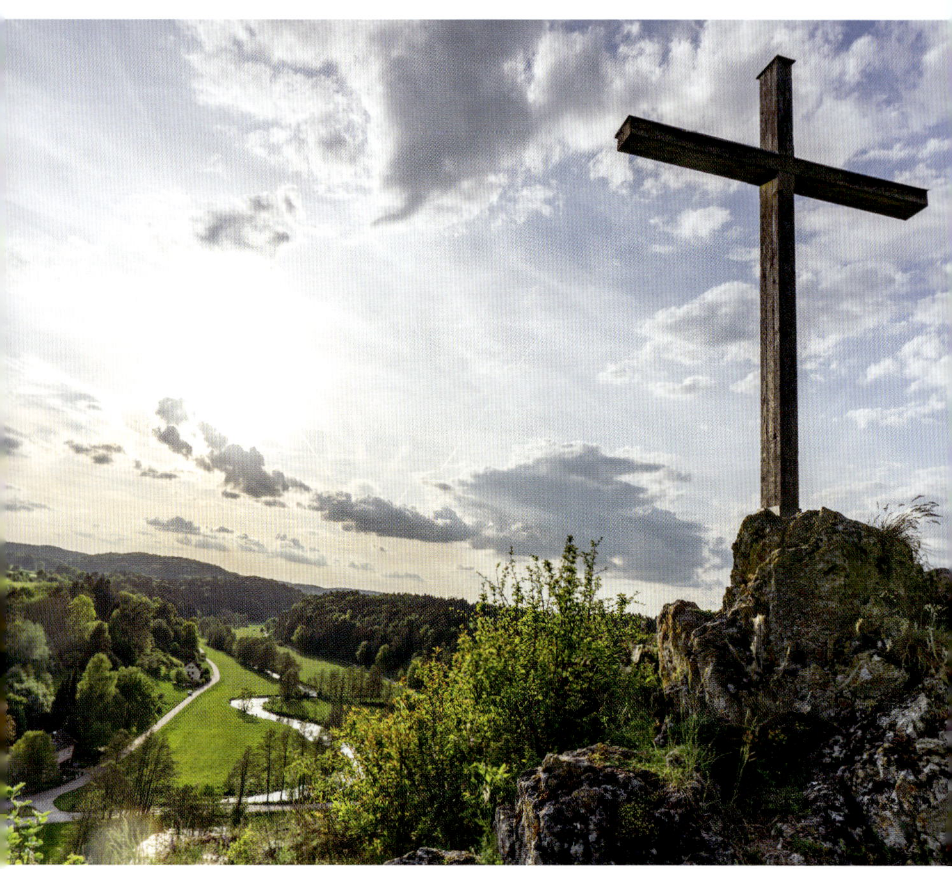

Panorama bei Beratzhausen

Auf diesem Abschnitt befinden wir uns auf einem Stück des Walderlebnispfads Beratzhausen. Hier finden wir einige interessante und lehrreiche Stationen 5.

Schließlich erreichen wir nach einem abschüssigen Stück einen kleinen Wandererparkplatz, an welchem man zu einem Walderlebnispfad starten könnte. Wir überqueren die schmale Teerstraße am Schild mit der Aufschrift Ametshof und biegen unmittelbar danach links in südwestlicher Richtung in den ersten Feldweg, welcher in Richtung Wald ansteigt. Nach einer Rechtskurve halten wir uns rechts am Rand des Waldes für etwa 230 Meter. Unser Pfad endet an einer T-Kreuzung. Hier orientieren wir uns auf dem Feldweg nach links. Wir folgen dem Feldweg gen Süden über die offene Ebene für etwa 650 Metern. Schließlich gabelt sich an einer Baumgruppe der Weg. In der Baumgruppe liegt ein quaderförmiger Felsen. Hier halten wir uns links.

Wenig später finden wir an einem Baum den bekannten Ritter Wonnebold als Hinweis. Der Feldweg führt uns auf dem folgenden halben Kilometer hinab ins Tal der Schwarzen Laber. Unten angekommen, lassen wir unseren Blick über das malerische Tal der Schwarzen Laber gleiten und wenden uns auf der schmalen Straße nach links. Nach weiteren 100 Metern halten wir uns rechts und passieren das Ortsschild von Beratzhausen. Nach 140 Metern gabelt sich die Straße. An dieser

Stelle biegen wir bei der kleinen Siedlung links in die Straße „Am Hohen Felsen", welcher sich auch schon vor uns eindrucksvoll und majestätisch auftürmt 6.

Nach einer Rechtskurve und einem festen Feldweg unter den Füßen genießen wir das typische Ambiente des Oberpfälzer Jura: rechts von uns mäandert die Schwarze Laber gemächlich Beratzhausen entgegen und links von uns befinden sich steile Hänge mit eindrucksvollen Felsformationen mit Magerrasen. Sobald wir wieder Häuser erreichen, mündet die Straße „Am Hohen Felsen" in den „Alleeweg", von welchem wir einen großartigen Blick in die Ortsmitte erhalten. Wir passieren links beeindruckende hölzerne Figuren am Waldrand und etwas später den brandneuen Calisthenics-Park von Beratzhausen. Am Ende dieses Weges bzw. am Beginn des „Obermühlwegs" nach 480 Metern führt der Kreuzweg links hoch. Dieser wird markiert von einem farbenprächtigen Holzkreuz mit Maria und Jesus 7.

Wir erklimmen die Stufen und passieren die Stationen hoch zur Mariahilf-Kirche 8.

Wir genießen die erhabene Atmosphäre über dem Markt Beratzhausen und folgen der Straße links neben dem Gotteshaus in Richtung Sportgelände und beenden unsere Wanderung.

Marterl beim Kreuzweg

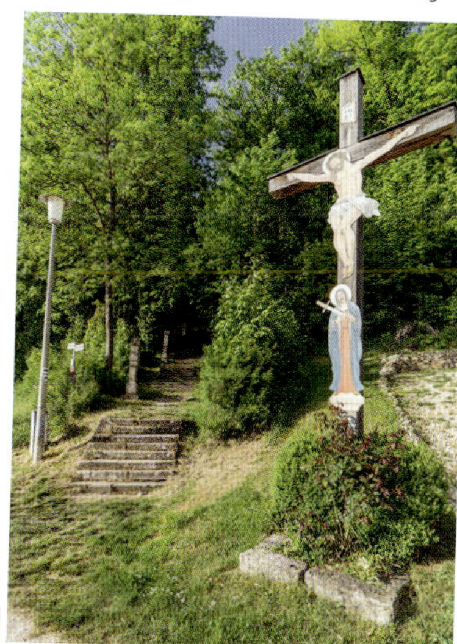

Hoher Felsen

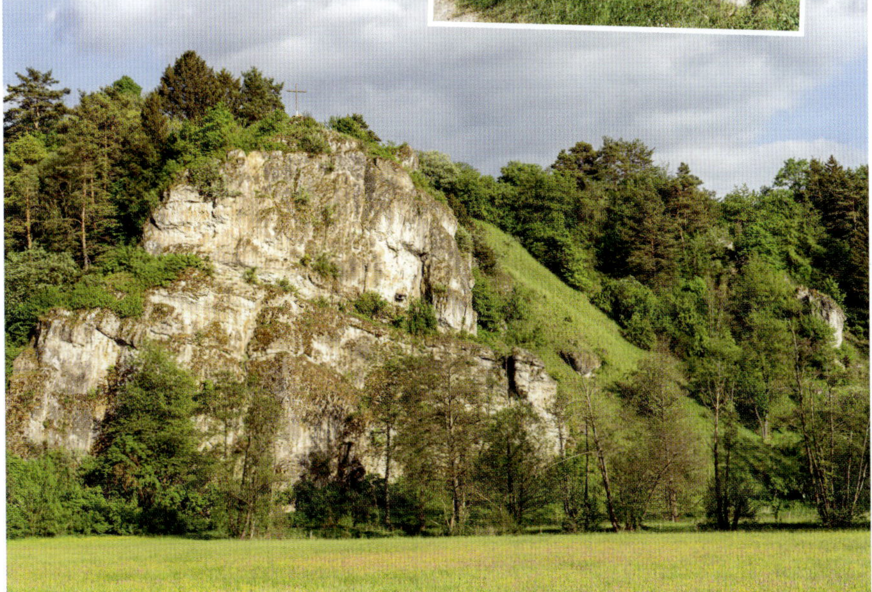

HOCHDORF

Eine Runde „Hochtief" bis zur Naab

TOUR 13

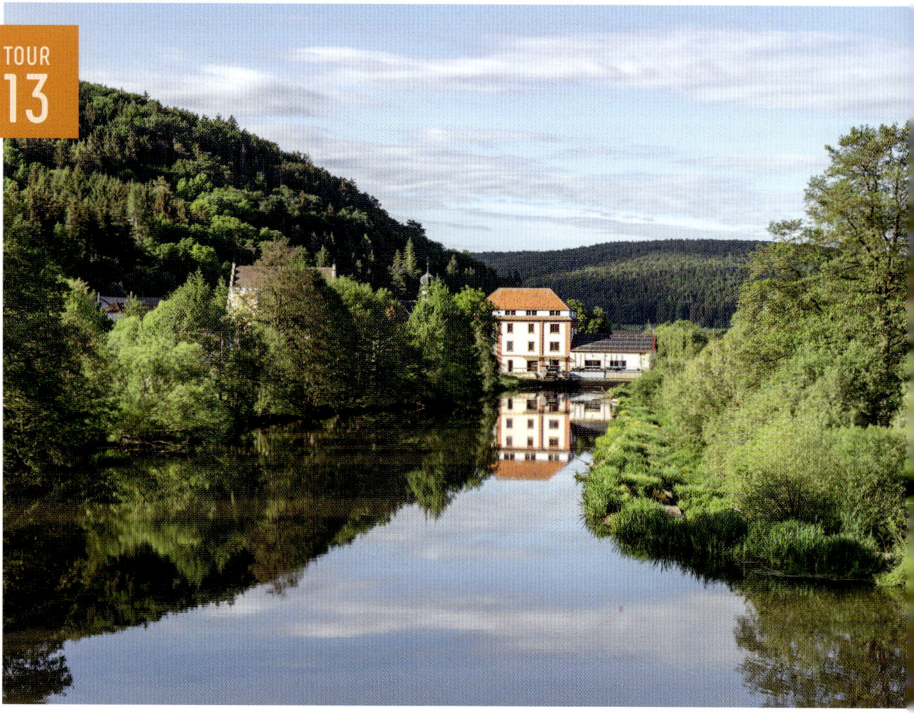

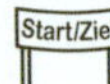

Parkplatz am Friedhof von Hochdorf in der Sebastianstraße
Navi: Sebastianweg 12, 93182 Hochdorf (Duggendorf)

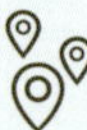

Hochdorf – Kleinheitzenhofen – Heitzenhofen – Duggendorf – Wischenhofen

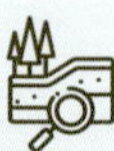

Überwiegend naturbelassene Waldwege auf losem Untergrund, abschnittsweise Asphalt oder befestigter Untergrund in den Ortschaften

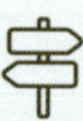

Jurasteig; rotes Rechteck (W 55 Heitzenhofen – Rohrbach)

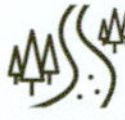

Eine kürzere, einfachere Runde von Hochdorf hinab zur Naab, entlang des Dietrich-Sarfert-Wegs und über Duggendorf wieder zurück.

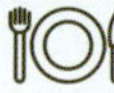

Landgasthof Rechberger Hof
Leonhard-Hübler-Str. 5, 93176 Rechberg
Tel. 09493 1553
www.rechberger-hof.de/index.html

Schlosswirtschaft Heitzenhofen
Naabstraße 6, 93183 Duggendorf
Tel. 09473 9519556
www.schlosswirtschaft-heitzenhofen.de

Foto: Über der Naab

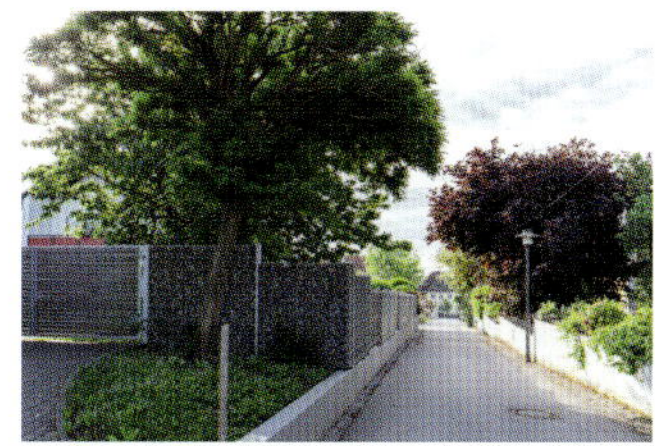

Startrichtung

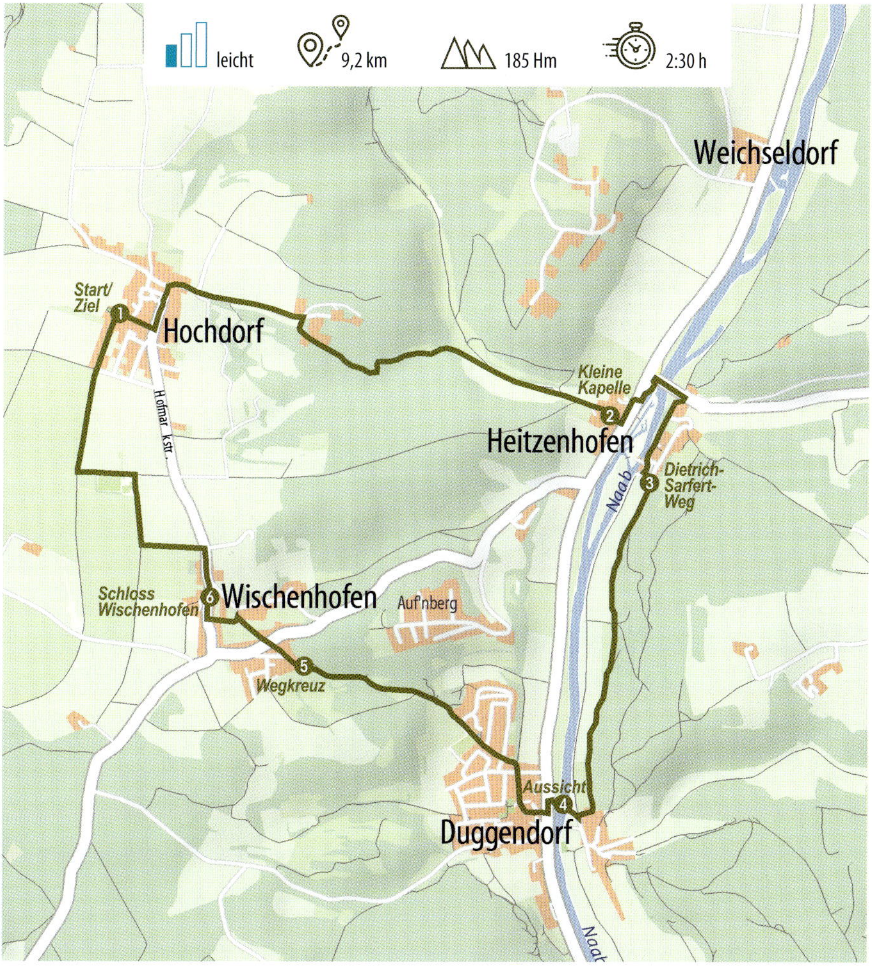

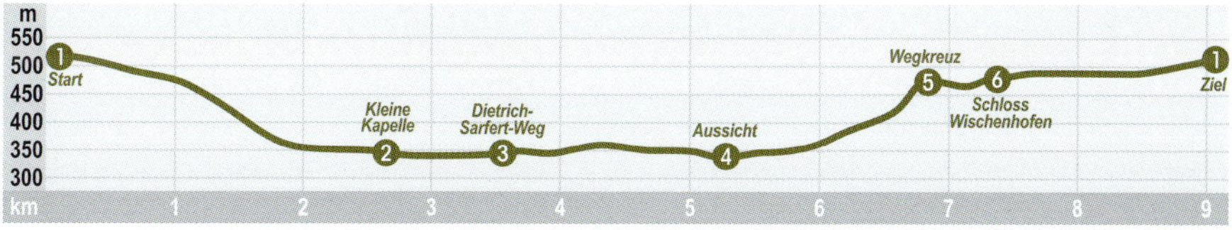

leicht | 9,2 km | 185 Hm | 2:30 h

Weichseldorf
Start/Ziel
1
Hochdorf
Hofmarkstr.
Kleine Kapelle
2
Heitzenhofen
Dietrich-Sarfert-Weg
3
Naab
Schloss Wischenhofen
6
Wischenhofen
Auf'nberg
5
Wegkreuz
Aussicht
4
Duggendorf
Naab

m
550
500
450
400
350
300
1 Start
2 Kleine Kapelle
3 Dietrich-Sarfert-Weg
4 Aussicht
5 Wegkreuz
6 Schloss Wischenhofen
1 Ziel
km 1 2 3 4 5 6 7 8 9

Diese kürzere Wanderung beginnt standesgemäß vermutlich am höchsten Punkt von Hochdorf, nämlich in der Sebastianstraße am Friedhof ①.

Diesem wenden wir unseren Rücken zu und spazieren ostwärts hinab zur Hofmarkstraße. Hier biegen wir bei einem kleinen gemauerten Altar nach links ab und gehen weiter für 150 Meter. Während die Hofmarkstraße nach links weitergeht, orientieren wir uns geradeaus in die „Blumenstraße". Nach 50 Metern verlassen wir diese mündet. Diesem folgen wir talwärts durch ein Waldgebiet. Unten angekommen macht der Pfad an einem Hochsitz eine Biegung nach rechts.

Wir folgen dem Feldweg durch das Tal ostwärts. Wenig später trifft unser Weg auf den Jurasteig bzw. den Wanderweg W 55 (rotes Rechteck). Wir genießen das Panorama über das Naabtal und nach 650 Metern erreichen wir die Ortschaft Kleinheitzenhofen. Hier haben wir wieder eine geteerte Straße unter unseren Sohlen. Kurz darauf begrüßt uns in der Straße „Am Girnitztal" ei-

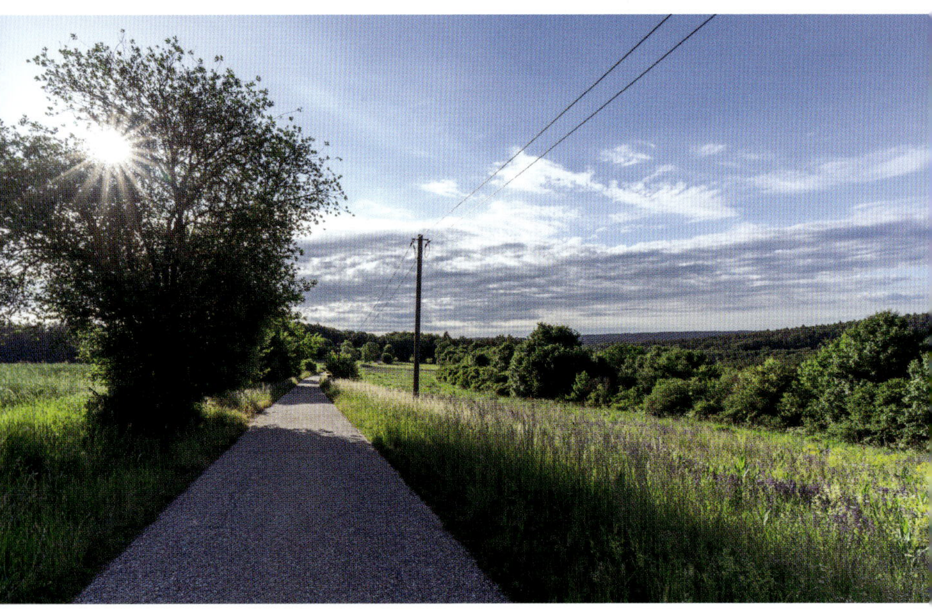

Panorama über den Bayerischen Jura in Richtung Naabtal

und biegen nach rechts ab in die Straße „Am Buchenberg". Wir verlassen die Ortschaft auf einer schmalen, abschüssigen Straße in östlicher Richtung und genießen das Panorama. Wenig später scheint die Straße vor einem verwunschenen Wohngebiet zu enden. Wir folgen ihr jedoch scharf nach rechts, wo sie wenig später dennoch auf Höhe der Hausnummer 12 in einen Forstweg ne kleine, idyllische Kapelle, an der wir rechts vorbei in Richtung Naab spazieren ②.

Vor der Hauptstraße biegen wir nach links ab in einen schmalen Weg, welcher uns zu einer Unterführung der ST 2165 „Amberger Straße" bringt. Danach geht es links weiter, gemäß den Wegweisern, hinauf zur Brücke über die Naab ans andere Ufer ③.

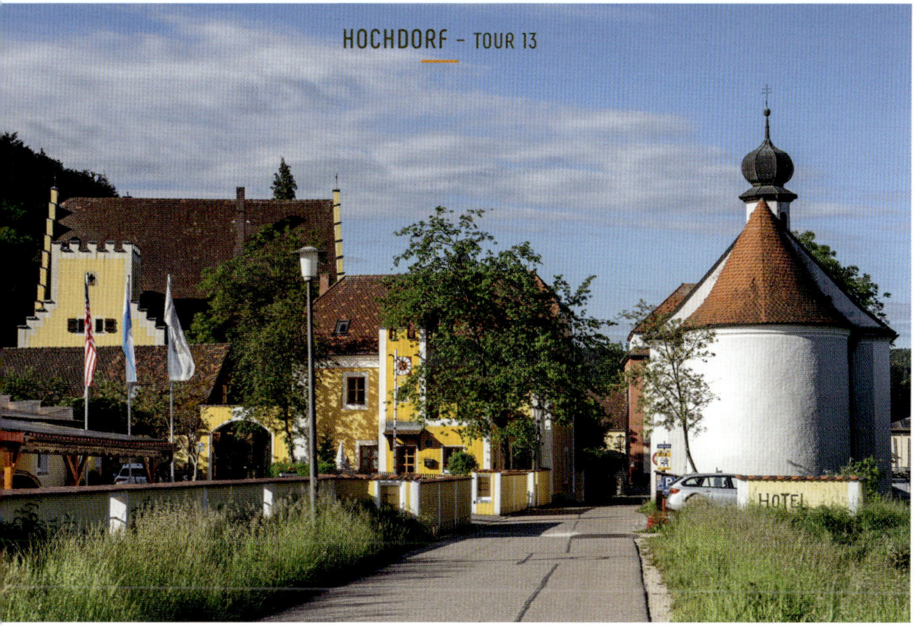

Vor der Schlosswirtschaft

Wir überqueren den Fluss und richten unseren Blick nach rechts in Richtung Heitzenhofen. Dieser idyllische Ort ist unser nächstes Etappenziel. Am Ende der Brücke gehen wir die Stufen hinab zur „Naabstraße". Es geht parallel zur Naab vorbei an einem majestätischen Hotel, einem Wasserwerk und einer Kapelle. Schließlich stehen wir vor der Schlosswirtschaft. Links des Gasthauses befindet sich der Parkplatz und an dessen Ende rechts der Einstieg zum „Dietrich-Sarfert-Weg" 4.

Alternative: Wenn man lieber das maritime Flair nahe am Wasser genießen möchte, könnte man auf dem fein geschotterten Radweg auch die 2 Kilometer geradeaus nach Duggendorf weiterschlendern. Auf halber Strecke passieren wir ein rundes Häuschen mit spitzem Dach. Es handelt sich um das Pegelhaus von Heitzenhofen. Bald darauf erreichen wir die Brücke, welche uns wieder über die Naab nach Duggendorf bringt.

Dietrich-Sarfert-Weg

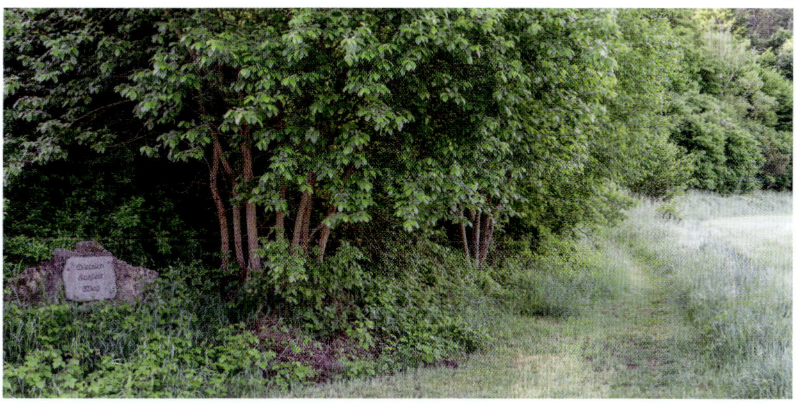

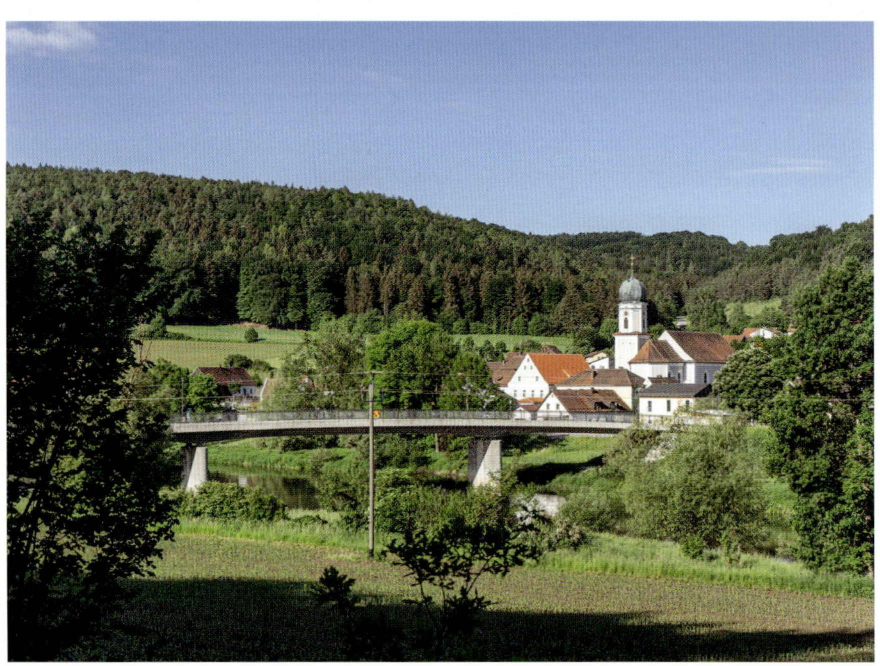

Blick nach Duggendorf

Wir schlendern am Waldrand entlang auf dem schattigen Forstweg und genießen stellenweise das Panorama über dem Naabtal in Richtung Duggendorf auf dem „Dietrich-Sarfert-Weg". Der Feldweg endet vor Duggendorf vor einem blauen Wohnhaus. Wir spazieren daran vorbei hinab zur Brücke über die Naab, von welcher aus man einen großartigen Blick nach Duggendorf und zurück über das Naabtal erhält. **HINWEIS:** Wer die Runde verlängern möchte, könnte an dieser Stelle die Wanderung „14 – Duggendorf" anhängen und vor der Brücke nach links in die Talstraße abbiegen. Am Ende der Brücke blicken wir zur Kirche von Duggendorf, an welcher wir vorbeispazieren werden 5.

Am anderen Ufer finden wir links eine kurze Treppe hinab zur Straße, an welcher sich eine Bushaltestelle befindet. Aufmerksam überqueren wir die Regensburger Straße und wenden uns nach links, um rechts in die Friedhofsstraße einzubiegen. Dort passieren wir die Kirche „Mariä Opferung". Die Friedhofsstraße mündet in die Schulstraße und diese wiederum in die Albrecht-Altdorfer-Straße. Es geht vorbei am Sportplatz der DJK Duggendorf. Hier mündet die Straße in einen Forstweg. Nach einer Weggabelung, an welcher wir geradeaus weitergehen, liegt vor uns ein steiler, längerer Anstieg auf einem Forstweg bis nach Wischenhofen. Oben angekommen passieren wir zuerst einen historischen Grenzstein und danach ein Wegekreuz gegenüber dem Feuerwehrgebäude des Ortes 6.

Am Ende des Kirchwegs überqueren wir die Heitzenhofener Straße in die Pfalzstraße, die sich als Feldweg darstellt, welchem wir in einer Senke scharf nach links einen kleinen Anstieg hoch folgen. Dort wenden wir uns nach rechts in die Hochdorfer Straße, wo uns sofort das herrschaftliche, denkmalgeschützte Schloss Wischenhofen mit angeschlossener Kapelle „St. Jakob und Philipp" ins Auge springt 7.

Wir bleiben auf der „Hochdorfer Straße". Wenige Meter nach dem Ortsschild auf Höhe der „Tannenstraße" zweigt ein Feldweg nach links ab. Dieser

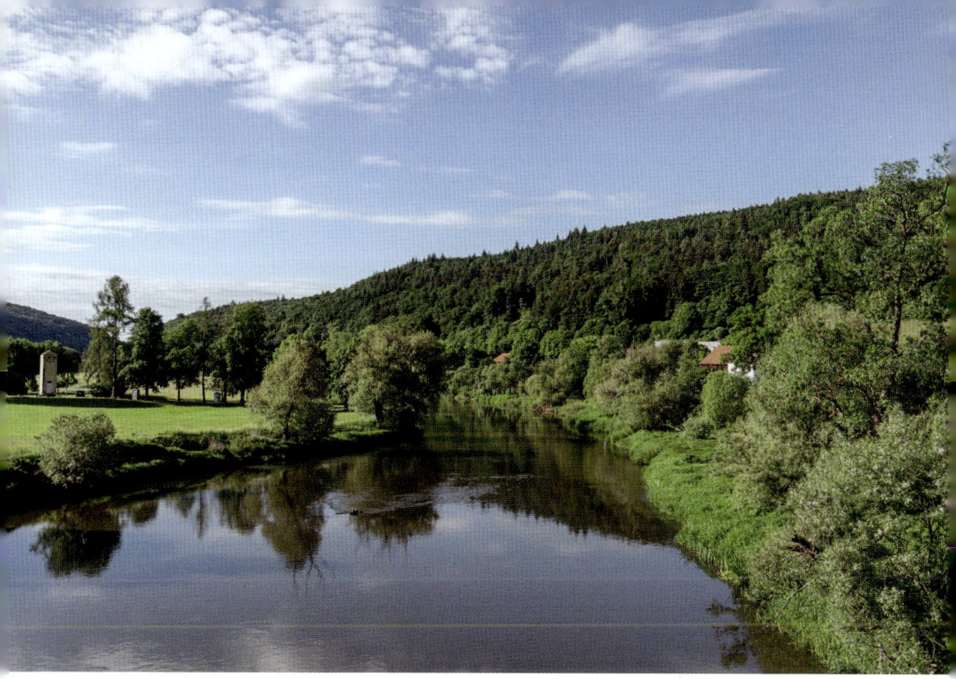

Über der Naab

endet nach 280 Metern in westlicher Richtung an einem weiteren Feldweg. Hier wenden wir uns nach rechts auf einen unbefestigten Wiesenweg. Mit Blickrichtung nach Hochdorf (rechts) wandern wir zwischen den Wiesen und Feldern die nächsten 320 Meter in Richtung Norden. Nach der Stockbahn der DJK Duggendorf erreichen wir eine schmale Straße. Hier biegen wir nach links ab. Während die schmale Straße nach dem Fußballplatz eine 90-Grad-Kurve nach links macht, biegen wir wieder rechts auf den Feldweg in Richtung Hochdorf. Nach weiteren 450 Metern erreichen wir die Sebastianstraße von Hochdorf. Hier gehen wir geradeaus weiter und haben kurz darauf unseren Ausgangspunkt am Friedhof erreicht.

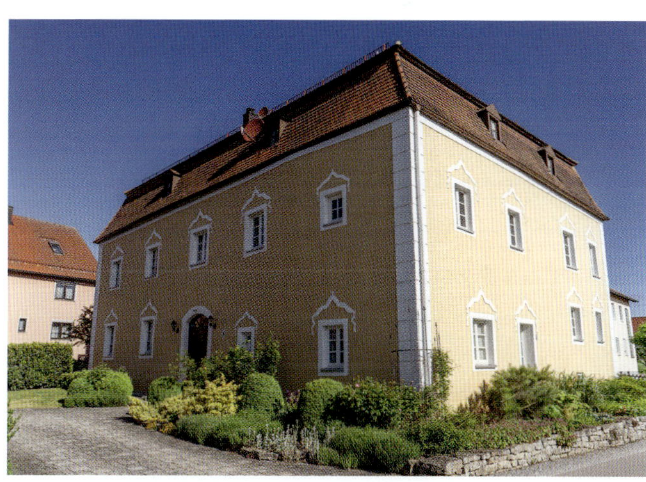

Schloss Wischenhofen

DUGGENDORF

Durch den Urwald zum „Engelsfels"

TOUR 14

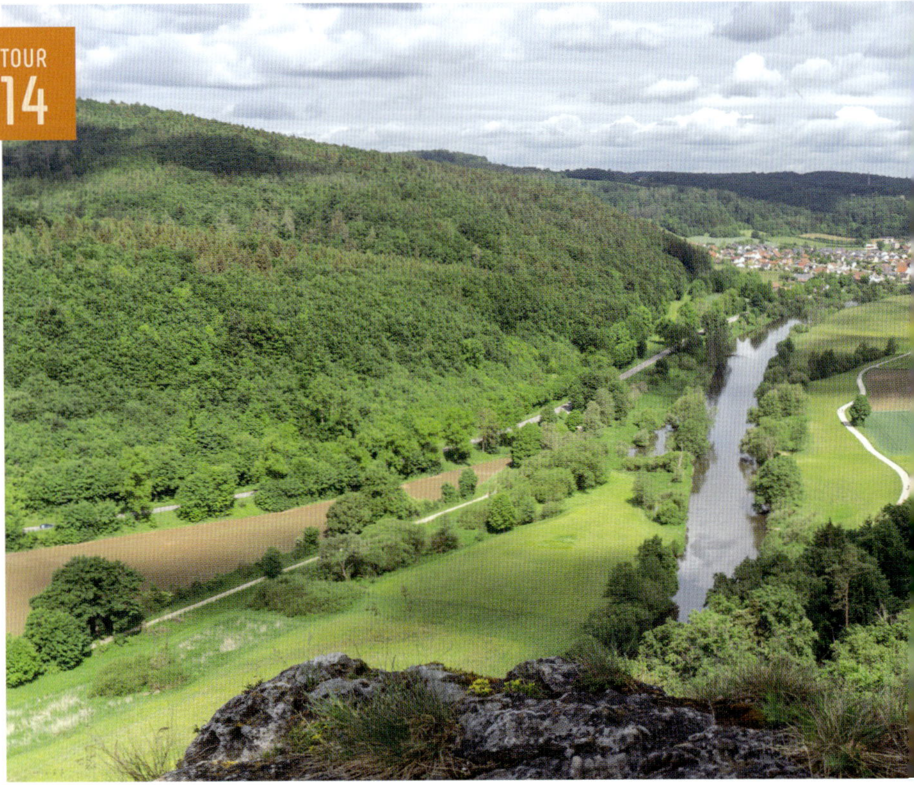

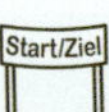

Wanderparkplatz nach der Naabbrücke rechts auf der Wiese am Beginn der Talstraße
Navi: Talstraße 3, 93182 Duggendorf

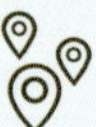

Kleinduggendorf – Engelsfels

Nahezu kein Asphalt, stellenweise alpines Gelände, überwiegend auf losem oder naturbelassenem Untergrund im Wald, festes Schuhwerk sinnvoll

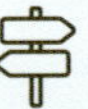

Jurasteig Hauptroute; rotes Rechteck (W 54 Pielenhofen – Heitzenhofen); grünes Rechteck (W 50 Duggendorf); Burgensteig (Ritter Wonnebold)

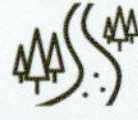

Eine kürzere, einfachere Runde von Kleinduggendorf an der Naab hoch durch waldiges Gebiet zum Panoramafelsen „Engelsfels".

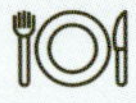

Gasthaus Naabtal
Amberger Straße 6, 93182 Heitzenhofen
Tel. 09473 582
www.gasthaus-naabtal.de/Home

 Foto: Aussicht auf dem Engelsfels in Richtung Duggendorf

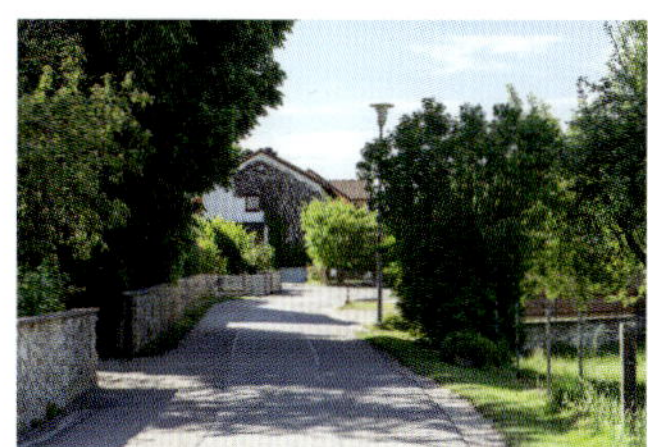

Startrichtung

leicht | 6 km | 155 Hm | 2:00 h

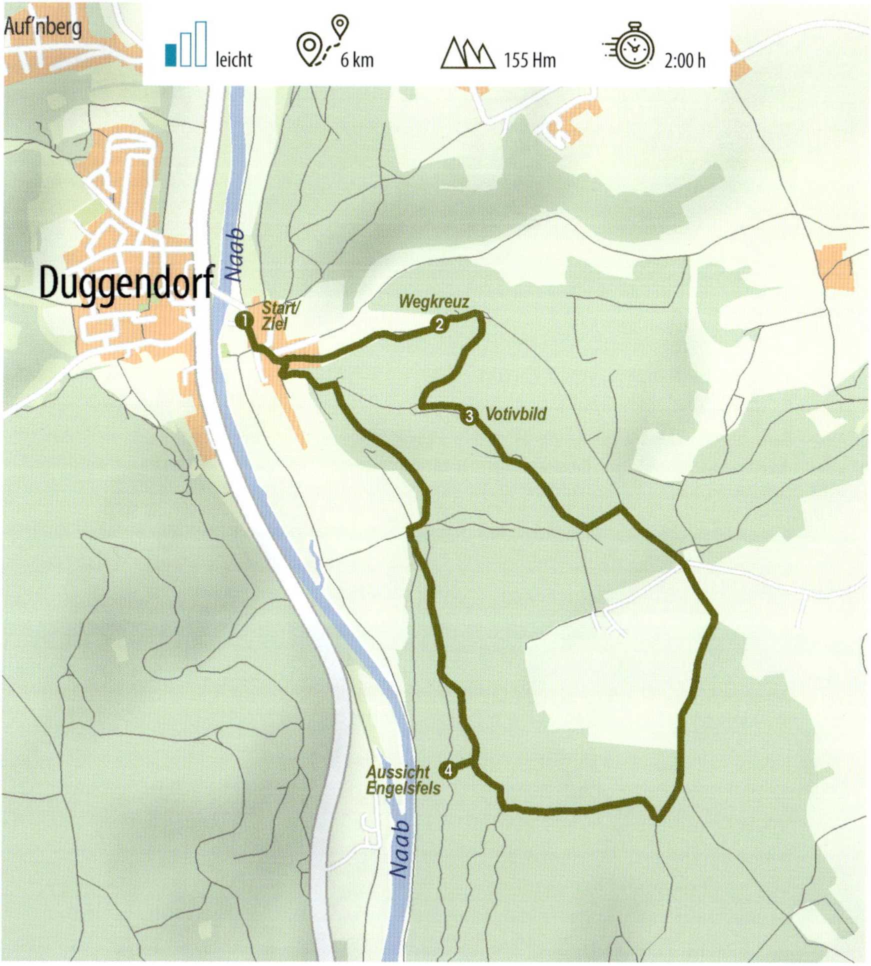

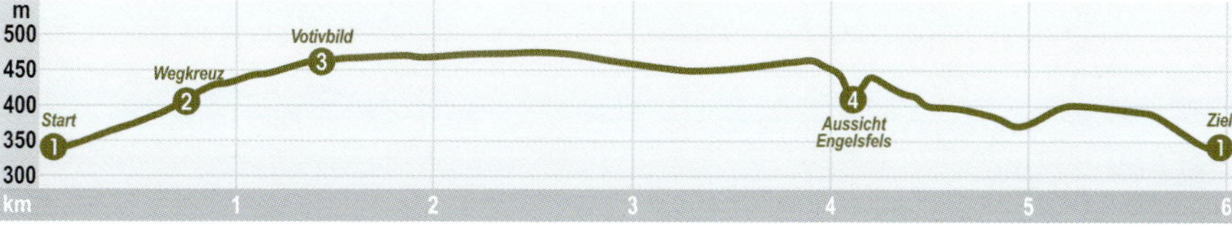

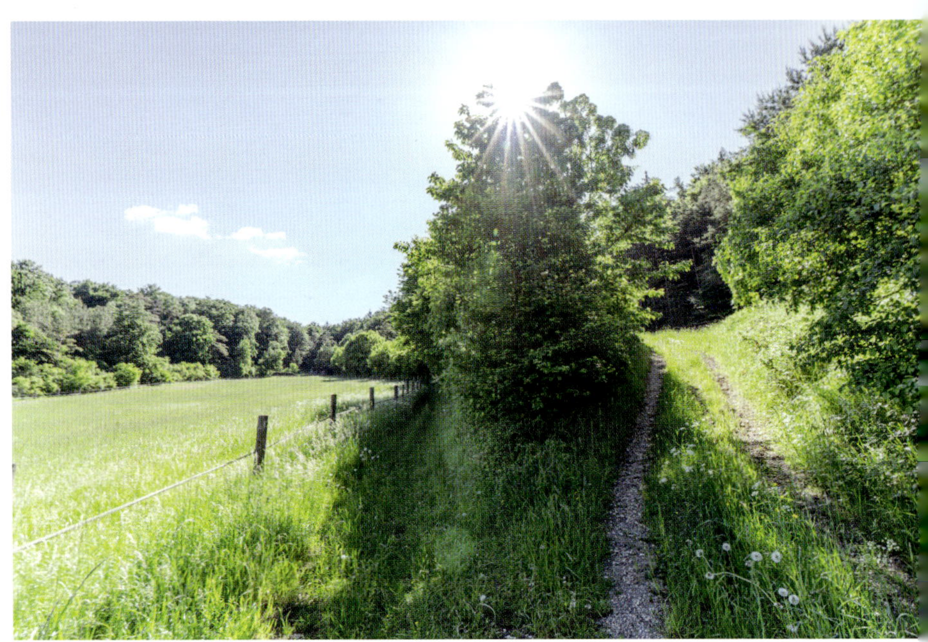

Links halten

Diese kurze Runde kann entweder eigenständig für sich oder als Verlängerung der Runde „13 – Hochdorf" absolviert werden, denn wir beginnen in der „Talstraße", wenige Meter nach der Brücke über die Naab in Duggendorf, genauer gesagt in Kleinduggendorf. Wir starten in südlicher Richtung ❶.

Kurz darauf geht es weiter in die Straße „Zur Wagensonn". Hier finden wir bereits unseren Wegweiser „grünes Rechteck". Unterhalb eines erhöhten gelben Hauses gabelt sich der Weg. An dieser Stelle halten wir uns links. Die schmale Teerstraße mündet in einen Feldweg, welcher sich nach wenigen Metern wieder gabelt. Während der geschotterte Feldweg sich rechts hochwindet, halten wir uns links und spazieren auf dem Wiesenweg gerade weiter in östlicher Richtung. Der grüne Wegweiser bestätigt die Richtigkeit unserer Entscheidung. Am Ende des leicht ansteigenden Feldweges werfen wir einen Blick zurück ins Tal und passieren ein beeindruckendes Wegkreuz ❷. Etwa 10 Meter weiter zweigt rechts ein schmaler Trampelpfad ab hinein in ein Waldgebiet. Nach etwa 100 Metern endet der kleine, unwegsame Aufstieg an einer etwas unübersichtlichen Kreuzung im Wald. Hier verlassen wir vorerst das „grüne Rechteck", welches geradeaus weiterführen würde, und orientieren uns stattdessen rechts in südlicher Richtung. Der nächste Wegabschnitt ist ohne Wanderhinweise. Nach etwa 480 Metern folgen wir dem idyllischen Waldpfad nach links in östlicher Richtung. Geschotterter Untergrund und Waldboden wechseln sich auf diesem Stück ab. Nach weiteren 350 Metern in südöstlicher Richtung mündet von rechts ein weiterer Waldweg in unseren Weg. Diese Stelle wird markiert von einem Drillingsbaum (links) und einer Ansitzvorrichtung (rechts). Der feste, geschotterte Forstweg führt uns in südlicher Richtung an einem stimmungsvollen Votivbild vorbei ❸.

Nach etwa 330 Metern an einer Rechtskurve mündet von rechts das bereits bekannte „grüne Rechteck" in unseren Weg. Bald darauf erreichen wir in südöstlicher Richtung am Ende des Waldgebietes eine Teerstraße, welche links in die Einöde „Biersackschlag" führen würde. Wir gehen jedoch auf dem geschotterten Feldweg geradeaus weiter. Mittlerweile hat sich auch der edle Ritter Wonnebold vom „Burgensteig" zu uns gesellt. Nach einer Rechtskurve halten wir uns gemäß den Hinweisen „grünes Rechteck" und „Burgensteig" am Waldrand.

Nach 530 Metern in südlicher Richtung verlassen wir erneut das „grüne Rechteck", welches im Waldgebiet nach links weiterführen würde, und schlendern auf dem geschotterten Waldweg geradeaus weiter und folgen dem Ritter Wonnebold. Nach weiteren 170 Metern biegen wir an einer T-Kreuzung scharf nach rechts ab. Der Waldweg führt uns in westlicher Richtung weiter. Der Forstweg macht nach 530 Metern eine scharfe Linkskurve, doch wir biegen an dieser T-Kreuzung scharf nach rechts auf einen schmalen Trampelpfad ab. Wir sind bereits mehrmals an einem Schild vorbeigerannt, welches uns darüber informiert, dass in diesem Waldgebiet ein ursprünglicher Urwald entstehen soll. So auch wenige Meter weiter.

Kurz darauf gelangen wir zu einem Schild, welches uns über den Burgstall Lichtenroth auf dem Engelsfels informiert. Hier machen wir einen Abstecher zum „Engelsfels". Der Pfad dorthin, zum

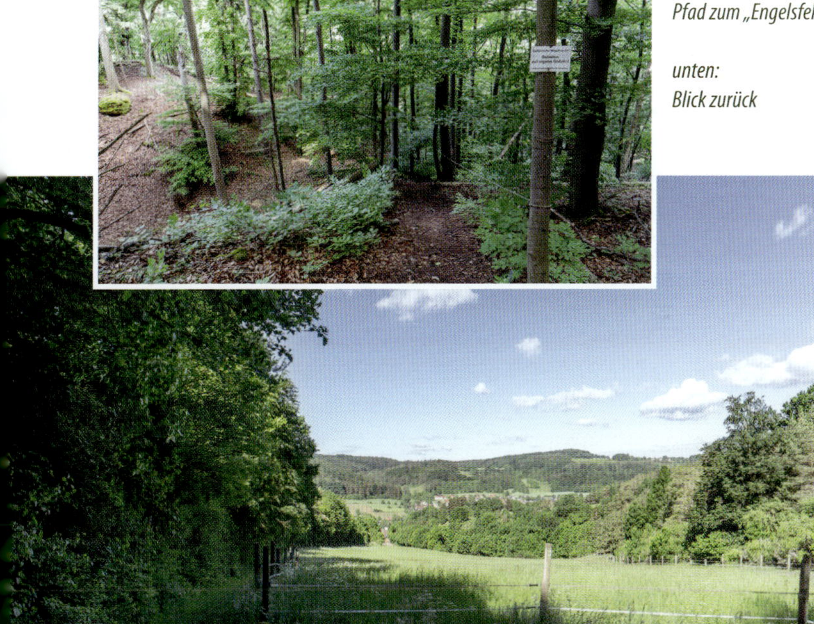

links: Pfad zum „Engelsfels"

unten: Blick zurück

„Highlight" dieser Wanderung, ist nicht ungefährlich. Auch dort ist höchste Aufmerksamkeit gefordert, um nicht abzustürzen. Die Aussicht ist aber atemberaubend und das Risiko lohnt sich in jedem Fall 4.

Nachdem wir uns satt gesehen haben, klettern wir zurück zum Waldpfad und folgen diesem nach links. Der abschüssige Trampelpfad ist mit den Hinweisen „Burgensteig" und „rotes Rechteck" markiert. Wenig später mündet unser Pfad in die

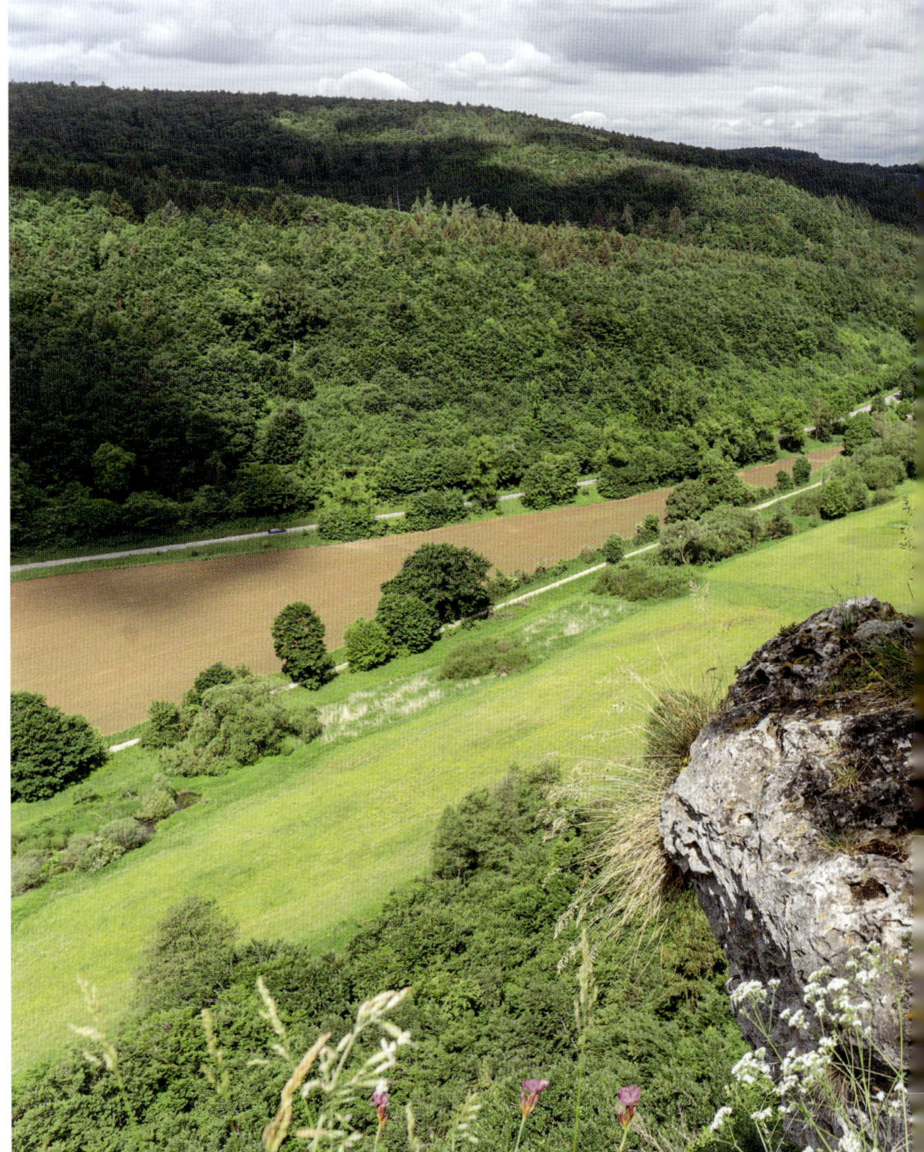

Jurasteig-Hauptroute. Nach weiteren 430 Metern nordwärts macht der Jurasteig eine scharfe Rechtsbiegung, welcher wir folgen.
Der schmale Trampelpfad bringt uns entlang des „Weinbergs" in Richtung „Duggendorf". Nach etwas mehr als 600 Metern beginnt unser Abstieg links hinab in die Ortschaft. Über die Straße „Am Weinberg" gelangen wir zum etwas erhöhten gelben Haus. Wir biegen ein in die „Talstraße" und beenden ein wenig später unsere Wanderung kurz vor der Brücke über die Naab.

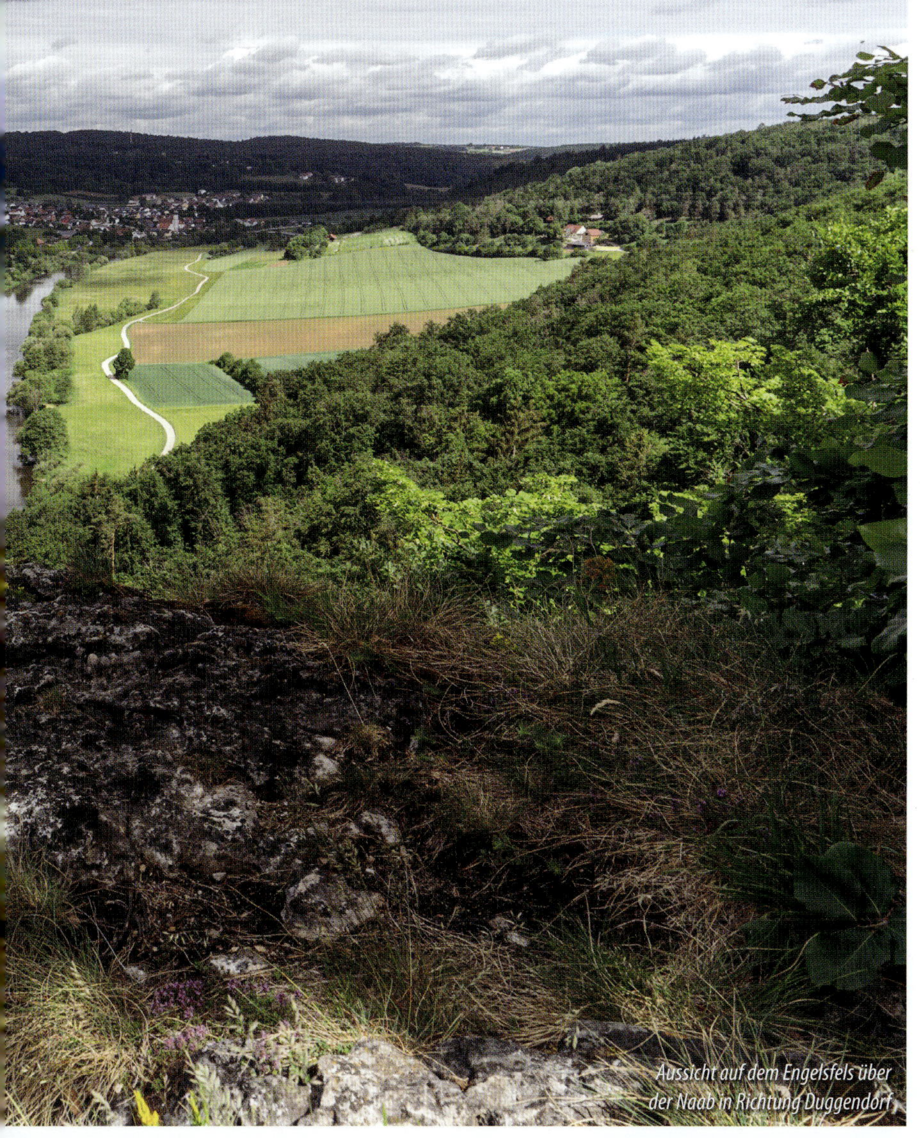

Aussicht auf dem Engelsfels über der Naab in Richtung Duggendorf

BRUNN

Eine Runde Waldbaden mit Schuss

TOUR 15

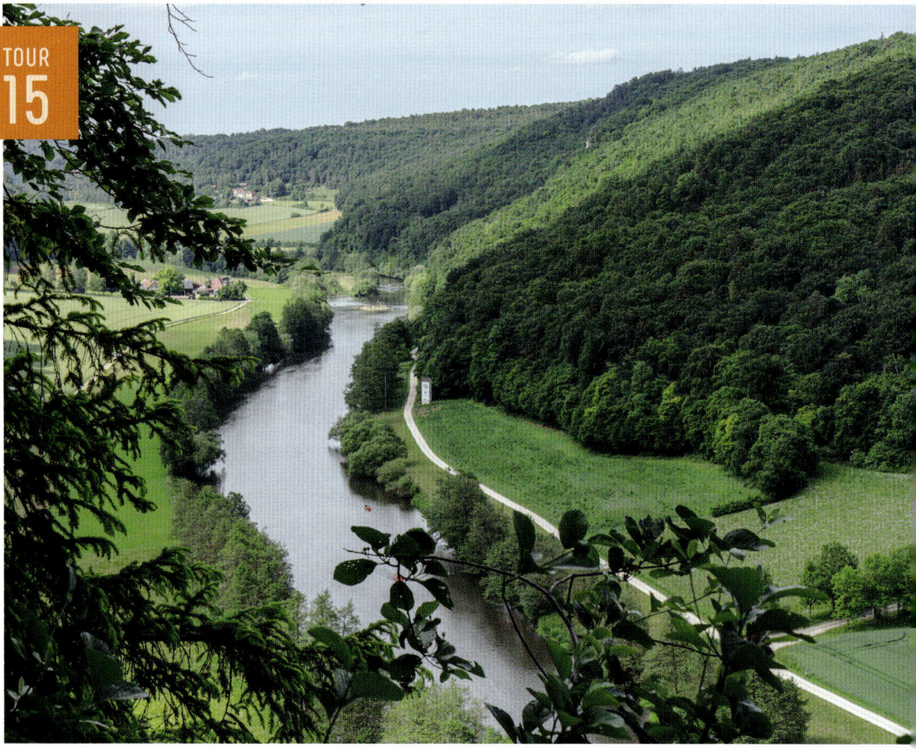

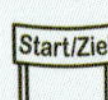

Parklplatz am Sportplatz des TSV Brunn am Ortsausgang
Navi: TSV Brunn e.V., Laaberer Str. 14, 93164 Brunn

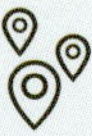

Brunn – Osterstein – Naturschutzgebiet Westliche Naabtalhänge bei Pielenhofen

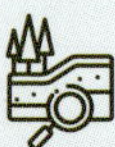

Ohne Asphalt, nahezu ausschließlich auf Waldwegen auf losem Untergrund, naturbelassen oder auf Kies; Schwindelfreiheit und festes Schuhwerk erforderlich (nicht bei der Alternative)

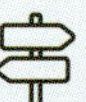

Grünes Rechteck (W52) & grünes Dreieck (W 58) des Waldvereins Regensburg e.V.

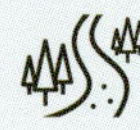

Eine mittellange, aber anspruchsvolle Runde zum Waldbaden zwischen Brunn und den westlichen Naabtalhängen bei Pielenhofen, die nahezu ohne Teerstraße auskommt, mit einem gehörigen Schuss Nervenkitzel.

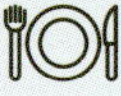

Gasthaus Hummel
Heitzenhofenerstraße 16
93182 Wischenhofen
Tel. 09473 324
www.gasthaushummel.de/home

Foto: Panorama beim Osterstein oberhalb der Naab

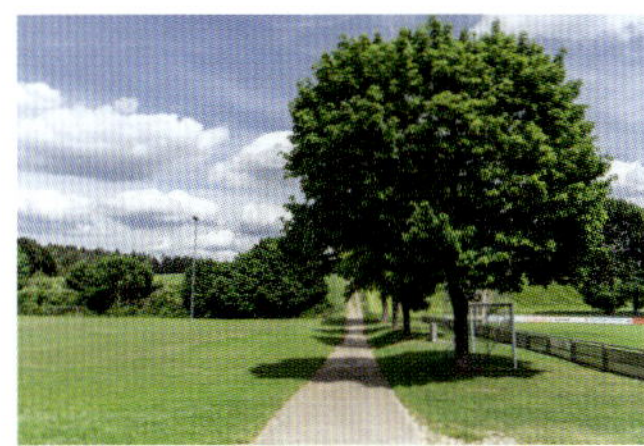

Startrichtung

schwer | 11,5 km | 156 Hm | 3:00 h

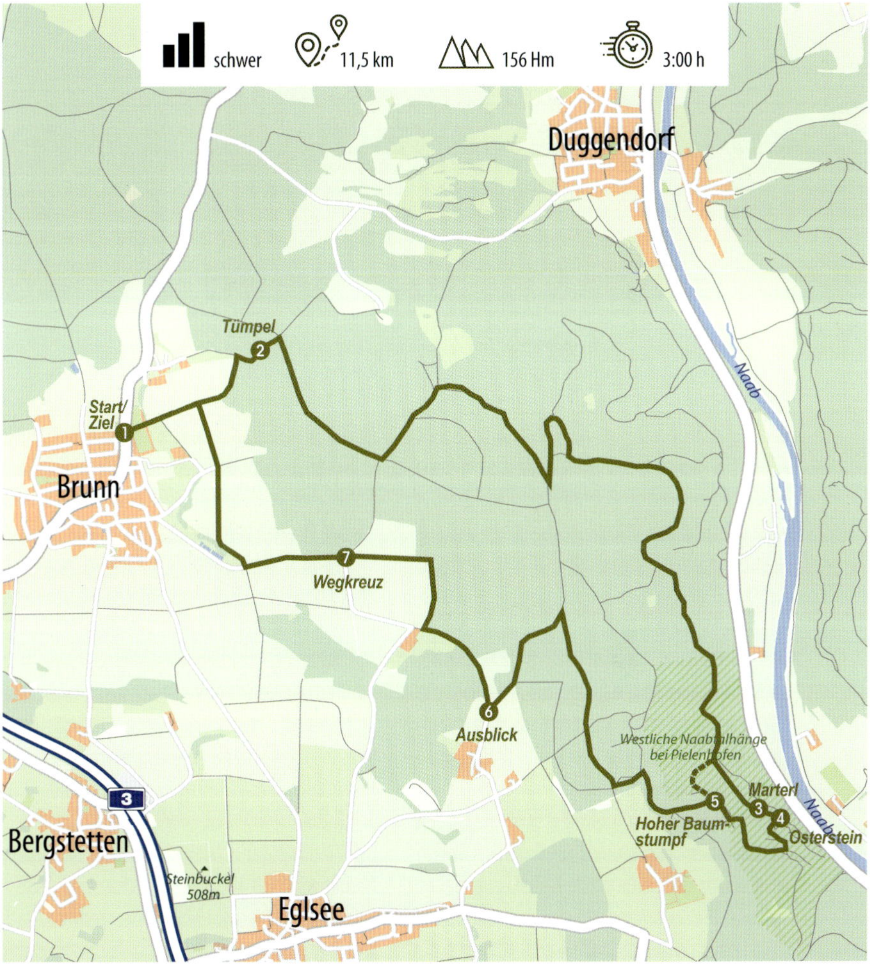

Duggendorf
Naab
Tümpel
Start/ Ziel
Brunn
Wegkreuz
Ausblick
Westliche Naabtalhänge bei Pielenhofen
Marterl
Osterstein
Hoher Baumstumpf
Bergstetten
Steinbuckel 508m
Eglsee
3

m
550
500
450
400
350
km 1 2 3 4 5 6 7 8 9 10 11
Start
Tümpel
Marterl
Osterstein
Hoher Baumstumpf
Ausblick
Wegkreuz
Ziel

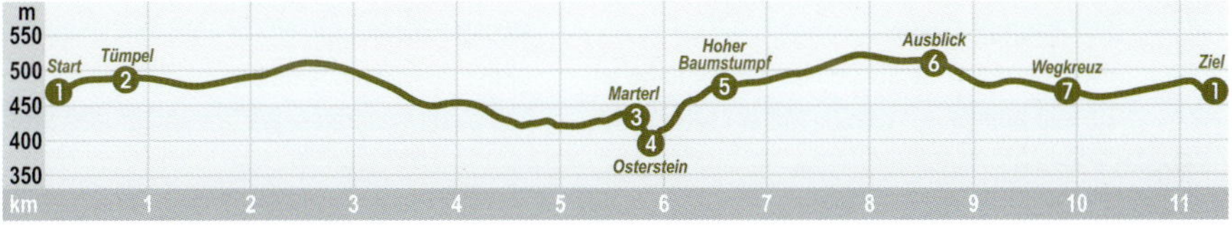

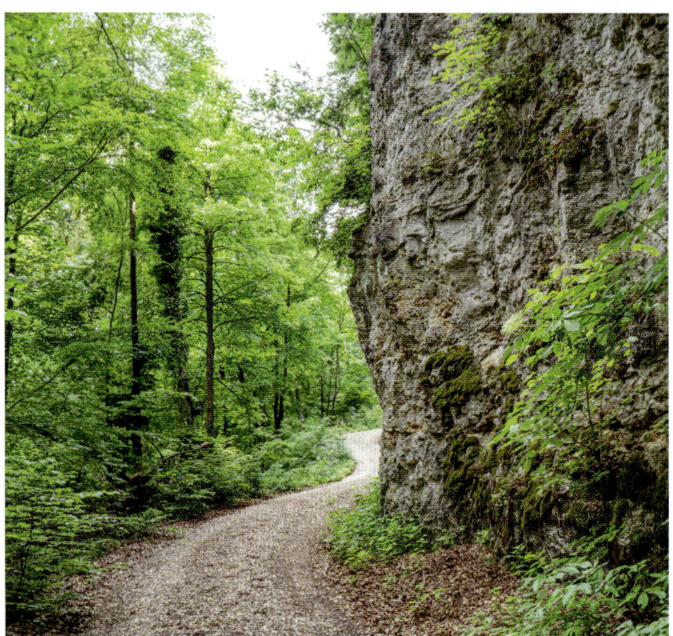

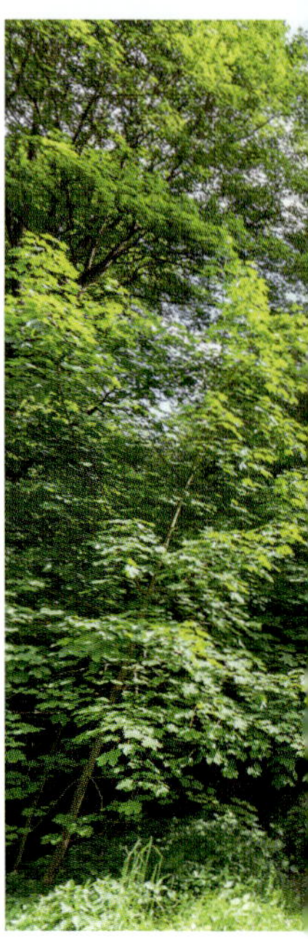

Weg am Felsen

Bei dieser Runde kann es besonders sinnvoll sein, die GPS-Daten auf ein mobiles Endgerät zu laden. Der Schauspieler Harrison Ford erlebte in seiner bekannten Rolle als „Indiana Jones" auch diverse Abenteuer, in welchen er nach der richtigen Orientierung suchen musste. Ähnlich ergeht es uns auf dieser Runde durch das dichte Waldgebiet, da wir oftmals ohne ausgewiesene Hinweise unterwegs sind. Ebenso ist festes Schuhwerk ratsam. Diese Wanderung beginnen wir sportlich passend am Parkplatz des TSV Brunn und starten auf der schmalen Teerstraße zwischen den beiden Fußballplätzen, einen kurzen Anstieg hoch 1.

Oben angekommen, geht die schmale Straße bald in einen Schotterweg über, welcher vor einem Waldgebiet eine weite Linkskurve macht. Wenig später nehmen wir die erste Abzweigung scharf nach rechts, die auf einen Feldweg in ein Waldgebiet hineinführt. Sie wird rechts von einem Baumstumpf markiert.

Wir lassen einen idyllischen Tümpel rechts liegen 2 und biegen nur wenige Meter später rechts auf einen Schotterweg in Richtung Südosten. Nach 740 Metern finden wir rechts am Wegesrand einen hohen Baumstumpf mit der Aufschrift „Lärchenschlag". Wir nehmen aber nicht diese Abbiegung nach links unmittelbar beim Baumstumpf, sondern etwa erst 30 Meter weiter an einer Kreuzung. Hier biegen wir auf den Forstweg nach links ab und verlassen den breiten Schotterweg für eine Weile. Nach etwa 230 Metern in nördlicher Richtung erreichen wir eine Y-Gabelung. Hier wählen wir den Feldweg nach links, nicht den „schöneren" Forstweg rechts. Die nächsten Minuten kommen Freunde der unmarkierten Wege und Pfadfinder auf ihre Kosten. Rechts finden wir an einem Baum einen neongrünen Kreis.

Der Pfad wendet sich leicht nach links, und dann finden wir nach 170 Metern rechts eine weitere Y-Gabelung. Hier wählen wir den rechten Pfad, welcher von zwei hohen Baumstämmen mit ihren Kronen ganz oben markiert wird. Nach wenigen Metern finden wir an einem Baum das grüne Dreieck auf weißem Grund. Die nächsten 730 Meter orientieren wir uns am „grünen Drei-

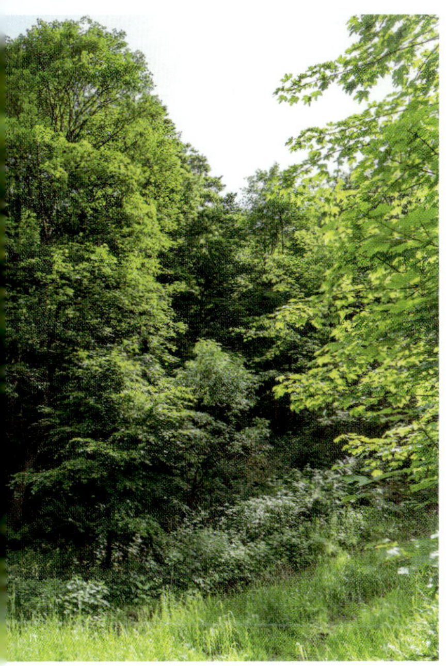

Weggabelung

eck" und spazieren in südöstlicher Richtung auf dem idyllischen, verwunschenen Waldpfad vorbei an zwei Ansitzvorrichtungen. Auf Höhe des zweiten Jägersitzes endet unsere Orientierungstour durch das Waldgebiet an einem breiten Schotterweg. Hier wenden wir uns auf dem breiten, geschotterten Forstweg nach links. Nach etwa 300 Metern macht der Weg eine abfallende 180-Grad-Kurve. Nach einer weiteren Linkskurve und etwa 350 Metern weiter talwärts gabelt sich der Schotterweg. Wir nehmen die rechte Abzweigung eine kleine Rampe hoch in östlicher Richtung.
Schon bald erkennen wir an einem Baum die Markierung „grünes Rechteck". Wir folgen dem Schotterweg bzw. dem grünen Hinweis am Hang entlang für etwa 1750 Meter. Es geht vorbei an eindrucksvollen Felsformationen, während man links bereits das malerische Naabtal erahnen kann. Wenige Meter nach beeindruckenden Felsen am Hang links gelangen wir an eine Stelle, sie gleicht einem offenen Platz, an welchem der grüne Wegweiser scharf nach rechts den Weg hochführt.

ALTERNATIVE: Wer nicht schwindelfrei und trittsicher ist, auf eine gehörige Portion Abenteuer und Nervenkitzel verzichten kann, oder aber auch die Bodenverhältnisse sehr nass und rutschig sind, der möge dem grünen Hinweis für 280 Meter nach rechts hoch ins Waldgebiet folgen.

Wir genehmigen uns den möglichen „Schuss". Dieser ist aber nicht ungefährlich. Wir gehen gerade weiter auf einem schmalen, unmarkierten Trampelpfad am Hang entlang. Es sind tatsächlich erhöhte Vorsicht und Konzentration geboten, denn links geht es nach etwa 100 Metern teilweise steil bergab. Orientieren Sie sich aus diesem Grund rechts am Hang bzw. Felsen. Bald kreuzen Bäume den Weg als erste Warnung, nicht weiterzugehen. Hier wird man mit einem eindringlichen Schild „Vorsicht Absturzgefahr" und einem

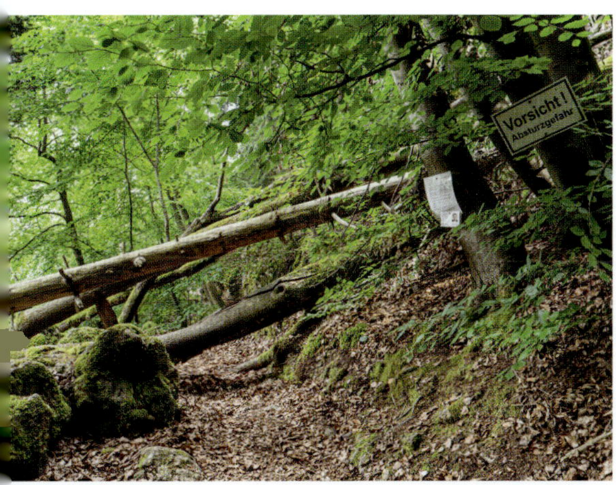

Bäume kreuzen

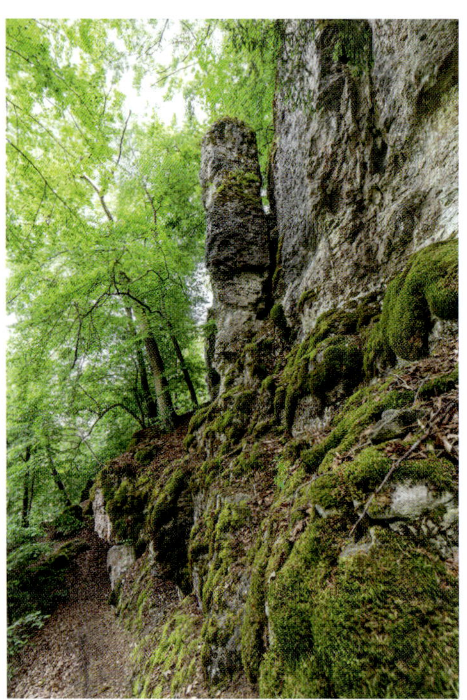
Osterstein

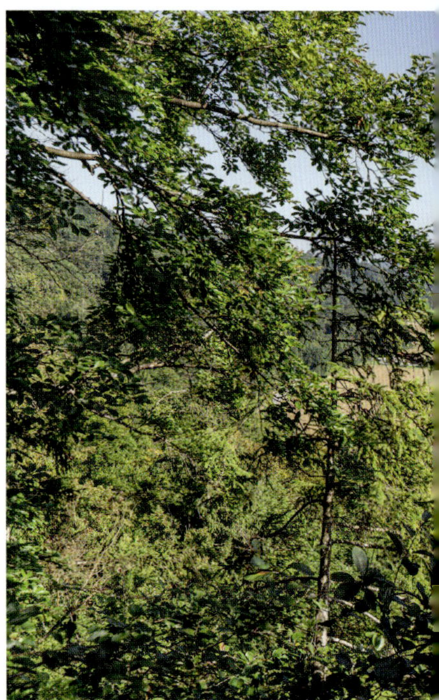
Panorama nahe dem Osterstein über der Naab

Marterl, wo vor einigen Jahren ein junger Mann in den Tod gestürzt ist, begrüßt 3.

Der schmale Pfad am Abhang ist teilweise nur etwa 50 cm breit und stellenweise nur mit einer dünnen Schnur gesichert. Das schroffe, eindrucksvolle Areal rund um den Osterstein beeindruckt aber gleichermaßen wie die unbeschreibliche Aussicht über das Naabtal etwas weiter nach der heikelsten Stelle 4.

Nach einer Rechtskurve und einem großen Linksbogen um die Osterstube verlassen wir das abenteuerliche, gefährliche Gebiet. Wir treffen auf einen geschotterten Forstweg, welcher einen Wendekreis vollzieht. Rechts finden wir nicht nur das bekannte „grüne Rechteck“, sondern auch unseren teils steilen Waldpfad einen Anstieg hinauf. Dieser kann je nach Bodenbeschaffenheit stellenweise ganz schön tief und matschig sein. Nach etwa 360 Metern halten wir uns oben rechts und spazieren noch für 130 Meter rechts in nördlicher Richtung weiter. Dann erreichen wir die Stelle, an die wir ohne die Alternative gelangt sind. Diese Stelle ist markiert von einem hohen, kahlen Baumstumpf rechts (links von der Alternative kommend). Hier wenden wir uns nach links in südwestlicher Richtung 5.

Wir spazieren auf dem Waldpfad und halten uns nach etwa 200 Metern rechts in Richtung Norden. Schließlich erreichen wir den Waldrand. Wir biegen aber nicht gleich nach rechts ab, sondern wandern geradeaus weiter auf dem leicht steinigen Waldpfad. Nach etwa 50 Metern macht der Pfad eine Linkskurve. Diese ist markiert von einem kleinen, roten Eisenstab im Boden. Nach 150 Metern in südwestlicher Peilung erreichen wir eine Kreuzung. Hier wenden wir uns nach rechts. Diese Stelle ist mit einem runden Schild mit Pferd und Reiter (Reiten verboten) markiert.

Wir wenden uns nach rechts in Richtung Norden und wandern durch das Schusterholz und den Schusterschlag. Auf den folgenden 800 Metern kann bei feuchten Witterungsbedingungen der

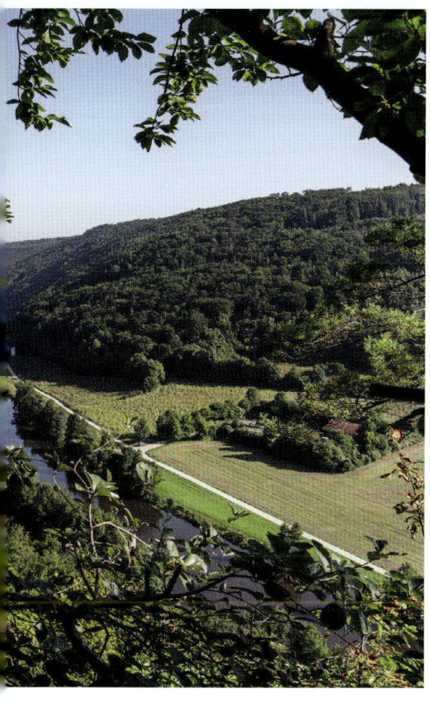

erdige Waldboden durchaus matschig und tief sein. Schließlich endet der Trampelpfad an einem geschotterten Forstweg. Hier finden wir an einem Baum links das bereits bekannte „grüne Dreieck". Wir schlendern nach links in südlicher Richtung und verlassen schließlich das Waldgebiet. Vor uns liegt die Einöde Babetsberg, und wir lassen unseren Blick in die Ferne schweifen 6.

Ehe wir die Häuser und die geteerte Straße erreichen, wenden wir uns auf dem Schotterweg bei erster Gelegenheit scharf nach rechts und lassen den herrlichen Ausblick in unserem Rücken. Wir durchqueren ein kurzes Waldstück und erblicken in nordwestlicher Richtung schon bald in der Ferne die Ortschaft Brunn. Ehe der abschüssige Weg vor einem Pferdeanwesen in eine Teerstraße mündet, wenden wir uns am Waldrand auf Höhe einer hölzernen Sitzbank, welche nach Vegetation etwas versteckt ist, auf einen Feldweg nach rechts. Hier führt ein Wiesenweg am Wald entlang. Bei der ersten möglichen Abzweigung links gehen wir noch geradeaus weiter und nehmen den Schotterweg links hinab talwärts in Richtung Westen am Ende des Feldwegs am Waldrand. Nach 400 Metern bei einem Wegekreuz 7 mündet der Schotterweg in das einzige längere Teerstück der Wanderung. Dieses verlassen wir aber bei nächster Gelegenheit bereits wieder nach 450 Metern an der nächsten Kreuzung. Wir wenden uns am Feldweg nach rechts und folgen diesem einen kleinen Anstieg hoch. Auf den nächsten 800 Metern erkennen wir links von uns bereits die Ortschaft Brunn. Schließlich sehen wir den Sportplatz und biegen links hinab zu unserem Ausgangspunkt.

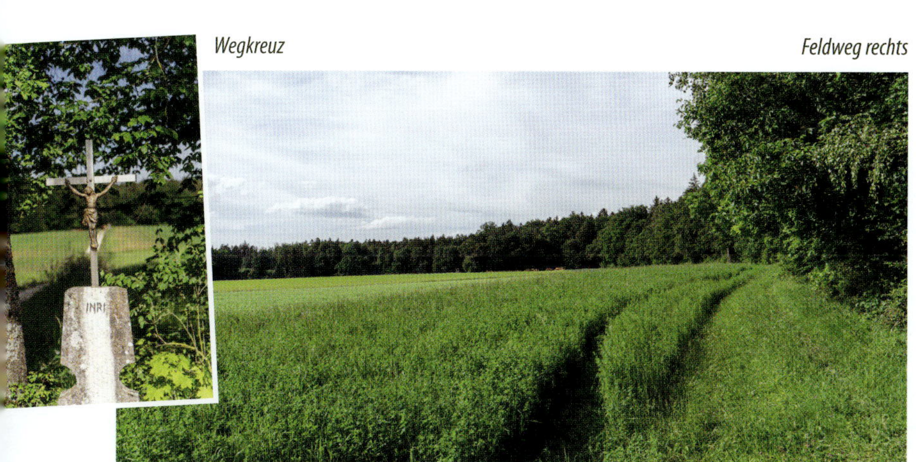

Wegkreuz

Feldweg rechts

LAABER / GROSSETZENBERG

Ins Tal der Schwarzen Laber und mit Ritter Wonnebold auf den Martinsberg

TOUR 16

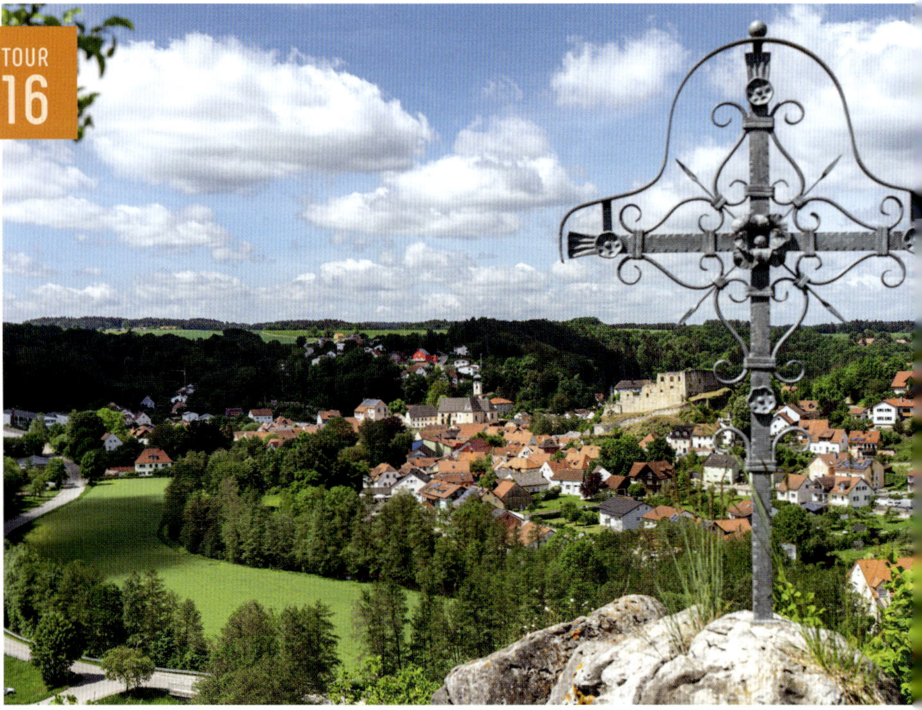

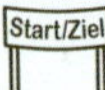

In der Ortsmitte auf der Festwiese (ehemaliger Sportplatz) an der Beratzhausener Straße in Laaber
Navi: Beratzhausener Straße 4, 93164 Laaber

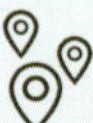

Laaber – Großetzenberg – Schrammlhof – Brennberg – Edlhausen – Martinsberg

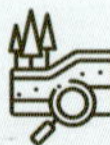

Überwiegend auf Wanderwegen auf losem Untergrund oder befestigtem Weg im Labertal oder Kies, in den Ortschaften abschnittsweise Asphalt

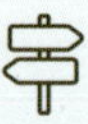

Burgensteig (Ritter Wonnebold); „MD" (Main-Donau-Radweg); „W 47" rotes Rechteck (Waldverein Regensburg); „W 25" rotes Dreieck (Waldverein Regensburg)

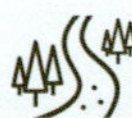

Eine abwechslungsreiche, wahrlich christliche Runde mit Pfaden, Felsen, Wasser und Panoramen von Laaber nach Schrammlhof und mit Hilfe von Ritter Wonnebold über den Brennberg zurück zum Martinsberg.

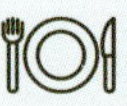

Brauerei Gasthof Plank
Marktplatz 1, 93164 Laaber
Tel. 09498 8707
www.brauerei-plank.de/mobile/index.html

 Foto: Panorama: Bergkreuz über der Ortschaft Laaber

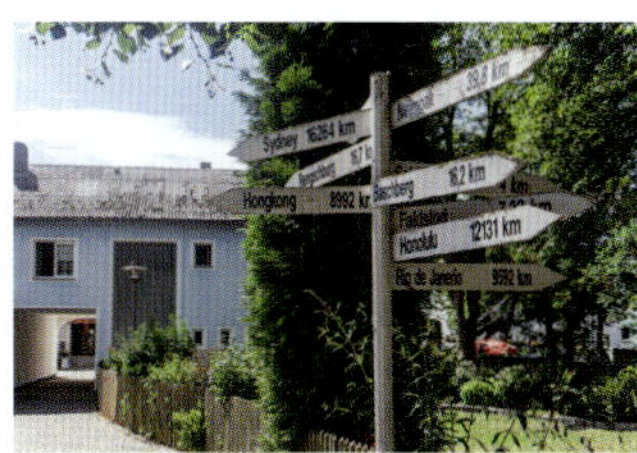

Startrichtung

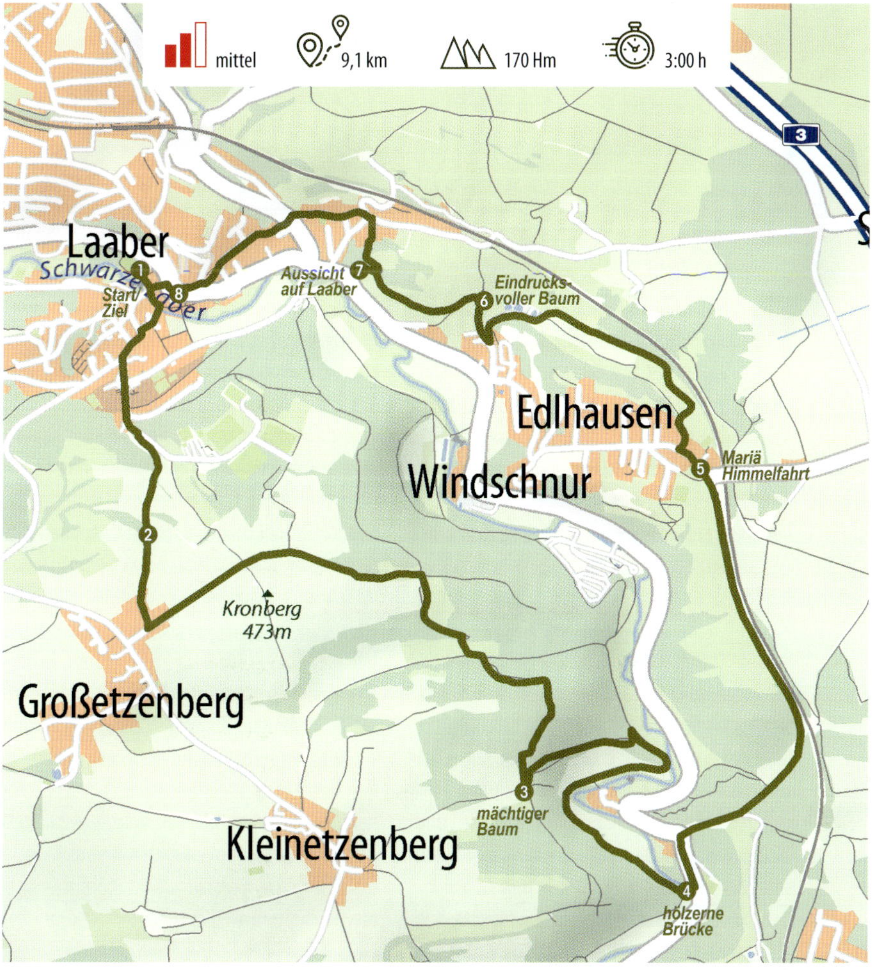

mittel | 9,1 km | 170 Hm | 3:00 h

Laaber
Schwarze Laber
Start/Ziel
Aussicht auf Laaber
Eindrucksvoller Baum
Edlhausen
Windschnur
Mariä Himmelfahrt
Kronberg 473 m
Großetzenberg
mächtiger Baum
Kleinetzenberg
hölzerne Brücke
3

© mapz.com – Map Data: OpenStreetMap ODbL

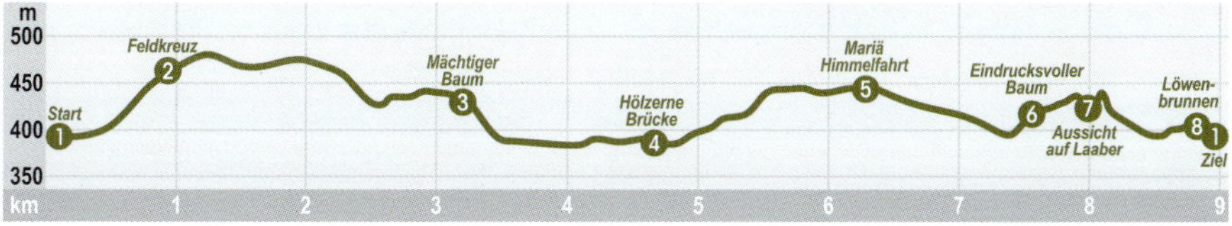

m
500
450
400
350
km 1 2 3 4 5 6 7 8 9

Start
Feldkreuz
Mächtiger Baum
Hölzerne Brücke
Mariä Himmelfahrt
Eindrucksvoller Baum
Aussicht auf Laaber
Löwenbrunnen
Ziel

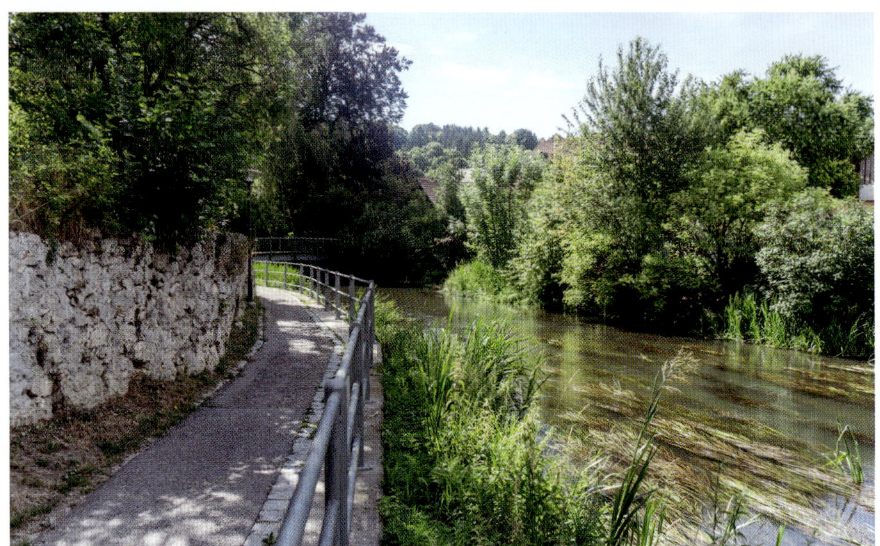

Entlang der Laber

Diese Runde beginnt in der Ortsmitte der malerischen Ortschaft Laaber auf der Festwiese an der „Beratzhausener Straße". Unser Startpunkt befindet sich rechts neben dem Toilettenhäuschen. Hier finden wir schon unseren späteren Begleiter, den Ritter Wonnebold vom Burgensteig, und einen Schilderbau. Wir schlendern durch eine kleine Unterführung und befinden uns schon im Herzen des Geschehens neben der Sparkasse ❶.

Wir halten uns leicht rechts und nehmen sofort links den schmalen Weg, welcher nicht über die Schwarze Laber führt, sondern am Ufer entlang, so dass wir den Fluss bei der nächsten Brücke rechts überqueren. Wir überqueren den Kirchplatz und halten uns links zwischen zwei älteren Häusern hindurch in die „Schernrieder Straße" und biegen wenig später an einer Y-Gabelung links in südlicher Richtung in die Straße „Am Kalvarienberg". Es geht an zwei Schulgebäuden vorbei in Richtung Sportgaststätte. Kurz nach dem letzten Haus am Ortsausgang zweigt rechts ein ansteigender Feldweg ab, welchen wir wählen.

Kurz darauf mündet unser Wiesenpfad in einen breiteren, leicht geschotterten Feldweg, welcher ebenso ansteigend ist. Nach etwa 370 Metern erreichen wir die Ortschaft Großetzenberg. Vorher passieren wir noch ein schönes Feldkreuz ❷.

Am Ortseingang folgen wir der Teerstraße bis zur ersten Abzweigung nach einer kleinen Kapelle links in den „Leitenweg". Sogleich verlassen wir den Ort wieder und genießen links das herrliche Panorama über Laaber. Wir folgen dem geschotterten Feldweg in nordöstlicher Richtung für etwa 900 Meter. Dann gelangen wir an eine etwas unscheinbare Kreuzung. Ein paar Meter links von uns befindet sich ein beeindruckender Baum, an dessen Stamm wir das rote Rechteck des „W 47"-Hinweises erkennen. Wir folgen dem Hinweis und biegen aber rechts ab auf die Wiese. Gerade in den Sommermonaten tauchen wir ein in die blühende Wiese und folgen dem Wiesenweg in südlicher Richtung. Dank des roten Rechtecks kann man sich nicht verirren. Dann überqueren wir einen Schotterweg und spazieren auf Gras über eine offene Wiese. Schließlich gelangen wir an einen geschotterten Weg. Hier orientieren wir uns links in östlicher Richtung. Doch bereits nach wenigen Metern biegen wir erneut rechts ein, dem Hinweis folgend, in das Waldgebiet. Es

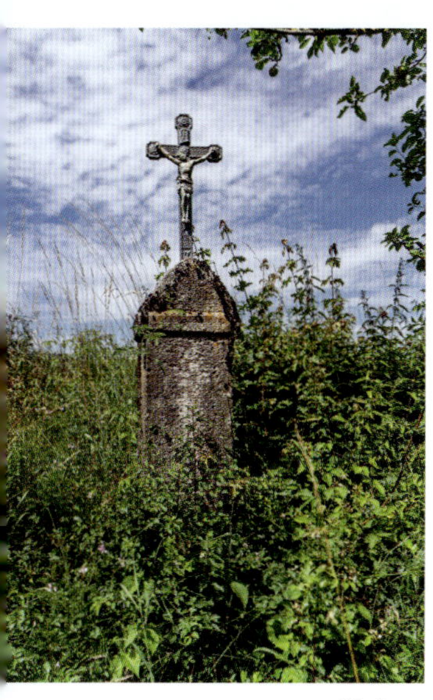

Wegkreuz

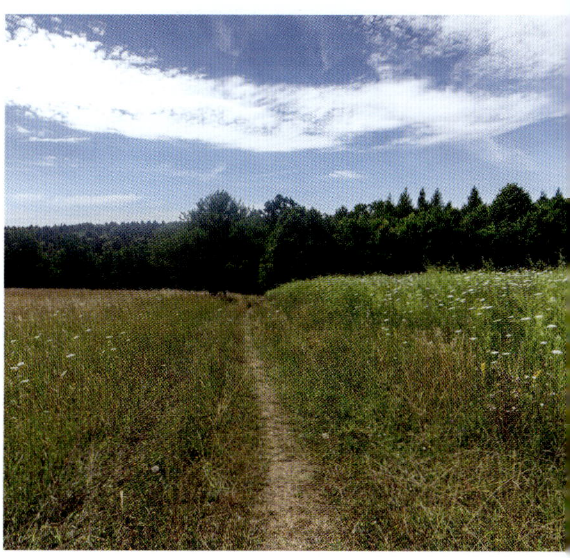

Wiesenweg

macht große Freude, auf dem Waldpfad zu wandern. Etwas aufpassen sollte man nach einem ansteigenden Stück nach 600 Metern. Diese Stelle ist im ersten Moment etwas unübersichtlich, doch wir biegen vor einem mächtigen Baum mit roten Hinweisen scharf nach links hinab ins Tal ab, während uns das rote Rechteck geradeaus weiterleiten würde ❸.

Die nächsten 420 Meter geht es mal mehr, mal weniger steil, vorbei an Felsformationen im Schatten des Waldes, hinab zur „Schwarzen Laber". Schließlich stehen wir auf dem fein geschotterten Wanderweg direkt vorm Fluss. Wir halten uns rechts und entdecken sogleich zu unserer Rechten eine kleine Höhle in einem Felsen. Nun schlendern wir für einen Kilometer durch das malerische Tal der Schwarzen Laber und genießen das wunderschöne Ambiente, während wir links die Türklmühle passieren. Etwas weiter südöstlich, nachdem wir rechts eine weitere kleine Höhle entdeckt haben, erkennen wir eine beeindruckende, hölzerne Brücke, über welche wir links die Schwarze Laber überqueren ❹.

Am anderen Ufer erkennen wir unseren Begleiter für den Rest der Wanderung. Es handelt sich um Ritter Wonnebold. Auf der schmalen Straße wandern wir links nach Schrammlhof. In der Ortsmitte erkennen wir auf der anderen Straßenseite ein Schild, welches uns darüber informiert, dass sich hier der Burgstall Durchelenburg befunden hat. Leider sieht man davon nichts mehr, dennoch folgen wir dem Hinweis, biegen rechts ab und machen uns an einen weiteren Aufstieg.

Nach 180 Metern halten wir uns links, verlassen die Straße und biegen links ein auf einen geschotterten Feldweg. Er bringt uns über den Brennberg parallel zur Bahnstrecke Nürnberg-Regensburg in nördlicher Richtung nach 1200 Metern zur Ortschaft Edlhausen. Dort biegen wir links ein in die „Lohbergstraße" und schlendern links an der Kapelle „Mariä Himmelfahrt" vorbei ❺.

Etwas versteckt, gegenüber der Hausnummer 26, zweigt rechts unser Wanderweg ab. Hier kann man Ritter Wonnebold leicht übersehen. Der Pfad bringt uns hinab in ein Tal, in welchem wir dem Wiesenweg nach 100 Metern rechts folgen. Es macht große Freude, auf den nächsten 650 Metern in nordwestlicher Richtung durch das Tal zu spazieren und das Ambiente zu genießen. So idyllisch wie dieser Abschnitt war, so unroman-

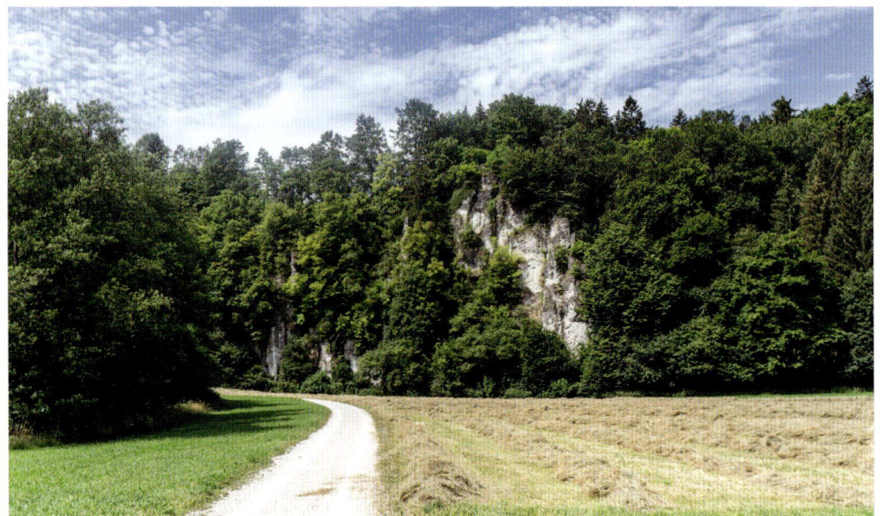

Ambiente

tisch geht es für ein kurzes Stück weiter, sobald wir die Straße „Zum Schindertal" sehen, denn rechts von uns befindet sich das Klärwerk. Glücklicherweise biegen wir bereits nach 230 Metern scharf nach rechts ab und orientieren uns weiterhin am Ritter Wonnebold. Jetzt sollte man etwas aufmerksam sein, denn je nach Vegetation sind die beiden nächsten Abzweigungen im ersten Augenblick etwas versteckt. So zweigt bereits nach 40 Metern unser Wanderpfad nach rechts ab, obwohl man geneigt ist, auf dem Weg nach links zu bleiben. Ähnlich verhält es sich nach weiteren 100 Metern. Auch hier möchte man lieber geradeaus weiterspazieren, doch an einem eindrucksvollen Baum mit vier Rittern biegen wir nach links ab 6.

Wir biegen auf dem Wiesenpfad nach links, westwärts, ab und erkennen nach etwa 100 Metern

Blick nach Laaber

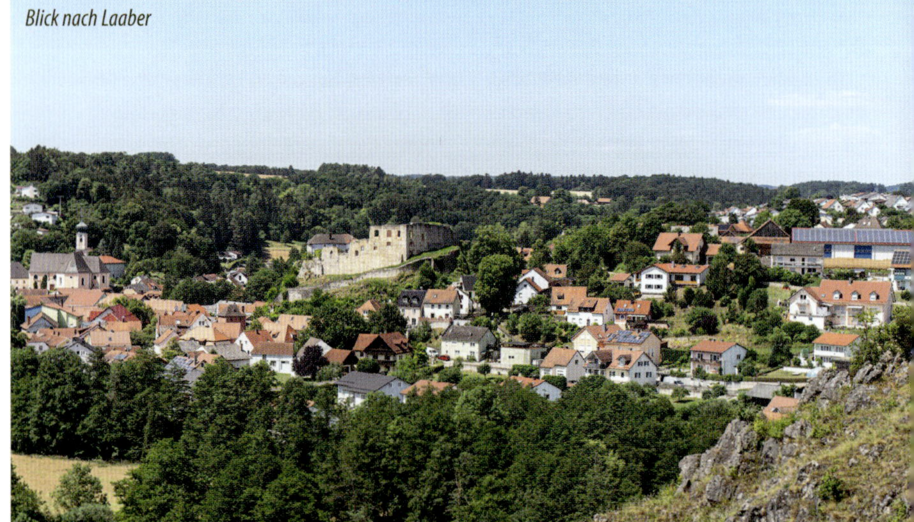

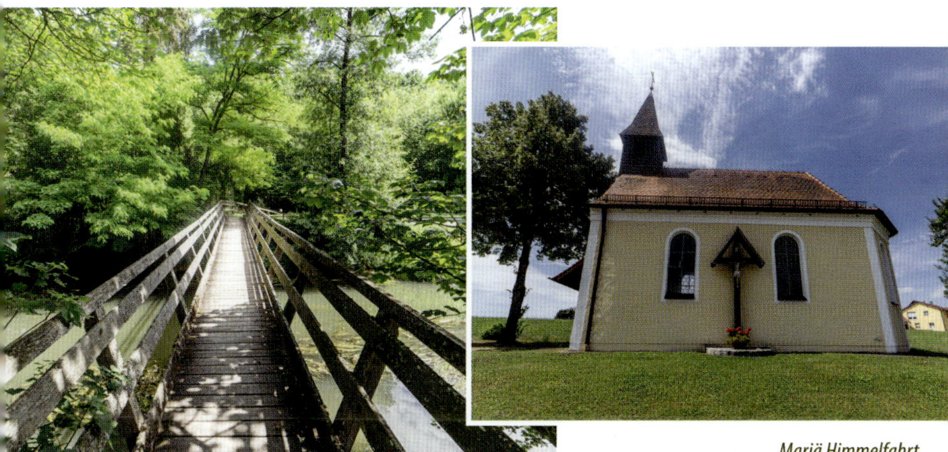

Mariä Himmelfahrt

Hölzerne Brücke

erneut Ritter Wonnebold an einem Baum links. Nun dürfen wir nicht hinab zu einem gelben Haus gehen, sondern den ansteigenden Pfad über Magerrasen rechts hoch, welcher etwas unscheinbar ist. Wir befinden uns bereits auf halber Höhe vom Martinsberg, und je höher wir kommen, umso großartiger wird der Ausblick. Schließlich gelangen wir an das hölzerne Kreuz mit einer Bank daneben. Von dieser Stelle hat man einen großartigen Blick auf die Burgruine von Laaber und den historischen Ortskern. Hier befand sich einst der Burgstall auf dem Martinsberg. Weiter vorn finden wir noch ein eisernes Kreuz 7.

Wir gehen zurück und wenden uns nach links. Ein schmaler Trampelpfad bringt uns talwärts, welcher zwischen zwei Gebäuden hindurchführt. An der Straße weist uns „Ritter Wonnebold" den Weg nach links in den „Martinsweg". Unten an der Kreuzung schlendern wir geradeaus weiter in den „Weinbergweg". Nach einer kleinen Kapelle rechts gabelt sich der Weg. Wir nehmen den schmalen, gepflasterten Weg geradeaus weiter.

An dessen Ende wenden wir uns nach rechts und spazieren durch einen roten Turm. Wir erreichen den Marktplatz, wo sich auch eine lokale Brauerei und ein Brunnen mit Löwenfigur befinden 8.

Wir gehen nach rechts weiter und halten uns vor dem Marktladen links. Wir erblicken etwas erhöht die Kirche „St. Jakobus" und biegen nach der Sparkasse wieder rechts auf den Parkplatz ab.

Roter Turm

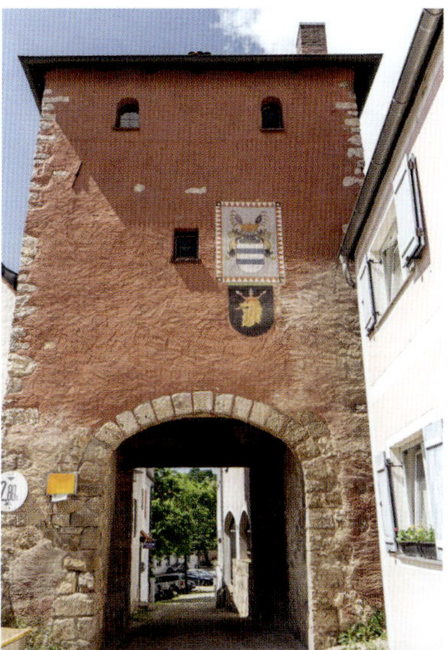

GOLDBERG

Auf verwunschenen Waldpfaden oberhalb der Naab nach Pielenhofen

TOUR 17

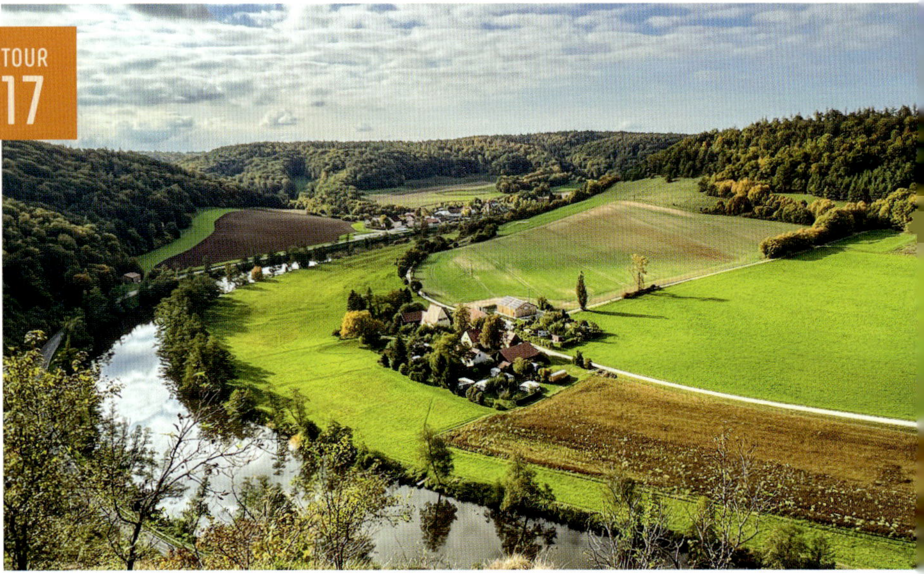

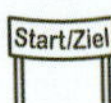

Kostenloser Parkplatz hinter dem Sportplatz des TV Etterzhausen links an der Ebenwieser Straße
Navi: TV 1912 Etterzhausen e. V., Ebenwieser Straße 10, 93152 Nittendorf / Etterzhausen

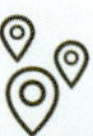

Goldberg – Drabafels – ehemaliger Steinbruch – Ebenwies – Zieglhof – Pielenhofen – Jägersteig – Penk – Räuberhöhle – Mariengrotte – Etterzhausen

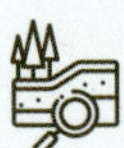

Hauptsächlich schmale Forstwege und Steige auf naturbelassenem oder losem Untergrund, in den Ortschaften auf Asphalt, Kondition und teilweise festes Schuhwerk erforderlich

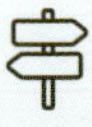

Blaues Dreieck (Waldverein Regensburg e.V.); Jurasteig (gelb-blau); Burgensteig (Ritter Wonnebold); rotes Dreieck (Waldverein Regensburg e.V.); rotes Rechteck (Waldverein Regensburg e.V.); W18 (blaues Rechteck)

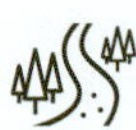

Eine malerische und abwechslungsreiche Wanderung auf verwunschenen Waldpfaden, gepaart mit großartigen Ausblicken über das Naabtal.

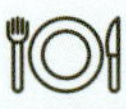

Klosterwirtschaft Pielenhofen
Klosterstraße 6, 93188 Pielenhofen
Tel. 09409 1525
www.klosterwirtschaft.de

Prösslbräu Adlersberg
Dominikanerinnenstraße 2–3
93186 Adlersberg
Tel. 09404 182
www.brauerei-adlersberg.com

 Foto: Panorama auf Deckelstein in Richtung Penk über der Naab vom Druidenplatz aus

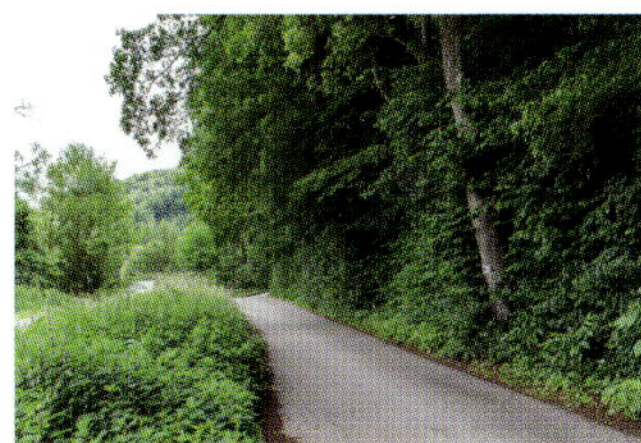

Startrichtung

schwer | 18,4 km | 370 Hm | 5:00 h

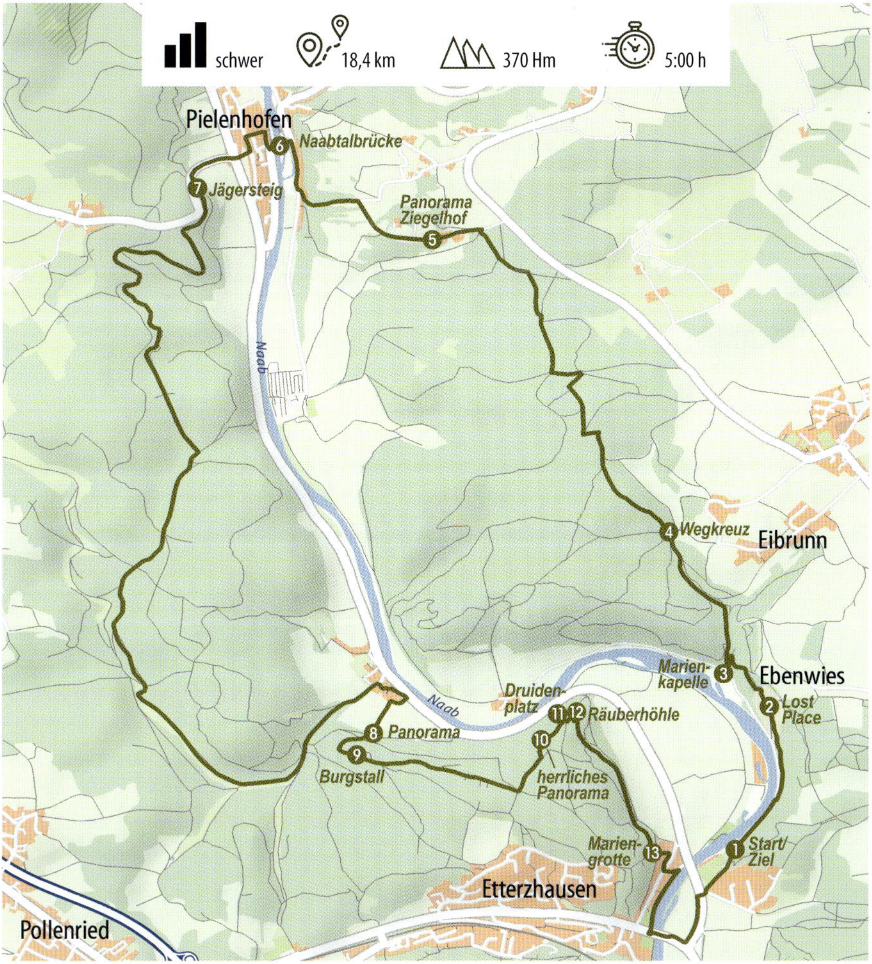

Pielenhofen
6 Naabtalbrücke
7 Jägersteig
Panorama Ziegelhof 5
Naab
4 Wegkreuz
Eibrunn
Marien-kapelle 3
Ebenwies
2 Lost Place
Druiden-platz 11 12 Räuberhöhle
10 herrliches Panorama
8 Panorama
9 Burgstall
Marien-grotte 13
1 Start/Ziel
Etterzhausen
Pollenried

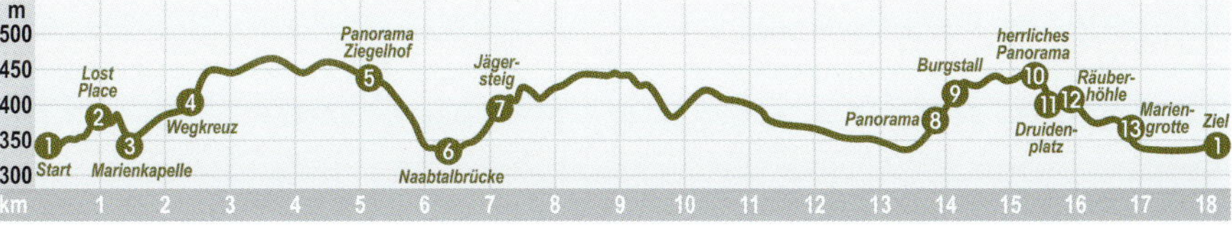

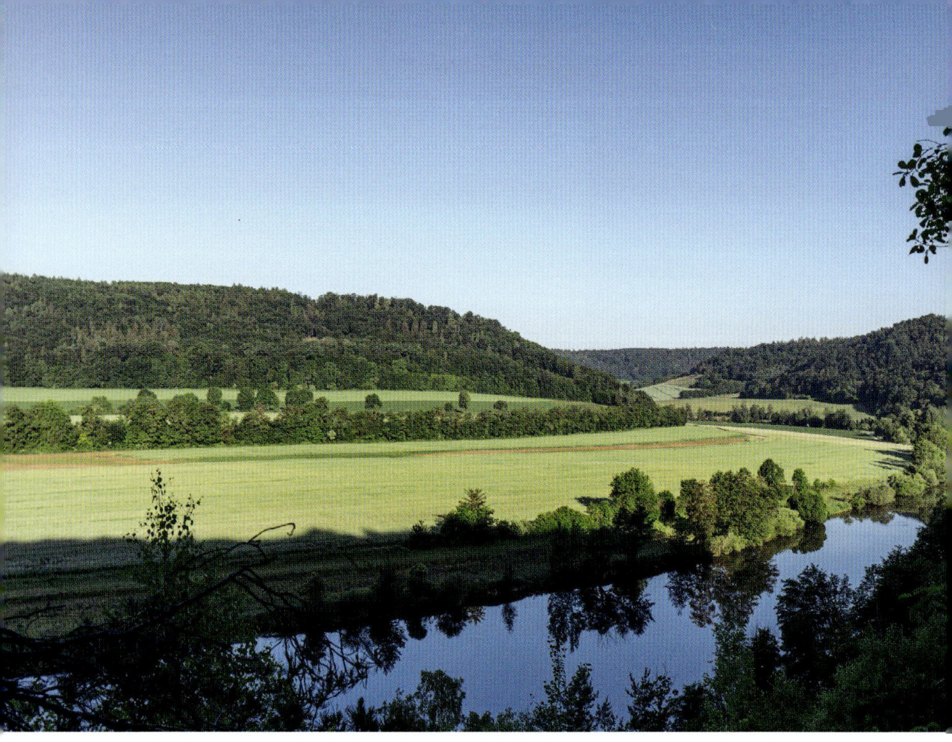

Panorama an der Naab beim ehemaligen Steinbruch Ebenwies

Vor uns liegt eine längere Runde entlang der Naab. Wir parken am Ortsausgang von Goldberg nach den Sportplätzen links direkt am Fluss. Hier wenden wir uns auf der schmalen Ebenwieser Straße nach links in Richtung Norden und folgen dem Hinweis „blaues Dreieck". Links von uns fließt uns die Naab entgegen und rechts erheben sich schroffe Formationen des Drabafelsens ①.

Nach etwa 400 Metern finden wir links von uns ein dreieckiges Schild, das uns vor herabfallenden Steinen warnt. Rechts von uns führt ein schmaler Trampelpfad rechts den Hang hinauf. Bei dichter Vegetation im Sommer kann der Einstieg etwas schwer zu erkennen sein. Für dieses Wegstück sind Trittsicherheit und am Ende auch der Einsatz von Wegstöcken von Vorteil. Uns erwarten Lost Places und großartige Panoramen.

Der leicht ansteigende schmale Pfad führt parallel zur Straße in Richtung des ehemaligen Steinbruchs der SE Ebenwies. Wir genießen zuerst einmal das herrliche Panorama über der Naab und passieren danach das scheinbar ehemalige Betriebsgebäude, das man als Lost Place bzw. Überreste aus vergangenen Tagen betiteln kann ②.

Wir folgen dem Trampelpfad, der rechts neben dem ehemaligen Betriebsgebäude entlangführt. Dieser schlängelt sich am Hang entlang. Nach etwa 200 Metern an einem hohen Baumstumpf, an der höchsten Stelle oberhalb von Ebenwies, wendet sich der steile, unbefestigte Pfad links den Berg hinab. Jetzt sind Trittsicherheit und der Einsatz von Stöcken sinnvoll, gerade wenn der Untergrund etwas feucht und rutschig ist.

Unser Ziel ist wieder die schmale Straße an der Naab bei Ebenwies. Es führen sowohl ein etwas weitläufiger Pfad mit einer Rechtsbiegung und dann einer Linkskurve als auch eine Treppe hinab zur Straße, die von einer kleinen Marienkapelle gekennzeichnet wird ③.

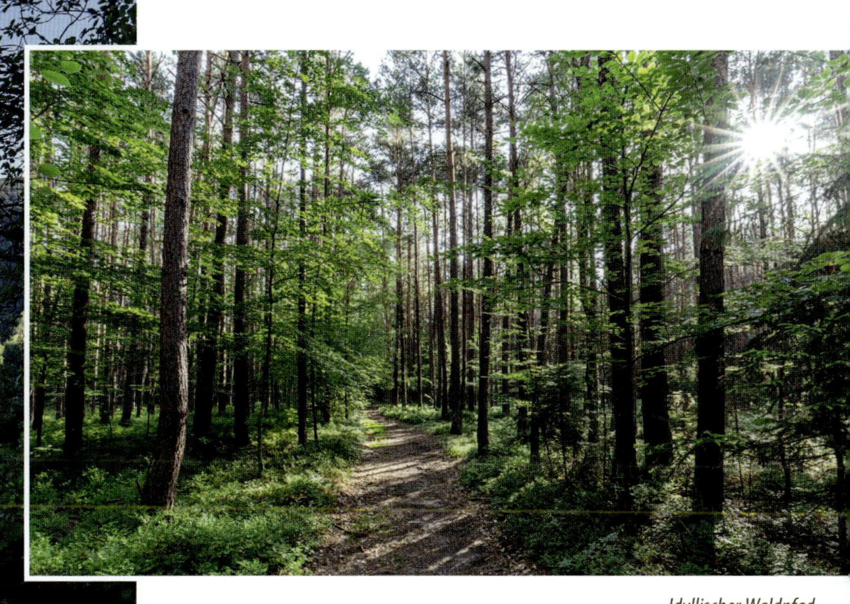

Idyllischer Waldpfad

Vor der Straße bzw. der Kapelle machen wir eine 180-Grad-Kehre und folgen dem Forstweg den Hang hinauf in nördlicher Richtung. Er ist mit „W18" und einem blauen Rechteck gekennzeichnet. Es handelt sich um den Zubringer zum Bergweg nach Pielenhofen. Nach knapp 300 Metern verlassen wir den geschotterten Pfad und biegen an einer Y-Gabelung nach links ab. Wir haben die Abzweigung des Bergwegs erreicht. Ab jetzt orientieren wir uns durch das Gehölz bis nach Pielenhofen am „roten Dreieck".

Auf den nächsten 4 Kilometern wechseln sich idyllische Forstwege mit verwunschenen Waldpfaden ab. Die Hinweise des „roten Dreiecks" sind jedoch sehr gut, so dass man sich im Prinzip nicht verirren kann. Nach 650 Metern erreichen wir eine Lichtung. Hier finden wir links, etwas versteckt, ein altes, verwittertes Wegkreuz 4.

Wir wenden uns nach links ab und folgen gemäß dem Wegweiser etwa nach 10 Metern dem Trampelpfad rechts, welcher einen durchaus steilen Anstieg hochführt. Wir spazieren auf dem verwunschenen Waldtrampelpfad durch das Waldgebiet noch immer in Richtung Norden und er-

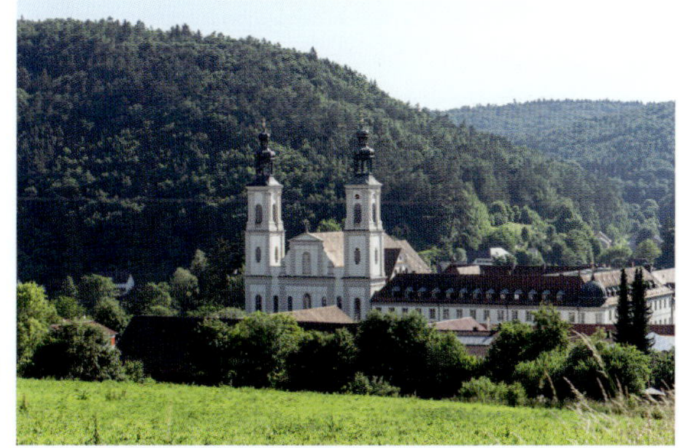

Blick zurück nach Pielenhofen

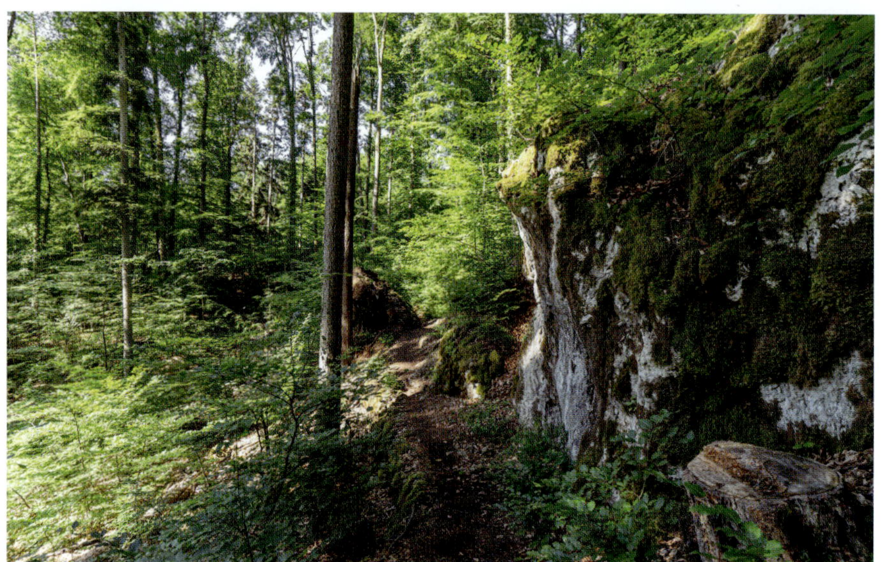

Auf dem Jägersteig

reichen nach 750 Metern eine Kreuzung. Wir erkennen breite, flache Baumstümpfe am Boden. An dieser Stelle vermissen wir das bekannte „rote Dreieck", und man könnte mutmaßen, dass sich der Hinweis ehemals an einem dieser nicht mehr vorhandenen Bäume befunden haben muss. Hier wenden wir uns nach links.

Nach 85 Metern erkennen wir links an einem Baum das „rote Dreieck", welches uns nach rechts auf einen weiteren schmalen Waldpfad lotst, der auch erneut sehr idyllisch ist. Nach 400 Metern folgen wir dem Hinweis, welcher uns eine U-Biegung durch das Gehölz vollziehen lässt. Der Trampelpfad verbreitert sich, und nach 155 Metern erreichen wir eine breite Kreuzung im Wald. Links befindet sich eine Sitzbank. Hier folgen wir dem „roten Dreieck" nach rechts in nördlicher Richtung. Wir befinden uns auf einem breiten, geschotterten Forstweg nordwärts und zweigen nach 320 Metern wieder links, gemäß der Beschilderung, auf einen schmalen Waldpfad ab.

Wir orientieren uns nordwestlich und erreichen nach etwa 650 Metern bei einem Tümpel das Ende des Waldgebiets und eine Teerstraße. Von nun an geht's bergab, und wir biegen auf der Straße nach links ab. Unser nächstes Etappenziel ist die Naabtalbrücke in Pielenhofen, die sich etwa in 1,45 Kilometern Entfernung befindet. Bis dahin passieren wir die Einöde Zieglhof und genießen auf der Straße talwärts ein großartiges Panorama 5.

Über den „Zieglhofweg" biegen wir in Pielenhofen ein in die „Naabtalstraße" und erreichen wenig später rechts die Naabtalbrücke, welche wir überqueren wollen 6.

Dort haben wir einen wunderbaren Blick über den Fluss und die beiden Türme des Klosters. Am Ende der Brücke wenden wir uns nach links in Richtung Kloster. Die Klosterwirtschaft lohnt sich für eine kulinarische Stärkung. Wir lassen das Gotteshaus rechts liegen und spazieren auf der „Klosterstraße" durch den Torbogen nach links. Hier finden wir unseren nächsten Hinweis. Es handelt sich erneut um das „rote Dreieck". Am Ende der „Klosterstraße" überqueren wir aufmerksam die „St 2165" und gehen den Anstieg hoch in Richtung Münchsried. Je höher wir steigen, umso schöner wird hinter uns der Blick über das Naabtal und über die Ortschaft Pielenhofen. Nach 270 Metern verlassen wir die „Münchsrieder Straße"

und wenden uns gemäß der zahlreichen Wegweiser am „Buchenberg" nach links. Wir bleiben nur etwa 70 Meter auf dem geschotterten Weg. Dann zweigt rechts der „Jägersteig" ab. Es handelt sich um einen schmalen Trampelpfad, der sowohl mit dem „roten Dreieck" („W21") als auch dem bekannten „Jurasteig"-Symbol markiert ist. Dieses weist uns den Weg bis nach Etterzhausen 7.
Der wundervolle schmale Trampelpfad schlängelt sich idyllisch am Hang zwischen Abgrund und Felsen entlang. Nach etwa einem Kilometer haben wir die erste Hälfte des „Jägersteigs" bewältigt. Wir erfahren, dass der „Jurasteig" bis Penk uns noch 3,1 Kilometer leitet. Wir wenden uns nach links und verlassen den geschotterten Weg bereits wieder nach 270 Metern. Hier zweigt die zweite Hälfte des „Jägersteigs" nach links ab. Der Einstieg ist leicht zu übersehen. An einem Baumstamm finden wir die bekannten Hinweise des „Jurasteigs" und „roten Dreiecks".
Auch dieser Abschnitt bereitet uns wieder großen Spaß. Diese Etappe endet nach 1250 Metern an einem breiten Schotterweg. Hier spazieren wir nach rechts weiter. Kurz darauf erreichen wir eine Weggabelung, welche wie ein Dreieck wirkt. Hier gehen wir leicht ansteigend geradeaus und dann wenig später an einer weiteren Kreuzung nach rechts. Hier finden wir zahlreiche Wanderhinweise an einem Baumstumpf. Nach 400 Metern kreuzen wir erneut einen Weg. Wir finden an einem breiten Baumstamm zahlreiche Hinweise. Wir verlassen den Schotterweg und schlendern geradeaus weiter auf dem weichen Waldboden. Dabei halten wir uns neben dem Jurasteig auf dem nächsten Wegstück auch an das „rote Dreieck" des „W21"-Wegs. Die nächsten 2,5 Kilometer bleiben wir auf dem Weg, welcher sich wenig später wieder in einen Schotterweg wandelt. Dieser Streckenabschnitt ist sehr idyllisch und lädt zum Träumen ein, während wir leicht auf und ab hinunter in ein verwunschenes Tal entlang des Windsbergs und Steinbuckels wandern. Je weiter wir ins Tal gelangen und uns Penk nähern, ums mehr orientieren wir uns in nordöstlicher Richtung am „Jurasteig". Denn erst biegt das „rote Dreieck" nach rechts ab, doch wir gehen geradeaus weiter. Danach mün-

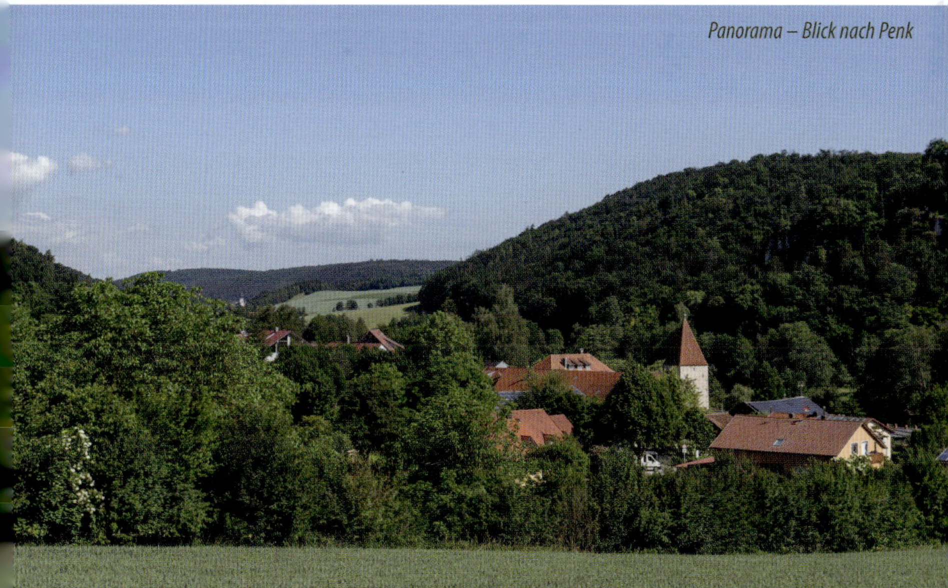
Panorama – Blick nach Penk

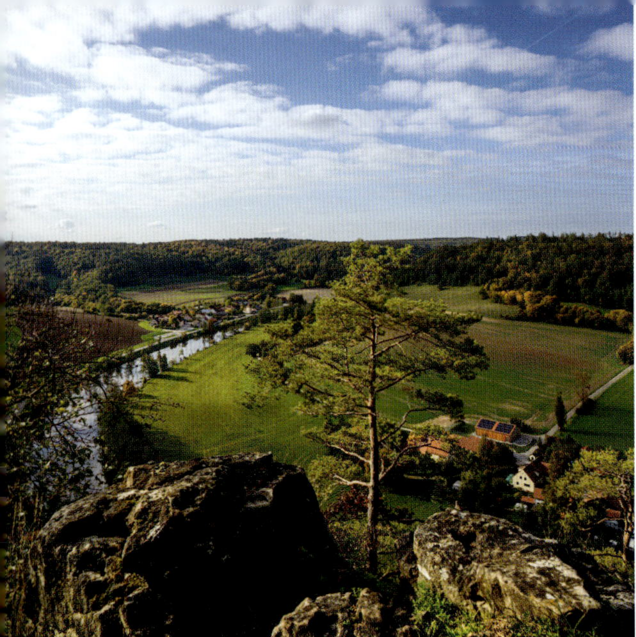

Beim Druidenplatz mit Blick in Richtung Penk

det unser Forstweg in einen festen, leicht geschotterten, von links herabkommenden Weg. Bis zur nächsten Ortschaft halten wir uns neben dem Jurasteig auch an das blaue Rechteck „W16 Penk". Einige Minuten später erreichen wir die Ortschaft Penk. Auf der Teerstraße wenden wir uns vor dem Gut Löweneck bei der Brücke nach rechts und folgen den Hinweisen. Nach dem Gebäude eines Gasthauses zweigt der Jurasteig nach rechts ab und führt hinten herum vorbei. Auf dem Hinweis ist bereits unser nächstes Etappenziel, die Räuberhöhle, in etwas mehr als 2 Kilometern notiert. Wir orientieren uns nach rechts auf den Feldweg, welcher hoch zum Waldstück führt. Wie vorher versüßen wir uns den Anstieg mit einem atemberaubenden Panorama 8.

Oben angekommen, kann es auf dem feuchten, weichen Waldboden etwas rutschig sein. Wir halten uns an die Zeichen des Jurasteigs und des „roten Rechtecks" leicht nach rechts und sammeln weiter Höhenmeter. Kurz darauf halten wir uns links und setzen unseren Aufstieg auf dem Waldpfad in westlicher Richtung fort. Nach ein paar weiteren ansteigenden Metern passieren wir eine Bank mit einem Schild, welches uns darauf hinweist, dass sich hier der Burgstall Löweneck befand 9.

Wenn man dem Pfad folgt, findet man aber nicht mehr viele Überreste. Unsere Orientierung ist noch immer der „Jurasteig", aber auch das „rote Rechteck". Diesen beiden Hinweisen folgen wir bis nach Etterzhausen. Wenige Meter folgen wir den Wegweisern an einer Gabelung nach links, etwas abfallend den Hang hinab. Entlang der nächsten 800 Meter auf dem Pfad durch den Etterzhausener Wald unterhalb des Kühbergs kommen wir an beeindruckenden Felsformationen vorbei. Dann erreichen wir eine breite Kreuzung. Hier weisen uns die Wegweiser nach links auf einen breiten Pfad. Nicht verpassen dürfen wir die Abzweigung nach links nach etwa 230 Metern. Sie wird unter anderem auch markiert von einer Sitzbank. Unser Weg zur Räuberhöhle führt links daran vorbei. Auf den nächsten 350 Metern bis zur Räuberhöhle erhalten wir großartige Möglichkeiten, um unseren Blick in die Ferne schweifen zu lassen. Die erste ist markiert von zwei großen, kahlen Baumstämmen. Dahinter hat man ein herrliches Panorama 10.

Danach geht es hinunter und hinüber zum ehemaligen Wachturm der Burg Löweneck. Dieser Ort ist auch bekannt als Druidenplatz. Einige Turmreste kann man noch besichtigen 11.

Unter uns befindet sich bereits die Räuberhöhle. Der schmale Trampelpfad führt uns in südlicher Richtung hinab. Hier lohnt sich festes Schuhwerk.

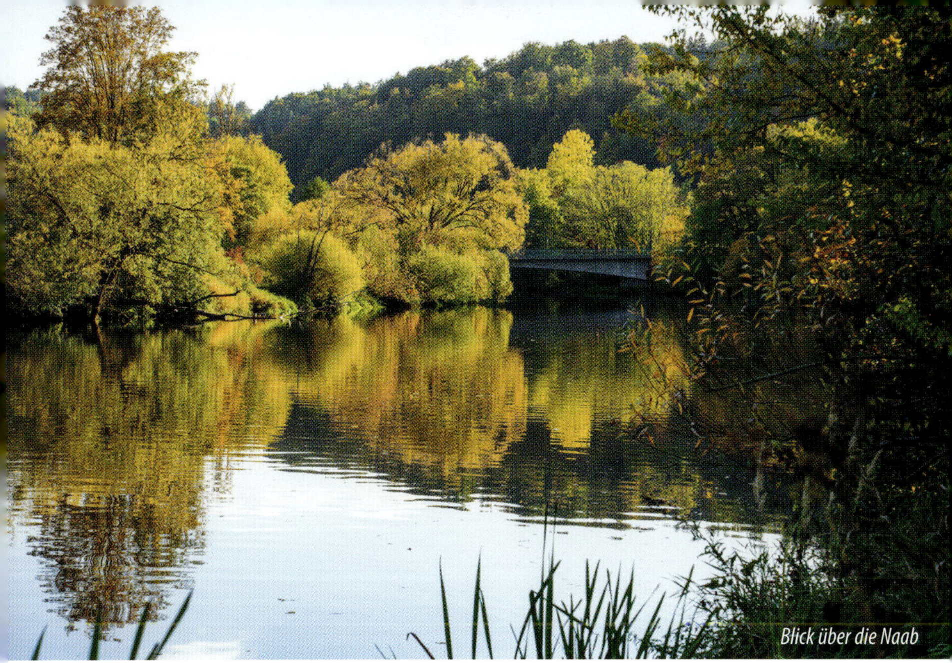
Blick über die Naab

Etwas unterhalb des Turmes finden wir den Jurasteig-Hinweis, dass sich die Räuberhöhle 50 Meter links von uns befindet. Diese wollen wir uns nicht entgehen lassen ⓬.

Vom Eingang der Höhle gehen wir zurück in südlicher Richtung. Der Jurasteig und das „rote Rechteck" befinden sich leicht oberhalb des Weges. Diesen Weg wählen wir, auch wenn man geneigt ist, dass man dem breiten Forstweg gerade hinab talwärts folgt. Der schmale Trampelpfad des Jurasteigs und „roten Rechtecks" ist aber charmanter und behält noch ein kleines Highlight für uns parat. Es macht große Freude, auf dem schmalen Trampelpfad zu schlendern, welcher nach 550 Metern einen geschotterten Forstweg kreuzt. Wir bleiben auf dem Jurasteig und gehen etwas versetzt geradeaus weiter. Nach 270 Metern erreichen wir in südlicher Richtung die Mariengrotte ⓭.

Der Pfad endet links vor einem Haus in der „Bischof-Rudolf-Straße", welche an der „Amberger Straße" endet. Wir überqueren diese und biegen links in den „Platz zur Alten Brücke". An der Naab biegen wir rechts in den „Uferweg" und folgen immer noch dem „Jurasteig". Dieses letzte Stück spazieren wir entlang der Naab in Richtung Brücke B8 (Nürnberger Straße, St 2660) und genießen die maritime Atmosphäre. Etwas versteckt finden wir rechts das Schloss Etterzhausen. Wir gehen unter der Brücke hindurch und ziehen unsere Köpfe ob der knappen Höhen ein und gehen an der Seite rechts die Stufen hoch. Wir überqueren mit größter Vorsicht die vielbefahrene „B8" und die Naab und lassen unseren Blick durch das Tal schweifen. Am Ende der Brücke finden wir einen schmalen Radweg und biegen an der Kreuzung links ab in Richtung Goldberg. Wir gehen an dem hölzernen Bushäuschen vorbei, folgen dem bereits bekannten „blauen Dreieck" vom Beginn der Runde und schlendern nach 190 Metern rechts durch die Unterführung der St2165. Danach wenden wir uns nach links und wandern für 300 Meter nach Norden auf der „Ebenwieser Straße" und stehen wieder vor dem Sportgelände, an dessen Ende sich unser Auto befindet.

JACHENHAUSEN

„Wellness fürs Hirn" auf der Altmühl-Panoramatour

TOUR 18

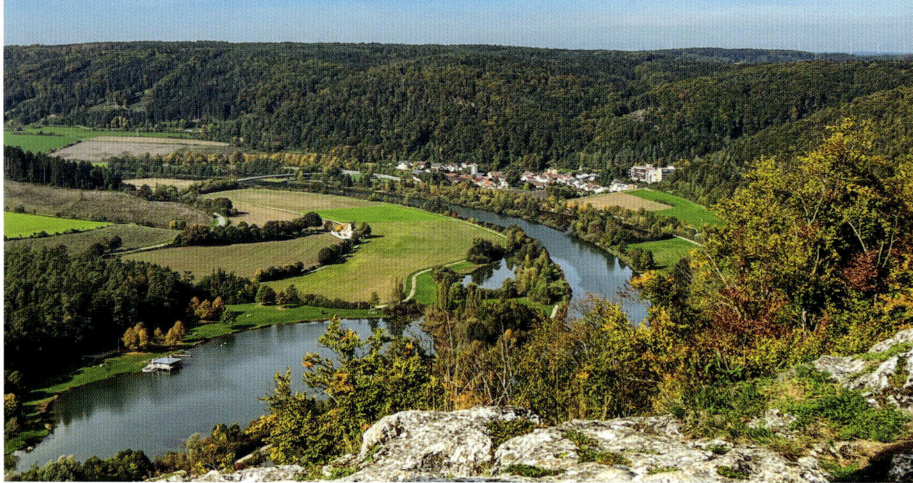

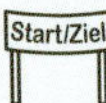

Direkt am Kirchplatz in Jachenhausen, bzw. am Seitenstreifen nahe der Kirche
Navi: Kirchplatz 3,
93339 Riedenburg – Jachenhausen

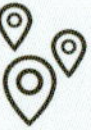

Jachenhausen – Schaitdorf – Dieterzhofen – Schwammerl – Riedenburg – Schneiderkapelle – Drachenfliegerrampe / Teufelsfelsen – Falkenhorst

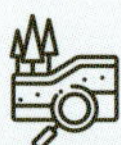

Überwiegend naturbelassene Wanderwege oder Steige im Wald auf losem Untergrund oder Kies, festes Schuhwerk ist sinnvoll

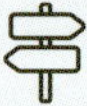

Altmühl-Panoramaweg Schlaufe 25 Riedenburg (blau-gelb); Altmühl-Panoramaweg (rot-gelb); Jurasteig Naturpark Altmühltal (Nr. 11 / Nr. 13); Riedenburger Klangweg

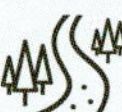

Auf dieser Runde gönnen wir uns eine Portion „Wellness fürs Hirn" auf dem Altmühl-Panoramaweg zwischen Jachenhausen und Riedenburg.

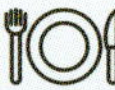

Gasthof – Pension – Partyservice „Zur Linde"
Obere Dorfstraße 4
93339 Jachenhausen
Tel. 09442 1668
www.schneider-jachenhausen.de

 Foto: Aussicht beim Teufelsfelsen über den Main-Donau-Kanal

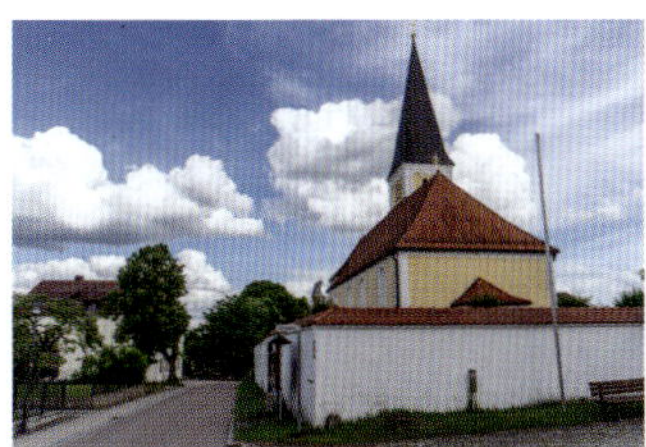

Startrichtung

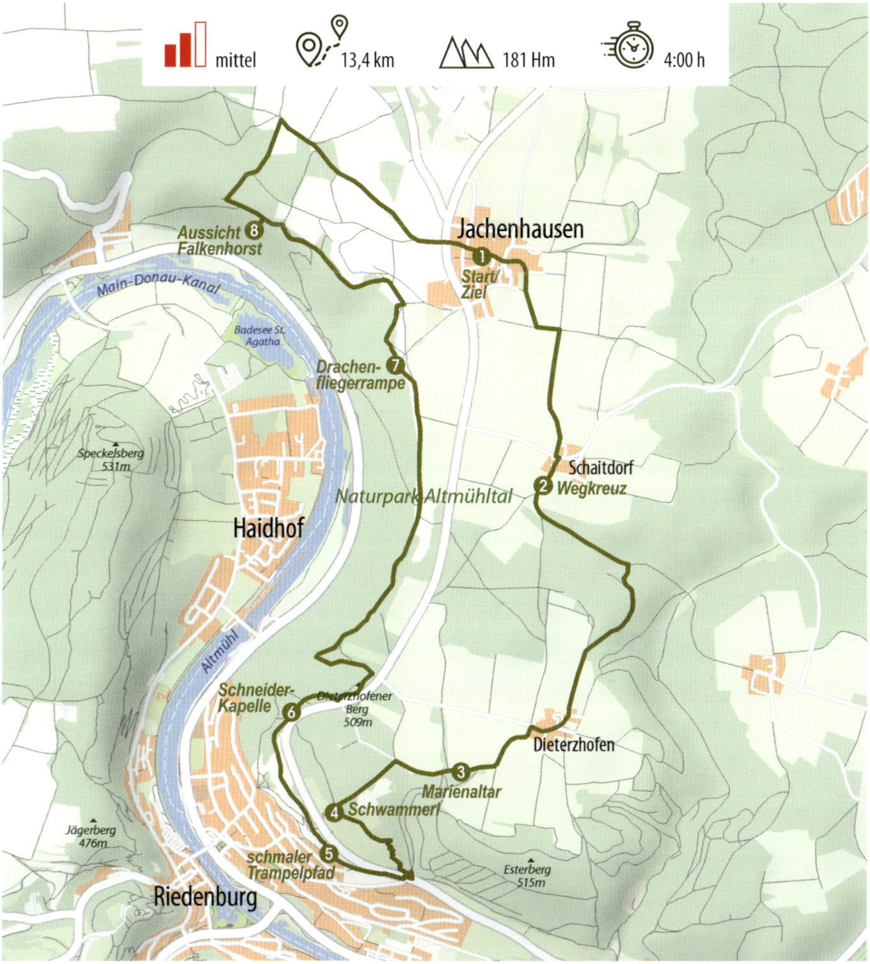

mittel | 13,4 km | 181 Hm | 4:00 h

Jachenhausen
1 Start/Ziel
2 Wegkreuz
Schaitdorf
3 Marienaltar
Dieterzhofen
4 Schwammerl
5 schmaler Trampelpfad
6 Schneider-Kapelle
7 Drachen-fliegerrampe
8 Aussicht Falkenhorst
Main-Donau-Kanal
Badesee St. Agatha
Speckelsberg 531m
Naturpark Altmühltal
Haidhof
Altmühl
Dieterzhofener Berg 509m
Jägerberg 476m
Esterberg 515m
Riedenburg

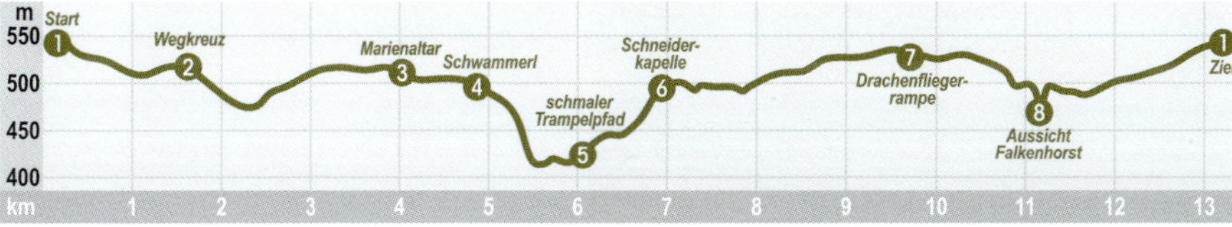

Diese Runde beginnen wir passend mit einer Portion geistigen Beistands direkt an der Pfarrkirche am „Kirchplatz" in Jachenhausen. Wir starten am „Kirchplatz" und biegen dort rechts in östlicher Richtung in die „Untere Dorfstraße" 1.

Diese mündet in den „Rieder Weg" und macht eine 90-Grad-Kurve nach Süden. Wir befinden uns auf einem Radweg. Nach 250 Metern macht die schmale Teerstraße eine 90-Grad-Linkskurve. Vor uns erblicken wir die Ortschaft „Schaitdorf" und nehmen nach 100 Metern die geschotterte Abzweigung nach rechts. Nach 700 Metern endet der Schotterweg in diesem kleinen Dorf. An der Straße wenden wir unseren Blick nach links und gehen unmittelbar hinter der Bushaltestelle quasi etwas versetzt in südlicher Richtung weiter. Am Ortsausgang verwandelt sich die Straße in einen leicht abfallenden Schotterweg. Wir passieren eine Baumgruppe, in deren Mitte ein farbenprächtiges Wegkreuz steht 2.

Einen kurzen Moment später macht der Weg eine Y-Gabelung. Wir nehmen den linken Weg und halten uns dann rechts auf dem Schotterweg, welcher in südöstlicher Richtung leicht abfallend in den Wald hineinführt.

Wir folgen dem schmalen, geschotterten Forstweg in den idyllischen Wald. Nach etwa 650 Metern zweigt rechts ein Schotterweg ab, welcher einen kurzen Anstieg hochführt. Es wirkt, als ob wir linker Hand eine Doline überqueren.

In diesem dichten Waldgebiet können die GPS-Koordinaten recht schwanken. Obwohl die Wege nicht markiert sind, kann man sich aber kaum verlaufen. Nach etwa 100 Metern halten wir uns an einer Weggabelung links und folgen dem wunderbaren, malerischen Pfad durch den Wald für weitere 500 Meter. Wir passieren eine ungewöhnliche Bank aus Paletten, und schon bald endet unser Pfad an einer Kreuzung am Waldrand. Dort biegen wir auf den Feldweg links und erreichen schon bald nach einem leichten Anstieg Dieterzhofen. Dort gehen wir auf der schmalen Straße geradeaus weiter durch das kleine Dorf. Die kleine Kapelle lassen wir links liegen und biegen am Ortsausgang direkt vor dem Ortsschild scharf nach links auf den Schotterweg. An einer Scheune finden wir den Weghinweis „Riedenburg" sowie die Nr. 11 des Jurasteigs Naturpark Altmühltal. Wir folgen der Beschilderung für etwa 600 Meter in südwestlicher Richtung, ohne irgendwo abzuzweigen, und kommen an einem kleinen Marienaltar vorbei 3.

Dort finden wir auch den Hinweis auf den Aussichtspunkt „Schwammerl Schullandheim". Nach weiteren 260 Metern gelangen wir an eine Kreuzung. Dort biegen wir den Hinweisen folgend auf die Teerstraße nach links ab. Unser Weg führt uns direkt am Gelände des Schullandheims vorbei. Schließlich erblicken wir vor uns das „Schwammerl". Die Aussicht auf Riedenburg und die wunderschöne Landschaft entlang des „Main-Donau-Kanals" raubt einem bei schönem Wetter schier den Atem. Von nun an heißt es „Wellness für die Augen und fürs Hirn" 4.

Links vom „Schwammerl" folgen wir unterhalb des Funkmastens der blau-gelben Beschilderung

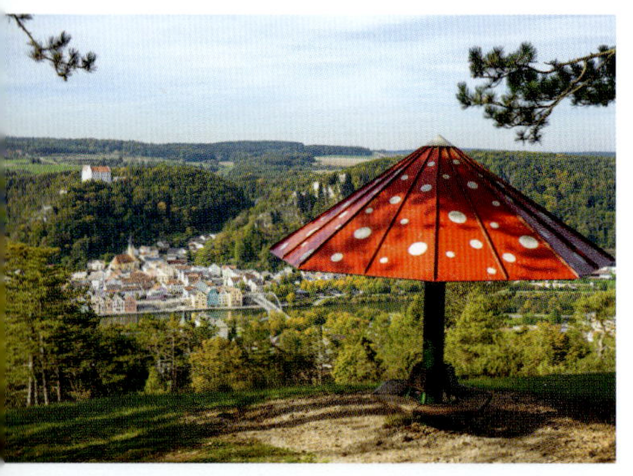

Schwammerl-Aussicht

„Riedenburg 25". Der schmale Trampelpfad bringt uns im Zick-Zack-Kurs hinab ins Tal, während wir das beeindruckende Panorama auf uns wirken lassen. Schließlich stehen wir oberhalb einer vielbefahrenen Kreuzung der „KEH 13", die wir wenig später überqueren müssen. Unser Weg ist etwas versteckt. Der schmale Trampelpfad befindet sich hinter dem weißen Straßenschild „Sommerrodelbahn" parallel zur Straße. Nach 100 Metern biegen wir bei einer Schranke und einem „Durchfahrt verboten"-Schild links auf einen leicht geschotterten Wiesenweg, welcher leicht ansteigend den Hang entlangführt. Wir befinden uns auf einem mehrfach markierten Wegabschnitt (Riedenburg 25,11 und 13). Nach ungefähr 320 Metern entdecken wir links an einem Gartentor ein verwittertes Schild mit der Aufschrift „Warnung" und einer schwarzen Christus-Figur auf einer weißen Säule. Hier nehmen wir rechts den schmalen Trampelpfad, welcher schräg den Hang hinaufführt 5. Auf diesem etwa 30 cm schmalen Trampelpfad, welcher sich unmarkiert permanent leicht anstei-

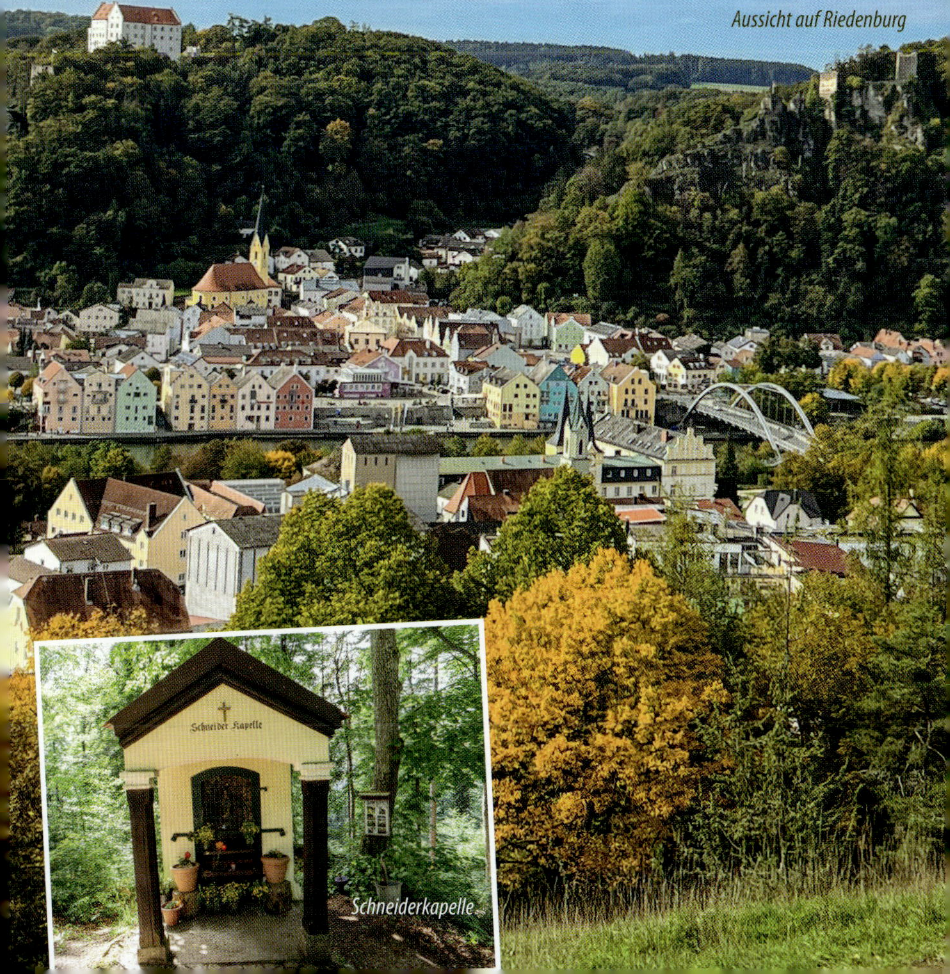

Aussicht auf Riedenburg

Schneiderkapelle

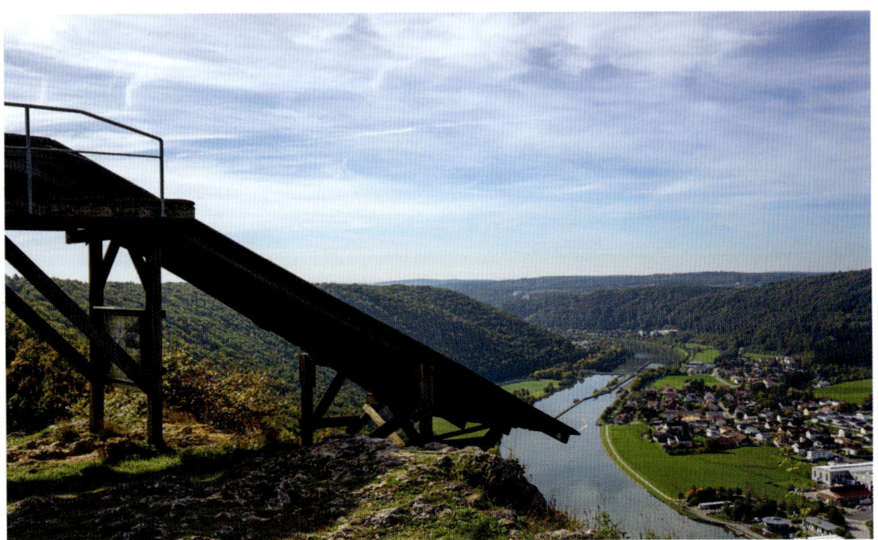

An der Drachenfliegerrampe

gend den Hang hinaufwindet, bleiben wir bis zu unserem nächsten Zwischenziel, der „Schneiderkapelle". Das herrliche Panorama lässt uns nicht mehr los. Nach etwa 500 Metern erreichen wir eine Weggabelung. Hier finden wir rechts an einem Baum Hinweise zur „Schneiderkapelle" und zum „Teufelsfelsen".

Wir biegen nicht talwärts ab, sondern setzen unseren Aufstieg stetig nach oben fort, denn die Aussicht auf Riedenburg ist umwerfend. Wir befinden uns noch immer auf dem schmalen Trampelpfad und können uns auch auf Holzbänken kurz ausruhen. Schließlich lassen wir Riedenburg hinter uns. Der Pfad macht eine Rechtsbiegung, und es geht zwischen Büschen und Stauden hindurch sowie an Felsen vorbei. Unterhalb der kleinen Kapelle stößt der „Altmühl-Panoramaweg" wieder zu uns. Doch zuerst gehen wir rechts herum und betrachten das kleine Gotteshaus, die „Schneiderkapelle" 6.

Von nun an folgen wir ausschließlich dem „Altmühl-Panoramaweg-Hinweis", welchen wir rechts von uns an einem Baum finden, wenn man vor der Kapelle steht. Wir setzen unseren Weg auf dem Panoramaweg auf dem Waldboden in nordöstlicher Richtung fort. Es zweigen immer wieder Pfade links und rechts ab; wenn man sich im Schatten des Waldes an die Beschilderung hält, kann man sich kaum verirren. Grundsätzlich ist der „Altmühl-Panoramaweg" sehr gut beschildert. Unsere Akkus sind mit frischer Energie vollgetankt, so können wir unsere Wanderung auf festem Waldboden in nordöstlicher Richtung fortsetzen. Während wir den Hinweisen folgen, passieren wir nach etwa 1,5 Kilometern einen eindrucksvollen, markanten Baum auf offener Wiese. Wir spazieren auf dem Wiesenweg noch für etwa einen Kilometer in Richtung Teufelsfelsen. Kurz nachdem wir ein schwarzes Wegkreuz passiert haben, erblicken wir schon bald links eine eindrucksvolle, mächtige Startrampe für Drachenflieger, die sich hier am Teufelsfelsen waghalsig in die Tiefe stürzen 7.

Auch an dieser Stelle genießen wir Wellness für die Augen und den Geist, denn die Aussicht und das Panorama sind schlichtweg umwerfend. Wir setzen unseren Weg in nördlicher Richtung auf dem Wiesenweg fort und orientieren uns weiterhin am rot-gelben Hinweis des Altmühl-Panoramawegs. Eine weitere Portion Panorama-Wellness wartet mit dem Falkenhorst noch auf uns. Wir schlendern über saftige Wiesen und feste

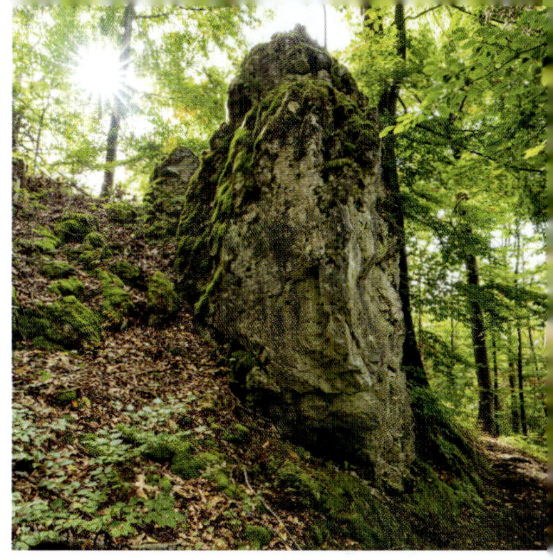

Felsen unterhalb der Schneiderkapelle

Waldböden. Etwas aufpassen muss man nach etwa 800 Metern! Hier muss man dem Panorama-Wegweiser zwingend nach links, einen schmalen Pfad den Hang hinab, folgen, obwohl man geneigt ist, oben gerade weiterzugehen.
Nach etwa weiteren 400 Metern erreichen wir den Vorplatz des Aussichtspunktes Falkenhorst. Ein Baumstumpf markiert den Ort. Von hier zweigt ein schmaler, etwas holpriger Pfad etwa 30 Meter nach links hinab zum Aussichtspunkt. Die Aussicht ist wieder atemberaubend schön 8. Wir gehen zurück und setzen unseren Weg für etwa 200 Meter auf dem Panoramaweg fort. Dieser würde nun ein weiteres Mal links abzweigen, doch nun verlassen wir den beschilderten Pfad und gehen noch kurz gerade weiter. Vor uns sehen wir eine geschotterte Kreuzung. Hier nehmen wir den Schotterweg nach rechts, in Richtung Norden. Wir folgen dem Schotterweg durch das Waldstück für etwa 550 Meter. Dann gelangen wir an eine etwas verzweigte Kreuzung. Wir nehmen aber die erste Abzweigung nach rechts, in südöstlicher Richtung.

Der geschotterte Feldweg bringt uns direkt nach Jachenhausen. Nach etwa 550 Metern wird aus dem Schotterweg eine schmale Teerstraße. Wir erkennen bereits den Kirchturm von Jachenhausen und erreichen unser Ziel nach einem weiteren halben Kilometer. Nachdem wir die Hauptstraße ein weiteres Mal überquert haben, kommen wir über die „Untere Dorfstraße" wieder am „Kirchplatz" an.

Aussicht Falkenhorst

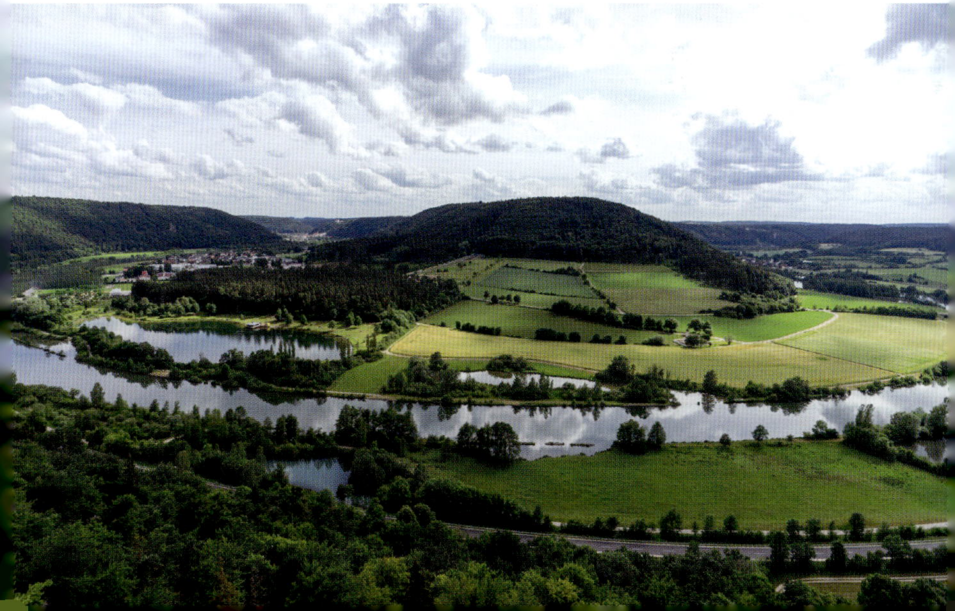

KELHEIM

Auf verwunschenen Pfaden von der Befreiungshalle zum Kloster Weltenburg

TOUR 19

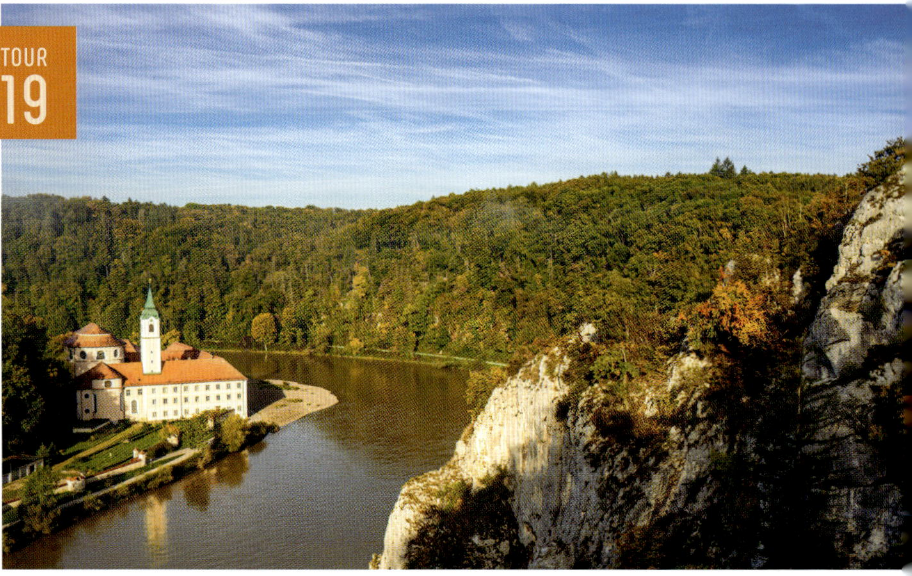

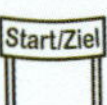

Teilweise kostenpflichtiger Parkplatz an der Befreiungshalle in Kelheim
Navi: Befreiungshalle Kelheim; Befreiungshallestraße 3, 93309 Kelheim

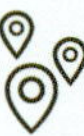

Befreiungshalle Kelheim – Klösterl – Kanzel – Lange Wand – (Anlegestelle Seilfähre Weltenburg) – Keltenwall – Martersäule – Kanzel

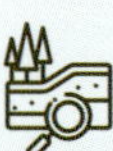

Entlang der Donau abschnittsweise Asphalt, ansonsten schmale, naturbelassene Steige oder Wanderwege im Forst auf Kies oder losem Untergrund, Schwindelfreiheit und festes Schuhwerk sinnvoll

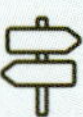

Rotes Rechteck (W 60 / W 59; Waldverein Regensburg); rotes Dreieck (III; Weltenburger Enge), Altmühltal-Panoramaweg (rot, gelb), Jakobsweg (gelb-blau);
I Donauroute; II Waldroute, VI Michelsberg-Rundweg (grün); „E 8" (rot)

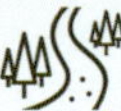

Eine unglaublich eindrucksvolle Runde zurück in die Vergangenheit zwischen Kelheim und Weltenburg. Wir wandeln auf verwunschenen Waldpfaden und an der Donau auf den Spuren von Ludwig I. von Bayern, den Benediktiner-Mönchen sowie den Kelten. Die Runde beinhaltet einige Auf- und Abstiege, weshalb festes Schuhwerk, Wanderstöcke, Tritt- & Schwindelfreiheit vorteilhaft sind – entschädigt wird man mit einer einmaligen und unfassbar beindruckenden Landschaft.

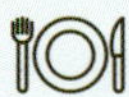

Gasthof Stockhammer – Ratskeller
Am oberen Zweck 2, 93309 Kelheim
Tel. 094 41 700 40
www.gasthof-stockhammer.de

Gasthof Berzl
Hafnergasse 2, 93309 Kelheim
Tel. 09441 1425
www.gasthof-berzl-kelheim.de/index.html

 Foto: Panorama zum Kloster Weltenburg

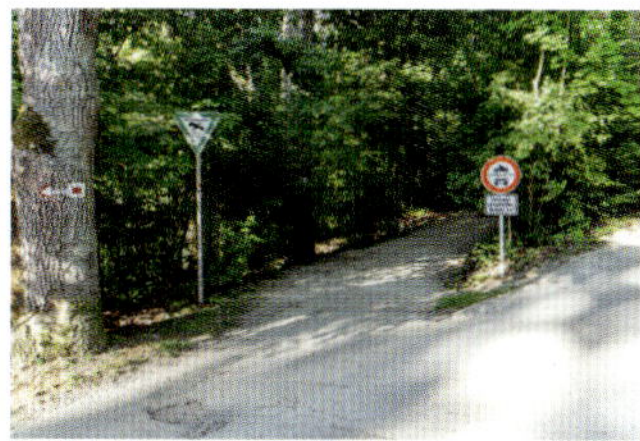

Startrichtung

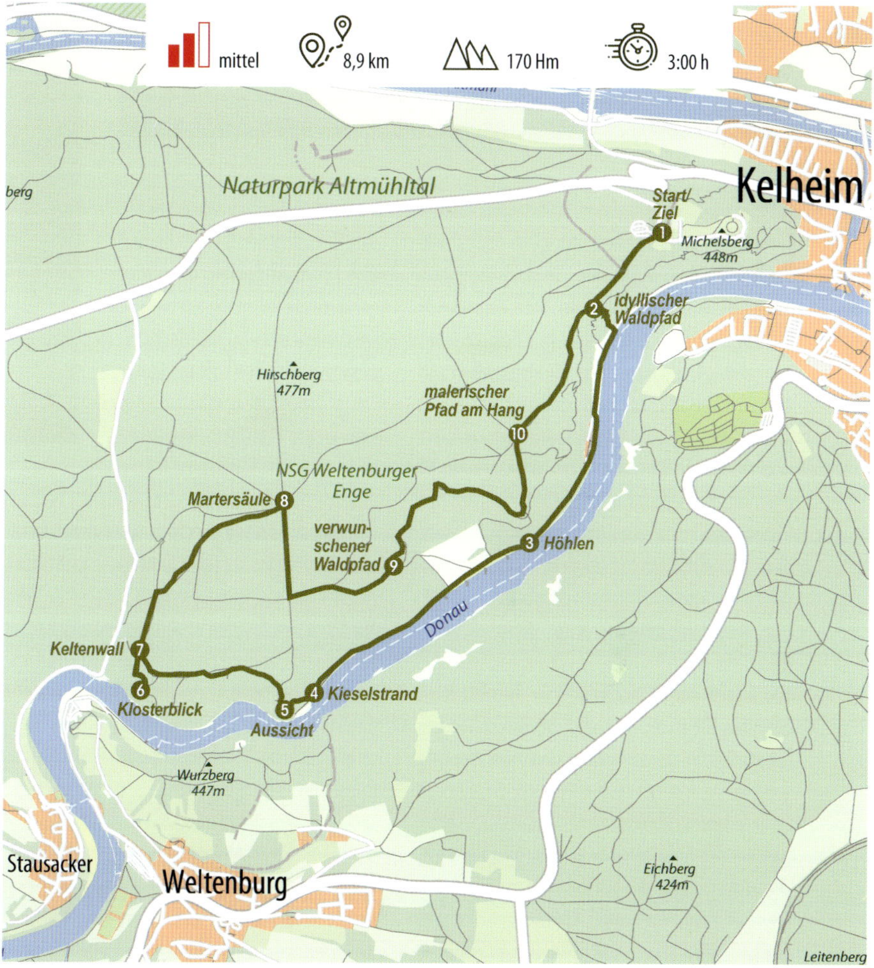

mittel | 8,9 km | 170 Hm | 3:00 h

Naturpark Altmühltal
Kelheim
Start/ Ziel (1)
Michelsberg 448m
(2) idyllischer Waldpfad
Hirschberg 477m
malerischer Pfad am Hang (10)
NSG Weltenburger Enge
Martersäule (8)
verwunschener Waldpfad (9)
(3) Höhlen
Donau
Keltenwall (7)
(6) Klosterblick
(5) Aussicht
(4) Kieselstrand
Wurzberg 447m
Stausacker
Weltenburg
Eichberg 424m
Leitenberg

Höhenprofil (m / km): Start (1) – idyllischer Waldpfad (2) – Höhlen (3) – Kieselstrand (4) – Aussicht (5) – Klosterblick (6) – Keltenwall (7) – Martersäule (8) – verwunschener Waldpfad (9) – malerischer Pfad am Hang (10) – Ziel (1)

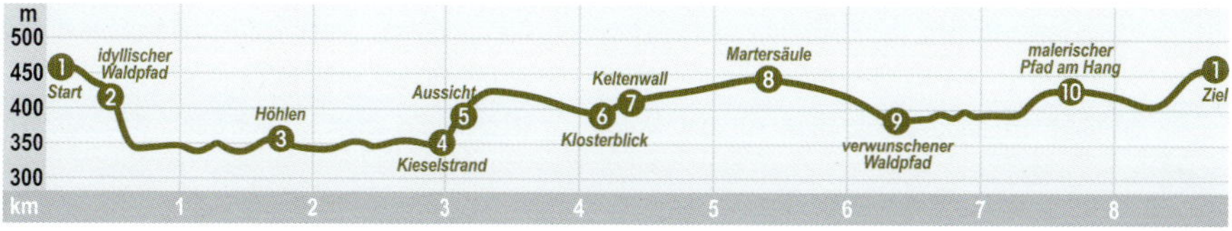

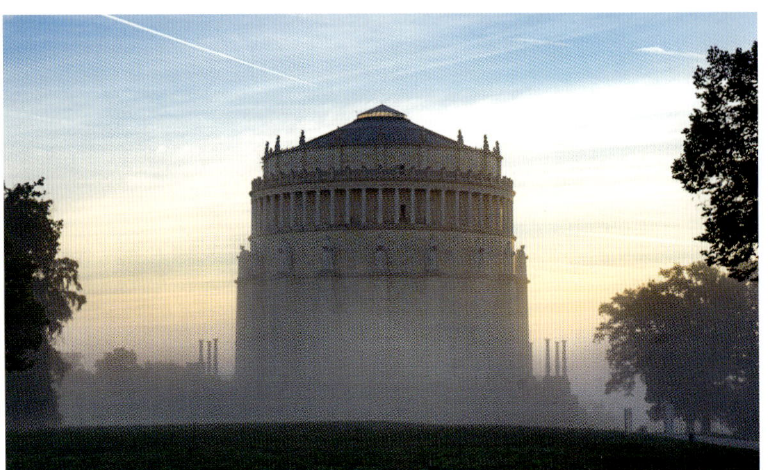

Befreiungshalle

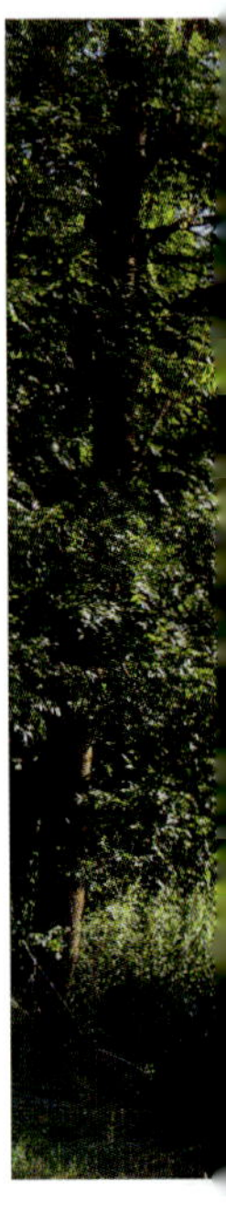

Gerade in den Frühlings- & Sommermonaten ist der Parkplatz neben der Befreiungshalle meist kostenpflichtig. Je nach Belieben kann man zu Beginn oder am Ende eine Runde um das berühmte Monument machen, welches von Ludwig I. von Bayern in Auftrag gegeben und in den Jahren 1842 bis 1863 auf dem Michelsberg oberhalb der Stadt Kelheim in Niederbayern errichtet wurde. Wir tauchen ein in unsere Runde oberhalb des Besucherzentrums. Wir wählen den festen, geschotterten Forstweg links zwischen dem Schild „Naturschutzgebiet" und dem Hinweis „Forstwirtschaftlicher Verkehr frei" in Richtung Kloster Weltenburg (rotes Rechteck, W59) ❶.

Wir folgen dem Schotterweg in südwestlicher Richtung für etwa 260 Meter. Am linken Wegesrand finden wir einen Holzpfahl mit vier Wegweisern, die nach rechts zeigen. Wir wählen aber den unbefestigten, idyllischen Waldpfad links davon, welcher den Hang hinab in Richtung Tal führt ❷. Die ersten 100 Meter auf dem abfallenden, teilweise etwas unwegsamen Pfad sind noch relativ gut begehbar, aber je näher wir uns einer Doline nähern, umso wichtiger sind festes Schuhwerk und Trittsicherheit. Der Pfad schlängelt sich links und rechts den Hang hinab, ohne jedoch die Doline zu überqueren. Kurz vor der Doline machen wir wenige Meter vor ein paar umgefallenen Baumstämmen eine 180-Grad-Kurve in die entgegengesetzte Richtung, denn diese werden wir erst am Ende der Wanderung überqueren. Einige Meter weiter unten gelangen wir auf eine kleine Plattform. Die Reste eines dünnen, schwarzen Eisengeländers weisen auf bessere Tage in der Vergangenheit. Wir setzen unseren etwas abenteuerlichen Abstieg im Stil eines Entdeckers rechts fort. Es geht mal mehr, mal weniger steil hinab, auch auf schmalen Stiegen unterhalb von mächtigen Felsen, und dennoch erreichen wir bald eine Lichtung, und vor uns breitet sich das wunderbare Tal an der Donau aus. Wir erreichen die schmale Teerstraße „Klösterl". Wir blicken zurück zur Befreiungshalle und wenden uns aber nach rechts und setzen unsere Wanderung auf dem „Jakobsweg" bzw. dem „Altmühl-Panoramaweg" südlich entgegen der Fließrichtung der Donau an ebendieser in Richtung „Klösterl" fort. Hinter dem „Klösterl" befinden sich kleine Höhlen für kleine Forscher zum Entdecken ❸.

Die einmalige, zauberhafte Atmosphäre dieser wunderbaren Landschaft im Naturpark Altmühltal zieht uns sofort in ihren Bann. Wir genießen

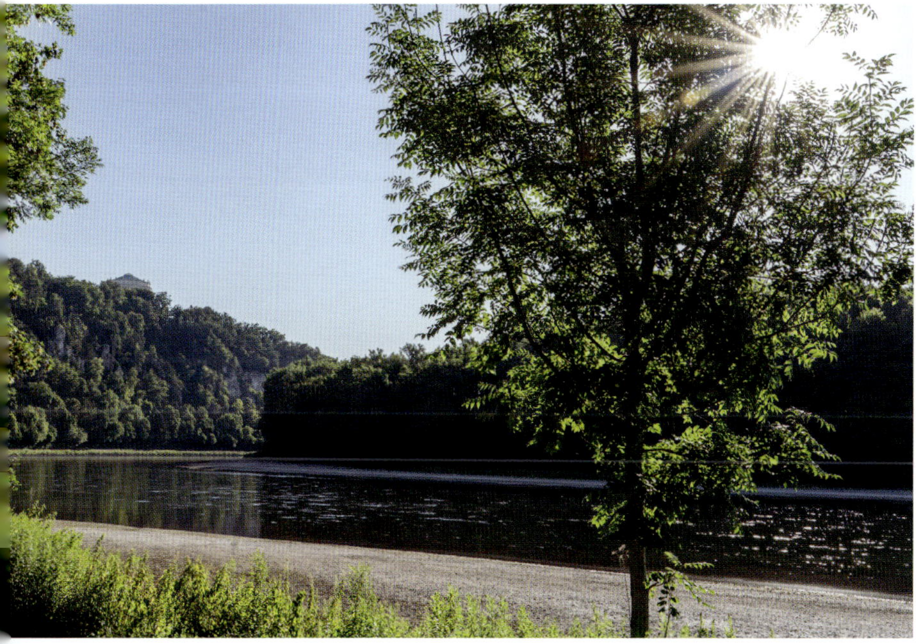

Blick zur Befreiungshalle

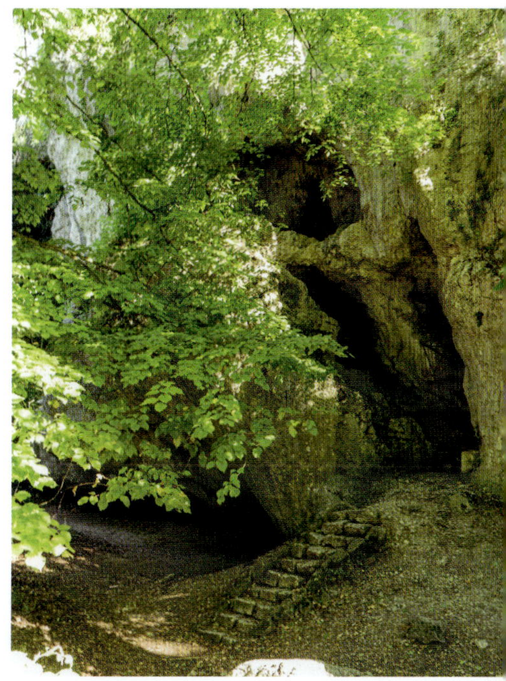

Höhlen hinterm „Klösterl“

die Weite der Donau, die eingerahmt ist in unwirtliche, schroffe Felswände. Wir bleiben für weitere 900 Meter auf dem Jakobsweg, Jurasteig bzw. Altmühl-Panoramaweg. Etwas eng um die Kurve geht es auf der Donauuferpromenade auf Höhe des massiven Hohlsteins, genannt Bienenkorb, nach 500 Metern, der über den schmalen geteerten Weg ragt. Von dort hat man einen großartigen Blick zur Weltenburger Enge. Nach 390 Metern, kurz nach einer Hochwassermarkierung nahe am Wasser, würden uns die Wegweiser scharf nach rechts leiten, doch wir bleiben an der Donau und setzen unsere Wanderung nahe dem Fluss unbeirrt fort in Richtung Weltenburg.
Der gut ausgebaute Weg ist einem schmaleren Wanderpfad gewichen. Teilweise gleicht die Landschaft rechts einem Urwald mit faszinieren-

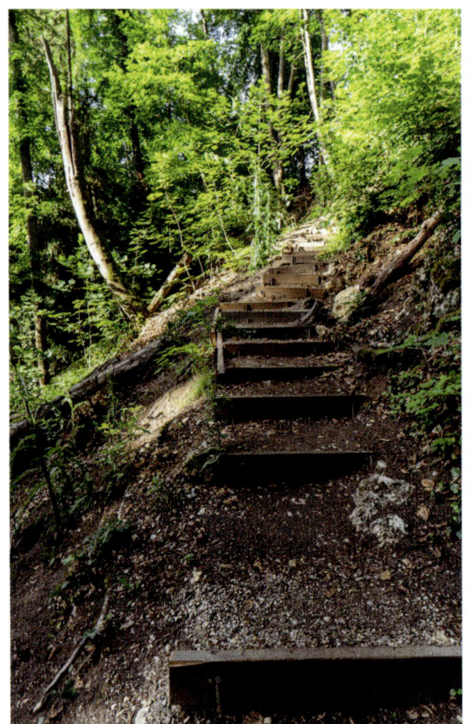

Treppe hoch

den Felsformationen, in welchem die Zeit vor endlosen Jahren stehen geblieben ist, und mit maritimem Flair. Links erkennen wir die „Stille Wand" und rechts sehen wir die „Lange Wand", welche wir auch erklimmen werden. Diese besondere Stelle erreichen wir nach etwa einem Kilometer. Wir stehen unmittelbar vor dem berühmten Donaudurchbruch bei Weltenburg. Unter uns kann man bei normalen Wasserverhältnissen die Füße in die Donau auf dem Kieselstrand halten, während sich vor uns die Lange Wand auftürmt und der Weg an diesem gewaltigen Monument zu enden scheint 4.

Doch ziemlich genau gegenüber der „Stillen Wand" am anderen Ufer zweigt etwas versteckt rechts ein Pfad nach oben ab, welcher sogar mit guten Treppenstufen versehen ist.

Auf dem folgenden Abschnitt sammeln wir Höhenmeter und spüren dabei unsere Muskeln in den Beinen. Der Aufstieg ganz nach oben auf den Felsen ist anstrengend und steil. Schließlich sind wir oben angelangt, wenden uns nach links und gelangen nah an die Kante der Felswand 5.

Vorsichtig lassen wir unseren Blick in die Tiefe gleiten und gehen auf unserer Runde auf dem wurzeligen, steinigen Trampelpfad nach rechts in nördlicher Richtung weiter. Je weiter wir uns ins Berginnere begeben, umso breiter wird der Wan-

„Bitte nicht betreten"

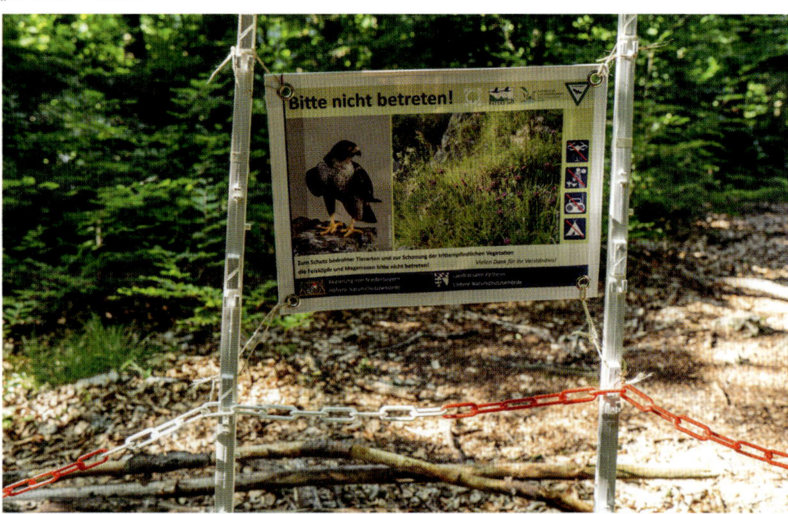

derpfad. Nach etwa 200 Metern mündet der Weg wieder in die offiziellen ausgeschilderten Wanderwege. Hier setzen wir unsere Runde nach Westen in Richtung Weltenburg fort und folgen dem Jakobsweg, Altmühl-Panoramaweg und der I Donauroute. Es handelt sich um einen breiten, festen, leicht geschotterten Forstweg. Links finden wir immer wieder Möglichkeiten, abzuzweigen und zu Aussichtspunkten zu gelangen. Schilder warnen uns aber vor der möglichen Absturzgefahr und bitten uns eindringlich, dass wir zum Schutz bedrohter Tierarten und zur Schonung der trittempfindlichen Vegetation die Felsköpfe und Magerrasen nicht betreten sollen. Das respektieren wir und gehen deshalb auf dem Wanderweg geradeaus weiter. Nach etwa 330 Metern westwärts gelangen wir zum Keltenwall.

Dennoch lassen wir uns einen umwerfenden Blick auf das weltberühmte Kloster Weltenburg nicht entgehen. Am Keltenwall gehen wir deshalb zuerst nach links in Richtung Aussichtspunkt. Am Ende des Walls kann man sich links hinab halten und etwas versetzt noch weiter auf einen Felsen gelangen. Achtung! Ab hier herrscht höchste Aufmerksamkeit ob der großen Absturzgefahr auf dem Felskopf. Schwindelfreiheit und Trittsicher-

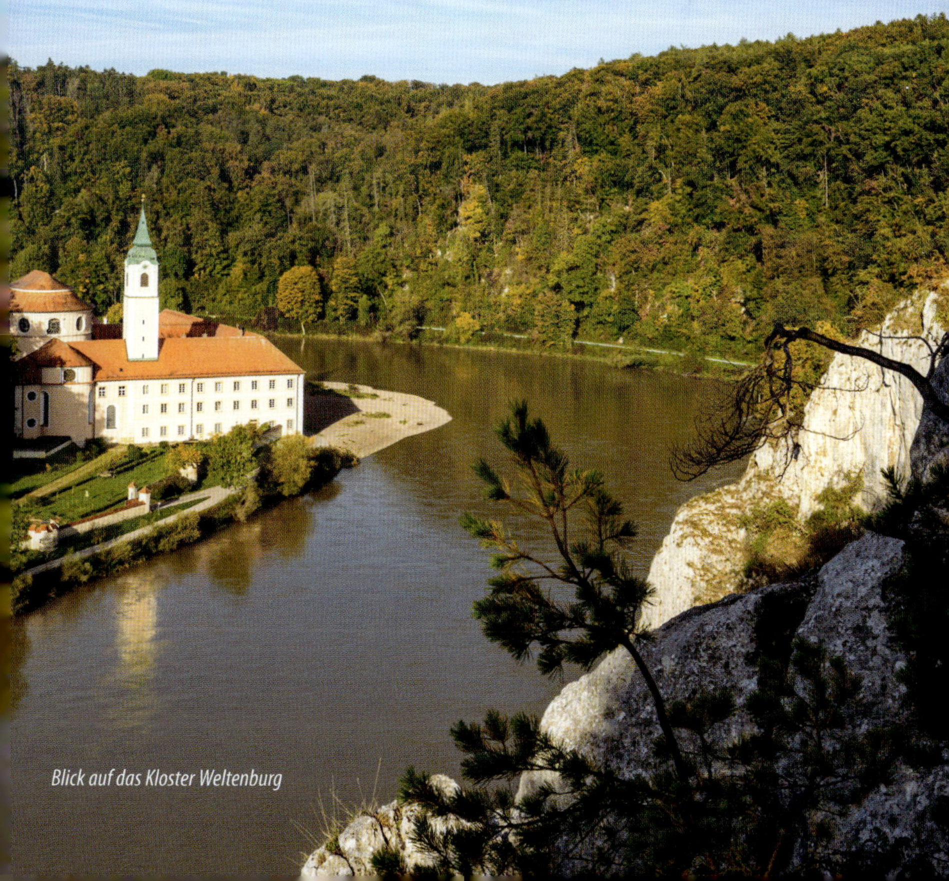

Blick auf das Kloster Weltenburg

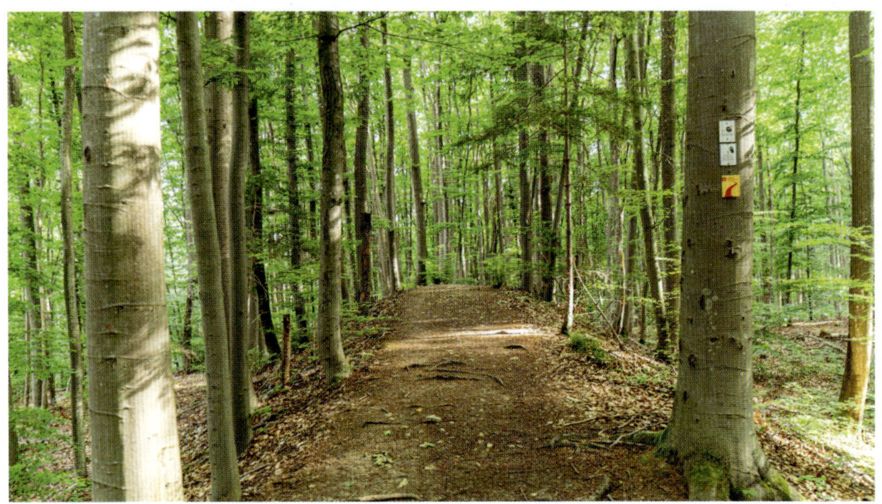

Wandern auf dem Keltenwall

heit sind für dieses Stück unabdingbar. Dies ist der einzige Aussichtpunkt, den man erreichen kann, ohne dass man die öffentlichen Bitten zum Respekt der Natur ignorieren würde 6.

Nachdem wir uns satt gesehen haben, gehen wir wieder das kurze Wegstück zurück hinauf zum Keltenwall. Es handelt sich um ein historisches, monumentales, mehr als 2000 Jahre altes Bauwerk. Wir gehen 30 Meter nach rechts und kommen an eine Kreuzung. Wenn man auf den Abstecher zu den Aussichtspunkten verzichtet hat, würde man hier wieder auf die Route treffen 7.

MÖGLICHKEIT: Wenn Sie einen großartigen Blick auf das berühmte Kloster Weltenburg erhalten und sich vielleicht kulinarisch stärken möchten, gehen Sie nach links weiter und machen sich kurz darauf über einen Trampelpfad gemäß den Hinweisen im Zick-Zack-Kurs hinab zum Klostertal-Weg an den Abstieg. An der Teerstraße wenden Sie sich nach links und erblicken kurz darauf das weltberühmte Benediktinerkloster. Dieser Blick ist einzigartig: links der Donau-Durchbruch und vor uns die Donau-Schlinge mit dem berühmten Klosterkomplex, welcher bereits auf das Jahr 617 zurückdatiert. Hier kann man ab April für 1,50 € pro Person auch mit der Seilfähre, einer Zille, zum Kloster über die Donau hinüberfahren. Um wieder auf den Keltenwall und zu unserer Route zu gelangen, wenden Sie dem Fluss und dem Klosterkomplex Ihren Rücken zu und spazieren auf der Teerstraße wieder hinauf. Sie nehmen nicht den gleichen Weg, welchen Sie beim Abstieg genommen haben, sondern etwa 160 Meter weiter oben die nächste Möglichkeit. Hier zweigt rechts ein unbefestigter Forstweg ab, und die Hinweise „E 8" und z. B. „X Donau-Altmühl-Rundweg" (blau) leiten Sie. Nach 220 Metern bringt uns der Trampelpfad erneut an eine Wegkreuzung. Sie stehen wieder am Keltenwall.

Wir biegen aber nicht nach links ab, sondern gehen auf dem Keltenwall für 300 Meter in nördlicher Richtung weiter. Von links würde die Alternativroute hochkommen, geradeaus weiter der „Altmühl-Panoramaweg" am Keltenwall, wir entscheiden uns aber, auf dem Waldpfad nach rechts zu wandern. Unser Hinweis ist das rote Rechteck (E8) sowie die „II Waldroute".

Nach 280 Metern kreuzen wir einen Schotterweg und schlendern geradeaus weiter. So erreichen wir nach 400 Metern in nordöstlicher Richtung

einen geschotterten Platz mit einer überdachten Rastmöglichkeit. Etwas versteckt befindet sich rechts von uns eine historische Martersäule 8.
Wir wenden uns scharf nach rechts in südlicher Richtung auf dem Schotterweg . Bei nächster Gelegenheit, nach 425 Metern, kommen wir an eine Kreuzung. Hier finden wir die bekannten Hinweise des „Altmühl-Panoramaweg", des „Jakobswegs" oder der „I Donauroute", sowie links an einem Baum den Hinweis, dass wir uns im Gebiet „Kanzel" befinden. Hier gehen wir nach links weiter und halten uns an einer Y-Gabelung nach 200 Metern rechts auf dem abschüssigen Schotterweg. Achtung! Nach 310 Metern dürfen wir den verwunschenen Waldpfad links nicht verpassen 9.
Die nächsten 1,3 Kilometer sind vielleicht die schönsten der ganzen Runde, vor allem bei trockenen Bodenverhältnissen. Wir bewegen uns auf einem verwunschenen Trampelpfad entlang des Hangs. Der Pfad windet sich nach links und rechts, an beeindruckenden Felsformationen vorbei und über Dolinen hinweg. Nach etwa 650 Metern scheint sich der Waldpfad zu gabeln. Wir halten uns links am Hang. Dann macht unser Pfad eine Rechtsbiegung und dann folgt ein steiler Aufstieg links hoch. Es wird flacher, und schließlich mündet der schmale Weg in einen geschotterten Platz. An dieser Stelle schlendern wir aber nicht nach links weiter, wo wir zum Keltischen Erzgrubenfeld gelangen würden, sondern gehen nach rechts weiter. Hier finden wir einen weiteren malerischen Pfad am Hang entlang 10.
Auch dieser schlängelt sich gen Osten. Immer wieder überqueren wir umgefallene Baumstämme, die unseren Wanderpfad kreuzen. Nach etwa 680 Metern erreichen wir die umgefallenen Baumstämme an der Doline, an welchen wir am Anfang der Runde nach links hinab abgebogen sind. Nun überqueren wir sie und halten uns unmittelbar danach links. Wir sind wieder auf demselben Pfad, auf welchem wir bereits zu Beginn der Runde waren. Es folgt ein kurzer Anstieg, und so gelangen wir oben wieder auf die offiziellen Wanderwege. Hier halten wir uns rechts und erreichen schon wenig später unseren Ausgangspunkt.

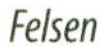
Felsen

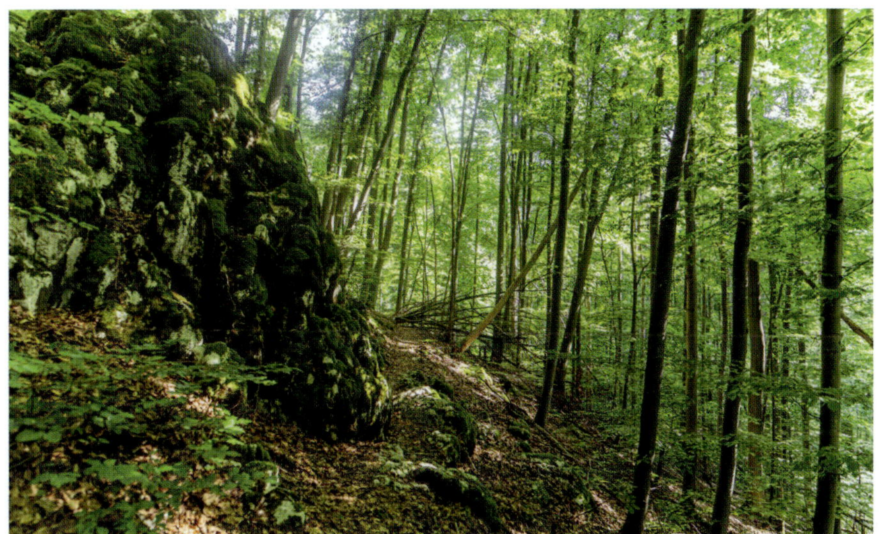

MATTING / OBERNDORF

Schmale Steige, verwunschene Waldpfade und mächtig viel Panorama

TOUR 20

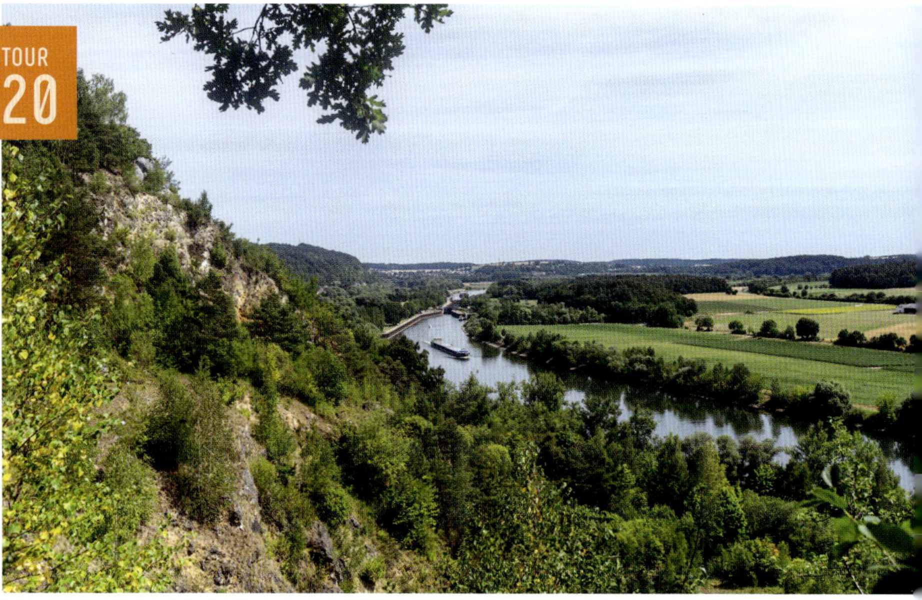

Kostenloser Parkplatz am Badeplatz Matting, wo auch die Donaufähre ablegt unterhalb der Kirche in der Straße „Fährenweg"
Navi: Fährenweg, 93080 Pentling

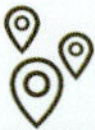

Matting – Hanselberg – Weinberg – Sebastianskapelle – Paul-Pemsel-Steig – Galgenberg – Mühlgrabenberg

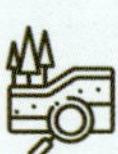

Überwiegend naturbelassene Pfade, Wege und Steige auf losem Untergrund oder Kies, kaum Asphalt, einige Steigungen, festes Schuhwerk

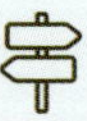

Waldverein Regensburg: Rotes Rechteck (S 11 Bad Abbach – Oberndorf / S 13 Pentling – Unterirading / S 14 Matting – Oberndorf), Grünes Rechteck (S 12 Oberndorf – Bad Abbach), Grünes Dreieck (S 19), Donau-Panoramaweg (blau-weiß); Jurasteig Hauptroute (gelb-blau); BA 4 (Oberndorfer Höhenrunde) / BA 5 (Fähr-Runde) / BA 6 (Panorama-Runde)

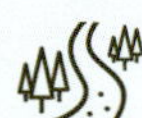

Eine abwechslungsreiche, aber aufgrund zahlreicher Höhenmeter durchaus anstrengende Panoramarunde auf schmalen Steigen und zahlreichen Waldpfaden zwischen Matting und Bad Abbach oberhalb der Donau zwischen den Landkreisen Niederbayern und Oberpfalz.

Zunftstüberl Matting
An der Donau 21 a, 93080 Pentling
Tel. 09405 6535
www.zunftstueberl-matting.de

Gasthof Zirngibl
Am Markt 29, 93077 Bad Abbach
Tel. 09405 954611
www.gasthaus-zirngibl.de

 Foto: Panorama am Hanselberg in Richtung Oberndorf

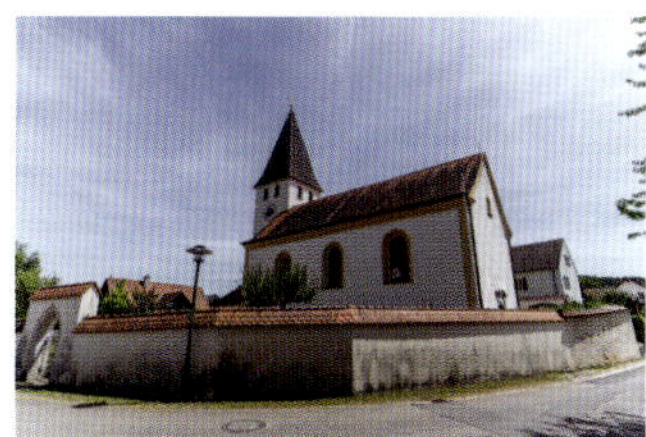

Startrichtung

schwer | 12,3 km | 218 Hm | 3:00 h

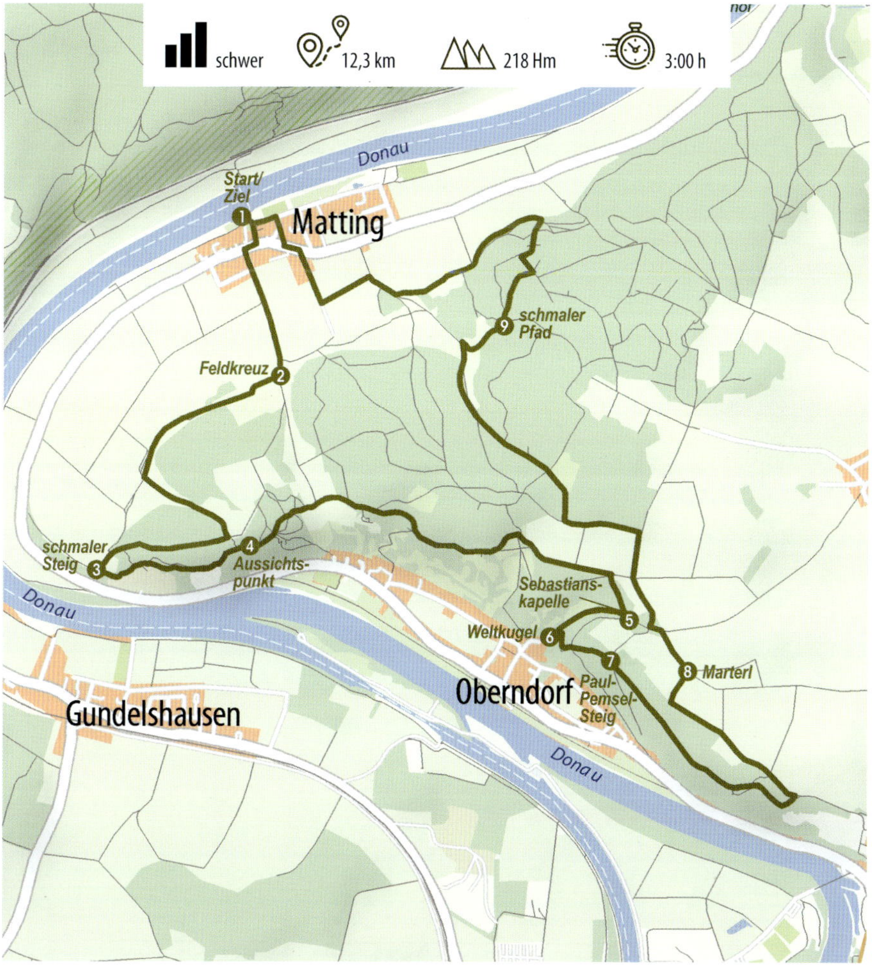

Donau
Start/ Ziel
Matting
Feldkreuz
schmaler Pfad
schmaler Steig
Aussichtspunkt
Sebastianskapelle
Weltkugel
Marterl
Oberndorf
Paul-Pemsel-Steig
Gundelshausen

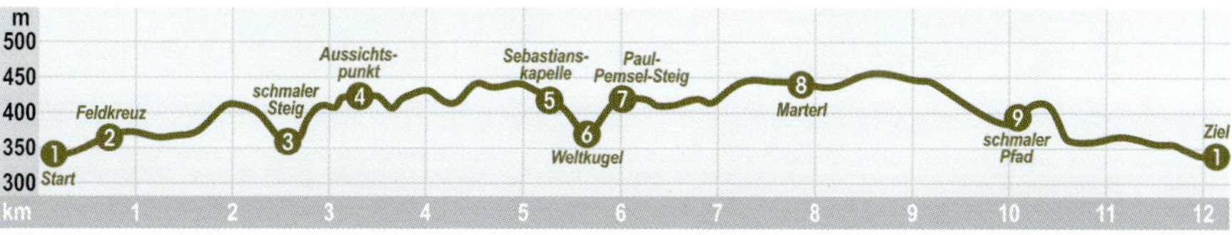

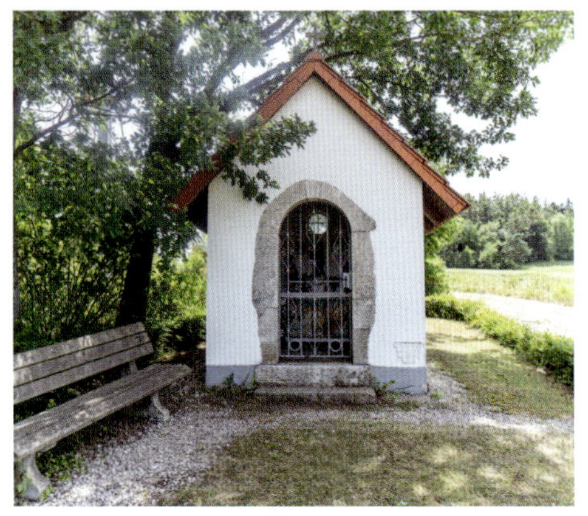

Kleine Kapelle

Sicherlich kennen Sie den Spruch: „Erst die Arbeit, dann das Vergnügen." Was ist aber, wenn die Arbeit schon ein Vergnügen ist? Ist dann alles ein Genuss? Ja! Und genau auf diese Genusstour machen wir uns und beginnen am Badeplatz an der Donau, von wo man über eine Seilfähre den Fluss auch überqueren könnte, unterhalb der Kirche „St. Wolfgang" in Matting. Die wohlverdiente Erfrischung heben wir uns dennoch für unsere Rückkehr auf. So starten wir in südlicher Richtung auf der „Fährstraße" und gehen hinter dem Gotteshaus und einem Kinderspielplatz vorbei ❶.

Bereits hier finden wir Wanderhinweise, z. B. das „rote Rechteck" (S 14) oder den „Donau-Panoramaweg". An der „Wolfgangsstraße" halten wir uns rechts und biegen bei nächster Gelegenheit links in die „Hanselbergstraße". Hier erkennen wir zudem die Hinweise „Jurasteig" und „BA 5". Wir folgen der schmalen, leicht ansteigenden Teerstraße für 560 Meter und lassen die Ortschaft Matting hinter uns. Der Asphalt endet an der idyllischen Hubertuskapelle (links). Die Wanderbeschilderung würde auf dem Schotterweg geradeaus weiter den Berg hoch führen, wir entscheiden uns jedoch für den Feldweg rechts neben einem schönen Feldkreuz ❷.

Ab jetzt beginnt unsere Panorama-Genusstour. Die längste Zeit orientieren wir uns an einer Stromleitung, unter der wir entlangschlendern. Nach 120 Metern halten wir uns links. Je länger wir in südwestlicher Richtung am Hang entlangschlendern, umso schmaler wird der Weg, bis wir schließlich auf einem schmalen Trampelpfad spazieren und die Aussicht rechts über die Donau genießen. Nach insgesamt etwa 760 Metern

Idyllischer Waldweg

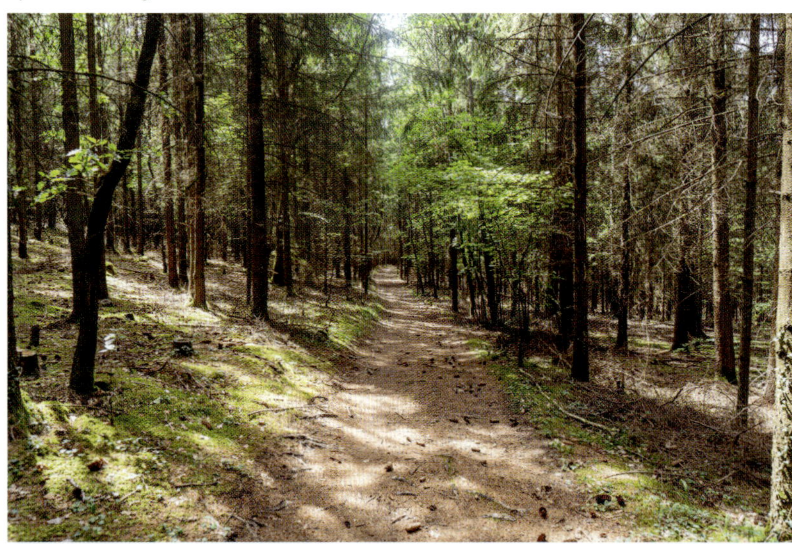

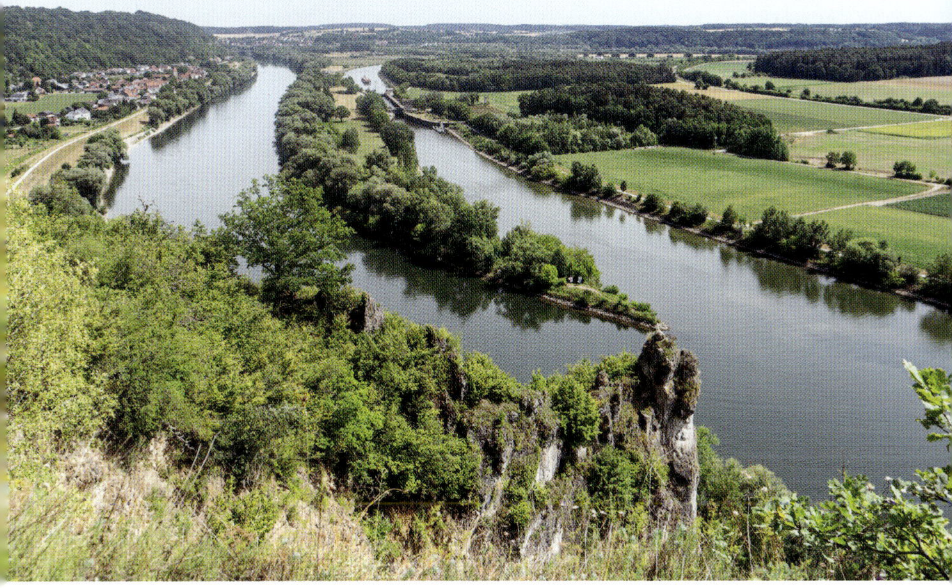

Panorama auf dem Hanselberg über der Donau in Richtung Oberndorf

kreuzt unseren Trampelpfad ein breiter Feldweg, welcher vom Tal her nach links hoch in ein Waldgebiet führt.

Wir biegen nach links ab und erreichen auf dem teilweise leicht geschotterten Feldweg am Waldrand eine Weggabelung. An dieser Stelle erkennen wir erneut bekannte Wanderhinweise. Während der „Jurasteig", das „rote Rechteck" und der „Donau-Panoramaweg" geradeaus leiten würden, nehmen wir den Waldweg rechts. Nach wenigen Metern erkennen wir an einem Baum den Hinweis „BA 4" der „Oberndorfer Höhenrunde". Der idyllische Waldpfad bringt uns nach einem halben Kilometer an den Rand des Waldes. Wir gehen noch ein kurzes Stück weiter auf dem Trampelpfad über eine Wiese. Vor einer Baumreihe und Heckenreihe würde uns der Wegweiser, welcher an einem Eisenstab gut sichtbar ist, nach rechts leiten, wir wählen jedoch den Pfad – er gleicht immer mehr einem schmalen Steig – links den Anstieg hoch ③.

Der Trampelpfad bringt uns nach einem kurzen Stück nahe an den Abgrund. Der Wandersteig, teilweise mit Steinen und Wurzeln versehen, lässt in uns buchstäblich alpine Gefühle aufsteigen, denn rechts von uns befindet sich nicht nur teilweise ein steiler Abgrund wie in den Alpen, da wir oberhalb der Steinbrüche am „Hanselberg" kraxeln, sondern wir spüren auch unsere Wadenmuskulatur. Entschädigt werden wir mit einem herrlichen Panorama über der Donau bei Gundelshausen und Oberndorf. In der Ferne erkennen wir die Schleuse Bad Abbach. Nach etwa 650 Metern auf dem Pfad stoßen von links wieder der „Jurasteig" und die „Donau-Panoramarunde" zu uns. Nach weiteren 160 Metern zweigt die Panoramarunde ab, weshalb wir uns auf dem nächsten Abschnitt am „Jurasteig" und dem „grünen Rechteck" (S 12) orientieren.

Nach 180 Metern in nordöstlicher Richtung erreichen wir den Waldrand. Hier finden wir ein seltsames Kunstwerk, welches aussieht wie eine Tür.

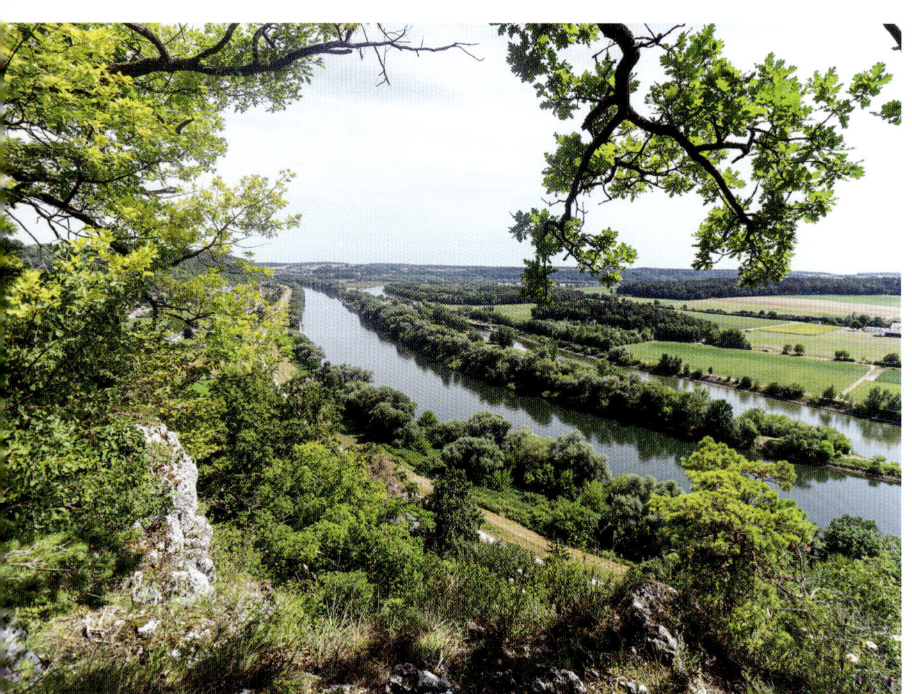

Panorama auf dem Hanselberg

Wir folgen den beiden Hinweisen weiter und wechseln auf dem Feldweg hinüber zum „Weinberg". Auf den nächsten 1400 Metern kann man sich dank der hervorragenden Beschilderung nicht verirren. Die Aussicht auf diesem Streckenabschnitt ist auch immer wieder atemberaubend. Schließlich wandern wir auf einem breiteren, geschotterten Feldweg in Richtung Osten. Etwa 100 Meter vor uns erkennen wir eine Teerstraße. Rechts von uns befindet sich ein hölzerner, ca. 160 cm hoher Holzpfosten mit Wanderhinweisen. Unmittelbar davor zweigt rechts ein Pfad ab.

Diesen wählen wir und halten uns sofort links. Wir gelangen auf einen schmalen Trampelpfad und fühlen uns wie im Urwald. Nach 200 Metern erreichen wir einen wunderschönen, idyllischen Platz. Rechts finden wir einen geschnitzten Uhu und etwas weiter links die beschauliche und malerische „Sebastianskapelle" 4.

Wir wählen den Pfad rechts vom Waldkauz, welcher unterhalb der Straße parallel ins Tal hinabführt. Wir halten uns links und tauchen sogleich ein in eine andere Welt. Denn dieser Abschnitt ist wirklich besonders. Es handelt sich nicht um einen herkömmlichen Kreuzweg, sondern eher um einen verwunschenen esoterischen Kunstweg. Alle paar Meter finden wir ein anderes interessantes Objekt am Wegesrand, welches zum Nachdenken und Verweilen einlädt. Während wir verwundert hinabschlendern, orientieren wir uns am „grünen Dreieck". Nach einem schönen Brunnen dürfen wir auf Höhe einer Weltkugel auf einem Stein unsere Abzweigung nach 370 Metern scharf nach links nicht verpassen. Sie ist markiert mit dem „roten Rechteck" 5.

Jetzt strengen wir ein weiteres Mal unsere Beinmuskulatur an, denn es geht durchaus steil hoch. Nach etwas mehr als 120 Metern überqueren wir die schmale Straße „Graßlfinger Weg", denn unser Pfad geht auf der gegenüberliegenden Seite weiter. Das „rote Rechteck" markiert den „Paul-Pemsel-Steig" 6.

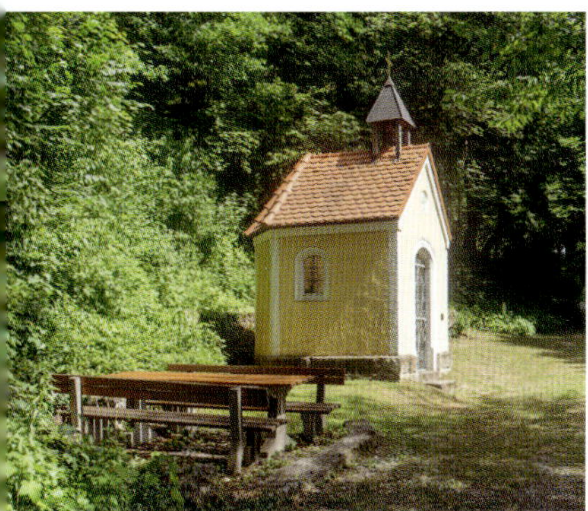

Sebastianskapelle

Wir schlendern auf dem schönen Waldweg, der auch mit „Jurasteig" gekennzeichnet ist, für 900 Meter in südöstlicher Richtung. Dann halten wir uns gemäß dem Hinweis vor einem Zaun auf dem Pfad links.

Je nach Vegetation können auf dem kurzen, ansteigenden Stück durchaus wieder Urwaldgefühle in uns hochsteigen. Oben angekommen leiten uns die Hinweise in eine beeindruckende Senke hinab. Dieser Ort wirkt wie eine bewaldete, einladende „Halle", in der sich beeindruckende Felsen befinden. Es geht auf der einen Seite hinab und ebenso auf der anderen Seite wieder hinauf, bis der Waldweg an einem Feldweg am Waldrand endet. Hier finden wir links die drei Hinweise „B 4", „B 5" und „B 6". Diesen folgen wir entlang dem „Galgenberg" auf dem geschotterten Feldweg links in Richtung Nordwesten. Es geht vorbei an einem Funkturm und an einer Ansitzvorrichtung. Nach 800 Metern passieren wir ein schönes Marterl 7.

Jetzt befinden wir uns auf einer schmalen Teerstraße. Die Hinweise leiten uns nach 260 Metern an einer Kreuzung nach rechts. Wir befinden uns etwa 100 Meter oberhalb der Sebastianskapelle. Nach weiteren 230 Metern würden der „Jurasteig" sowie „B 4" und „B 5" uns nach links leiten, doch wir folgen dem „grünen Dreieck" (S 19) und „BA 6" noch ein kurzes Stück geradeaus nach Norden. So biegen wir erst bei der nächsten Gelegenheit nach 190 Metern links ab und orientieren uns am „grünen Rechteck" (S 12).

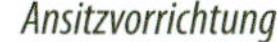

Ansitzvorrichtung

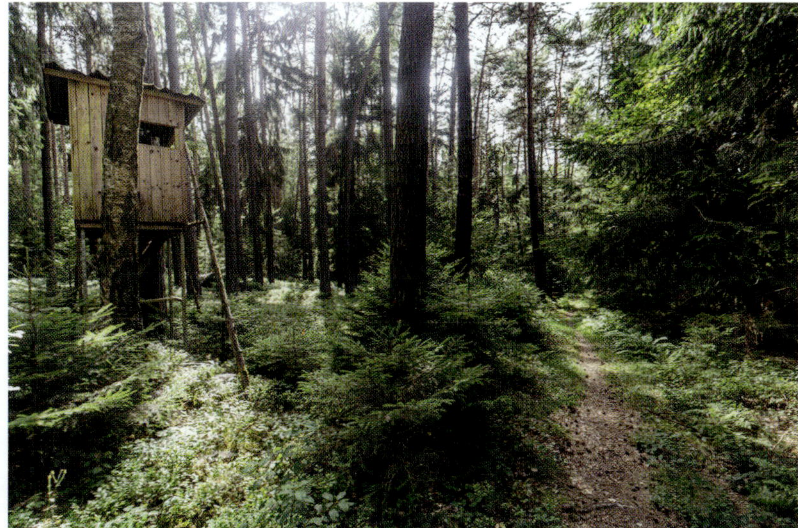

Wir schlendern auf dem geschotterten Feldweg am Waldrand entlang und nehmen nach 250 Metern den Forstweg nach rechts. Ab jetzt sind wir eine Weile ohne Wanderhinweise unterwegs. Das erste Stück gehen wir nur geradeaus und biegen nicht ab. So auch nach weiteren 250 Metern. Während der geschotterte Forstweg nach rechts weitergeht, wählen wir den verwunschenen Waldweg geradeaus. Er führt an einer Ansitzvorrichtung vorbei. Nach 400 Metern wird der Waldpfad breiter, und wir spazieren am Rand des Waldes auf dem Feldweg talwärts in Richtung Norden. Nach weiteren 280 Metern erkennen wir ein größeres Versorgungshäuschen, vermutlich für Wasser. Da wir keine Lust auf einen Schotterweg haben, biegen wir direkt vorher scharf nach rechts auf einen Wiesenweg hinab in eine Senke ab. Der Weg macht eine Biegung nach links. Sobald wir wieder in den Wald gelangen, dürfen wir die Abzweigung links nicht verpassen. Es handelt sich um einen schmalen, steilen Trampelpfad, welcher unmittelbar innerhalb des Waldes links abzweigt. Er ist markiert mit einem bemoosten, quaderförmigen Stein 8.

Nachdem wir den kurzen Anstieg bewältigt haben, geht es auf dem verwunschenen Waldpfad für etwa 250 Meter geradeaus weiter. Dann scheint der Pfad an einer kleinen Baumgruppe zu enden. Hier wenden wir uns nach links und gehen für etwa 90 Meter weiter. Dann zweigt unser

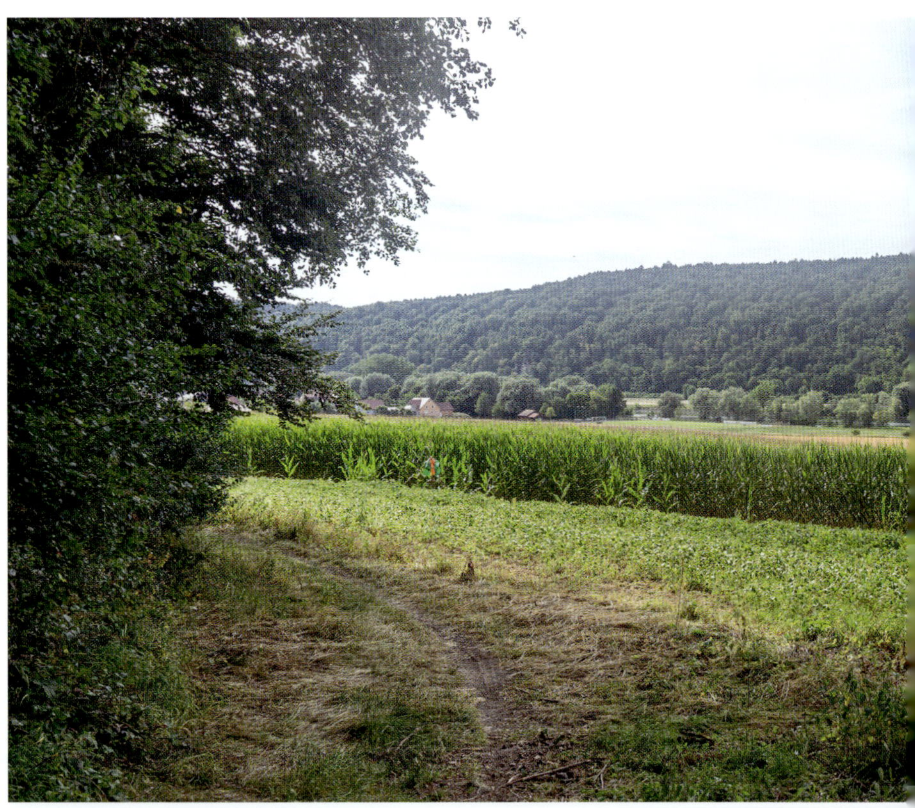

Trampelpfad rechts hinab. Nach einer Linksbiegung geht es zwischen Felsen hindurch steil hinab. Bei feuchtem Wetter kann dieses Wegstück durchaus rutschig sein, genauso bei staubtrockenen, von Hitze geplagten Bodenverhältnissen. Nach ungefähr 150 Metern erreichen wir wieder einen offiziellen Wanderweg. Hier finden wir wieder die „Donau-Panoramarunde" sowie das „rote Rechteck" (S 13). In der Ferne erkennen wir bereits den Kirchturm von Matting. Deshalb spazieren wir auf dem festen Feldweg am Waldrand nach links in südöstlicher Richtung. Nach 400 Metern geht es auf einem Wiesenpfad geradeaus weiter. Schließlich endet der Pfad nahe einem Rastplatz an einem Feldweg. Wir gehen nach rechts weiter in Richtung Donau. Nach 140 Metern biegen wir von der schmalen Straße auf den Feldweg links ab. An dessen Ende geht es nach rechts in Richtung Matting. Der „Wasserfallweg" mündet erneut in die „Wolfgangstraße". Wir wenden uns nach rechts und erkennen nach 70 Metern rechts einen Turm. Daran vorbei mündet ein unscheinbarer, schmaler Trampelpfad. Diesen wählen wir. Es geht vorbei an einem Gasthaus. Dann mündet der Pfad in den „Wirtsweg". Wir kennen bereits den Sportplatz in der Straße „An der Donau". Links davon befindet sich unser Ausgangspunkt. Nun haben wir uns eine kulinarische und körperliche Erfrischung redlich verdient.

Blick nach Matting

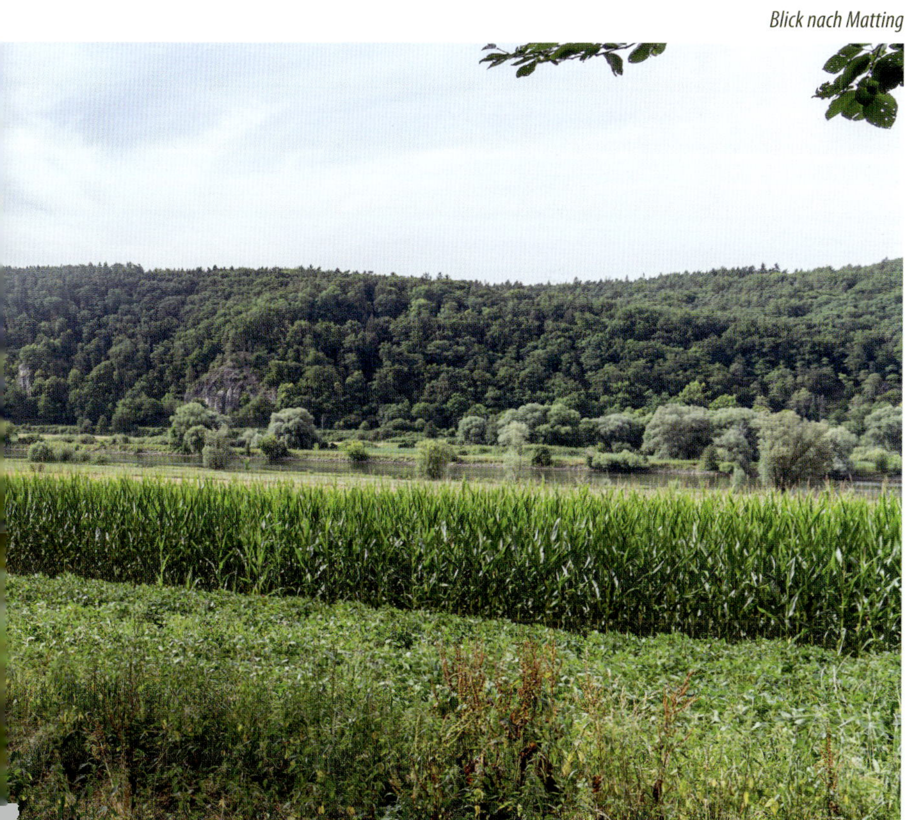

NEUMARKT (STADT)

Spiel, Spaß und Interessantes für Groß und Klein in der Pfalzgrafenstadt

TOUR 21

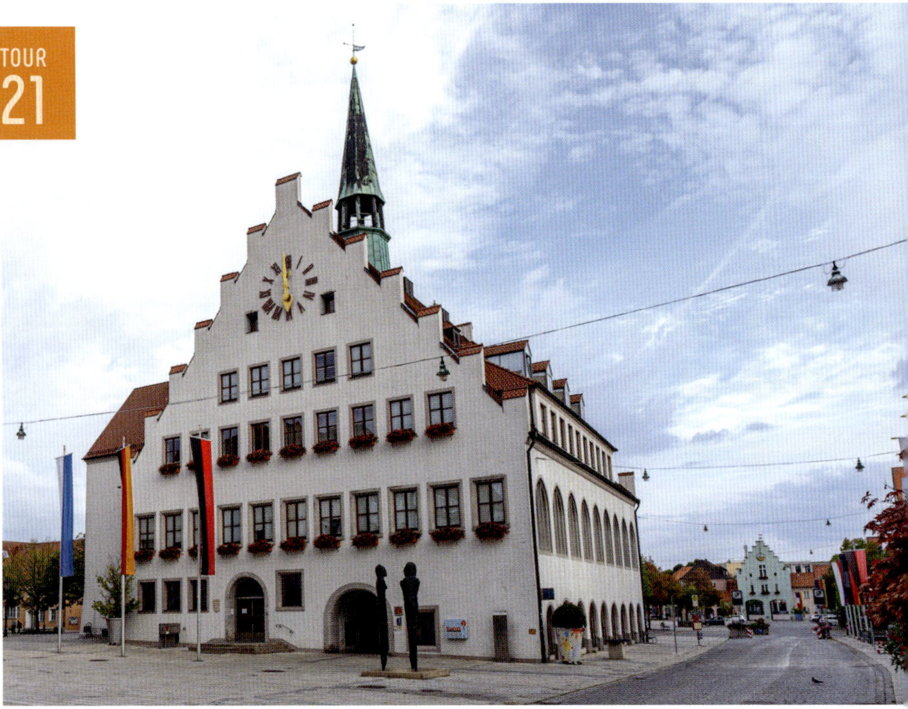

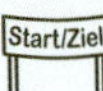

Kostenloser Parkplatz hinter dem Bahnhof in der Hans-Dehn-Straße bzw. Gerichtswiesen
Navi: Gerichtswiesen, 92318 Neumarkt
Bahn: Bahnhof – Neumarkt

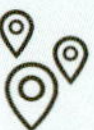

Mariahilf-Kirche – Teufelsschlucht – Ludwigshain – Oberer Markt Bahnhof – Pulverturm – Rathaus – Neuer Markt – Ludwig-Donau-Main-Kanal – LGS-Gelände – Faberpark – Schlossweiher – Stadtpark – Residenz & Historischer Reitstadel – Ludwigshain

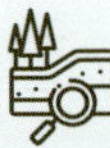

Hauptsächlich Kies, befestigter Weg oder Asphalt, kein besonderes Schuhwerk erforderlich

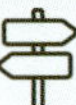

Blau-weißes C (Contemplatio); „Velburger Weg" (weiß-gelb)

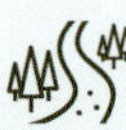

Eine abwechslungsreiche Runde durch die Pfalzgrafenstadt Neumarkt für Groß und Klein vorbei an zahlreichen touristischen Highlights und vielen ruhigen Ecken mit Spielmöglichkeiten für die Kleinen.

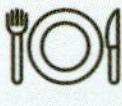

Oberer Ganskeller
Ringstraße 2, 92318 Neumarkt
Tel. 09181 512035
www.obererganskeller.de

Bella Italia da Alessandro
Altdorfer Straße 57, 92318 Neumarkt
Tel. 09181 5139941
www.bella-italia-neumarkt.de

 Foto: Rathaus

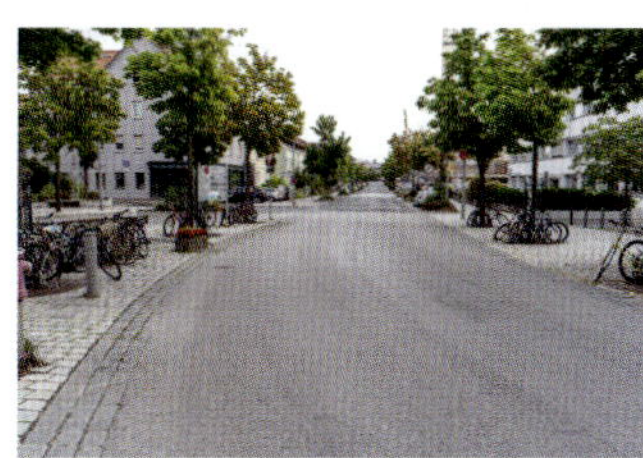

Startrichtung

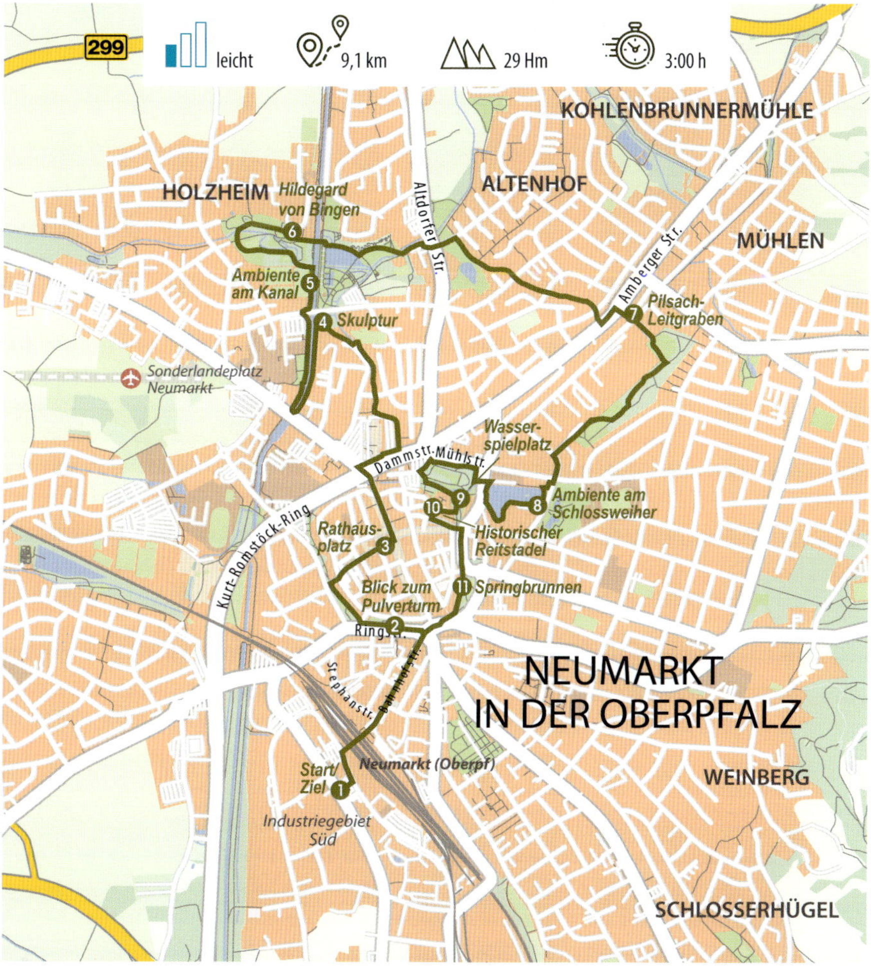

leicht | 9,1 km | 29 Hm | 3:00 h

299

KOHLENBRUNNERMÜHLE

HOLZHEIM

ALTENHOF

MÜHLEN

Hildegard von Bingen

Altdorfer Str.

Amberger Str.

Ambiente am Kanal

Pilsach-Leitgraben

Skulptur

Sonderlandeplatz Neumarkt

Wasser-spielplatz

Dammstr.

Mühlstr.

Ambiente am Schlossweiher

Kurt-Romstöck-Ring

Rathaus-platz

Historischer Reitstadel

Blick zum Pulverturm

Springbrunnen

Ringstr.

Stephanstr.

Bahnhofstr.

NEUMARKT IN DER OBERPFALZ

Neumarkt (Oberpf)

Start/Ziel

WEINBERG

Industriegebiet Süd

SCHLOSSERHÜGEL

m: 450, 440, 430, 420, 410, 400

km: 1, 2, 3, 4, 5, 6, 7, 8, 9

1 Start – 2 Blick zum Pulverturm – 3 Rathaus-platz – 4 Skulptur – 5 Ambiente am Kanal – 6 Hildegard von Bingen – 7 Pilsach-Leitgraben – 8 Ambiente am Schlossweiher – 9 Wasser-spielplatz – 10 Historischer Reitstadel – 11 Spring-brunnen – 1 Ziel

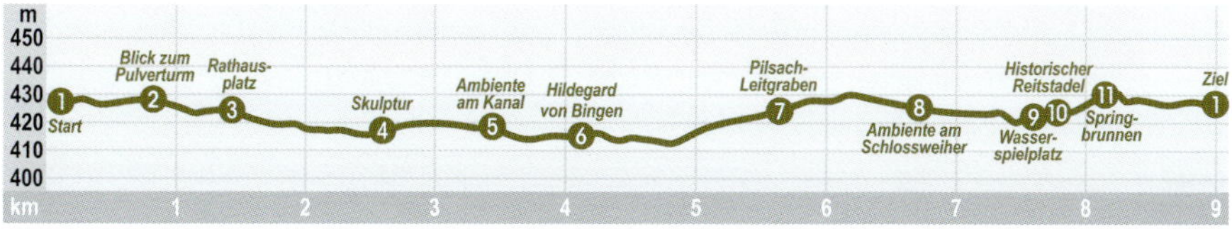

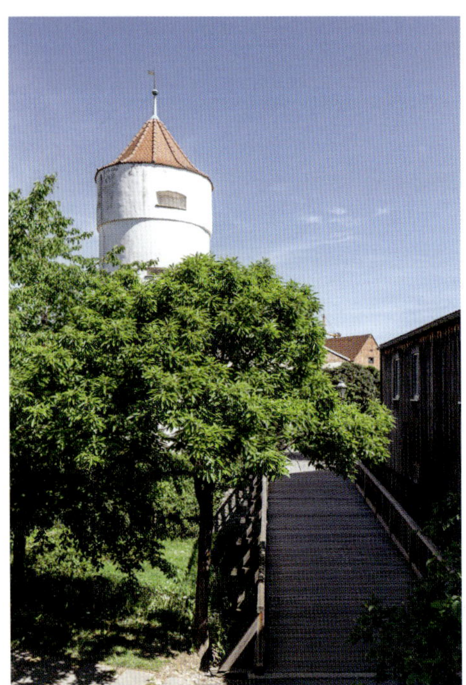

Blick zum Pulverturm

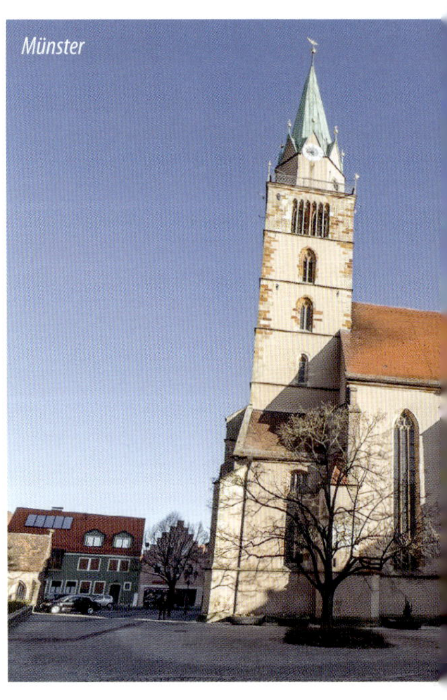

Münster

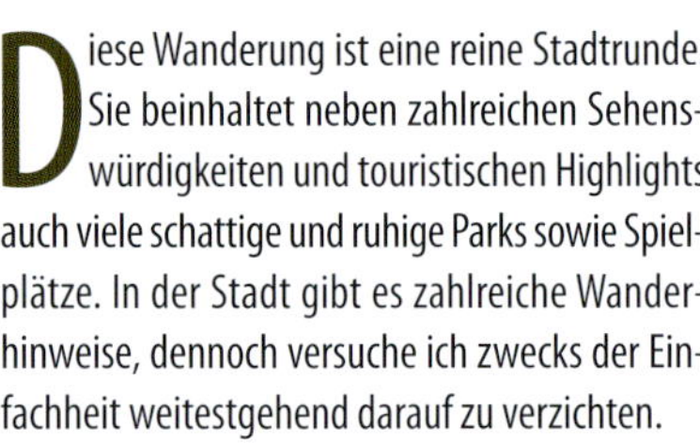

Diese Wanderung ist eine reine Stadtrunde. Sie beinhaltet neben zahlreichen Sehenswürdigkeiten und touristischen Highlights auch viele schattige und ruhige Parks sowie Spielplätze. In der Stadt gibt es zahlreiche Wanderhinweise, dennoch versuche ich zwecks der Einfachheit weitestgehend darauf zu verzichten.

Wir beginnen diese Wanderung durch die Große Kreisstadt, die ehemalige Pfalzgrafenstadt Neumarkt in der Oberpfalz, mit dem Auto hinter dem Bahnhofsgebäude in der „Hans-Dehn-Straße". Hier wählen wir die Unterführung zu den Zügen und gehen am anderen Ende wieder die Stufen hoch und durch das Bahnhofsgebäude auf den Vorplatz. Alternativ könnte man mit der Bahn auch direkt von hier starten ❶.

Wir spazieren die Bahnhofsstraße in nördlicher Richtung entlang, bis wir an die Ampel an der „Ringstraße" gelangen. Vor uns erkennen wir auf der anderen Straßenseite einen empfehlenswerten Einkehrtipp. Das gelbe Gebäude des „Oberen Ganskellers", an welchem auch eine lokale Brauerei angeschlossen ist. Wir überqueren die Straße und gehen links daran vorbei, parallel zur Ringstraße in westlicher Richtung. Direkt hinter dem Gebäude der Brauerei weckt ein runder, weißer Turm unsere Aufmerksamkeit. Der Pulverturm ist ein Rest der Stadtmauer aus dem 13. Jahrhundert ❷. Wir spazieren jedoch auf dem geteerten Fußweg weiter um den Stadtkern in Richtung Westen. Nach etwa 270 Metern wenden wir uns nach rechts in Richtung Norden, kreuzen die Straße „Viehmarkt" und lassen den ersten Spielplatz auf unserer Wanderung links liegen. An der nächsten großen Kreuzung stehen wir vor einem großen, gelben Haus mit der Aufschrift „Haus des Handwerks" an der „Hallertorstraße". Hier wenden wir uns nach rechts in Richtung Rathaus und erkennen den Turm des Münsters St. Johannes der Täufer. Kurz darauf spazieren wir daran vorbei und erreichen den Rathausplatz ❸.

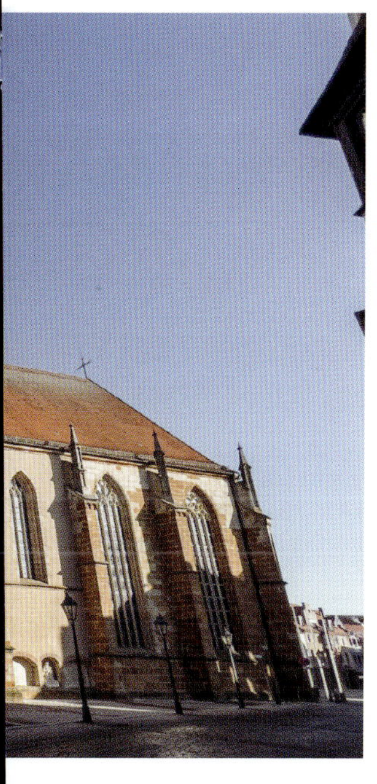

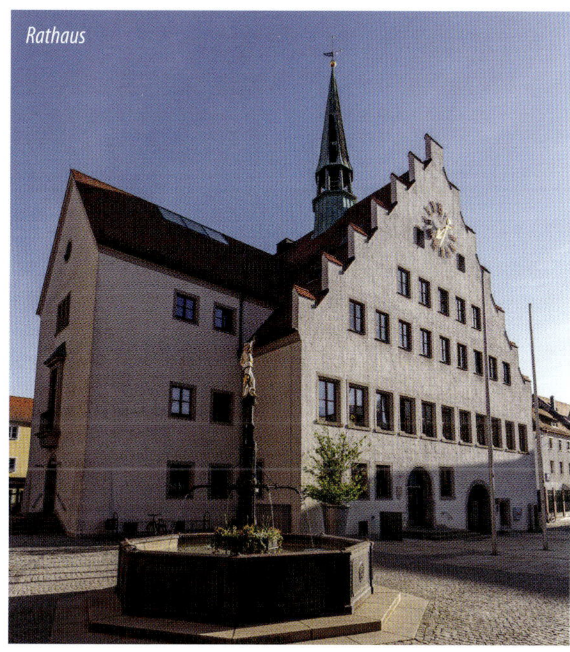

Rathaus

Das majestätische Gebäude trennt den „Oberen Markt" (rechts von uns) vom „Unteren Markt" (dahinter). Wir biegen hinter dem Rathaus nach links ab in den „Unteren Markt" und durchqueren ihn. Wir gehen unter einem Torbogen hindurch. Links von uns befindet sich der „Untere Ganskeller", vor uns eine große Kreuzung an der „Dammstraße" und dahinter „Neuer Markt", ein großes Einkaufszentrum mit Kino. Wir überqueren die Kreuzung und gehen auf der anderen Seite nach rechts, am riesigen Gebäude der Einkaufsmöglichkeiten entlang. An dessen Ende befindet sich nach der letzten Tiefgarageneinfahrt ein Fußweg, der mit dem „C" des „Contemplatio"-Hinweises markiert ist. Dieser bringt uns links an die Rückseite des Einkaufszentrums. Hier folgen wir dem Hinweis nach rechts und passieren einen weiteren kleinen Spielplatz. Nach dem schmalen Zebrastreifen schlendern wir gemäß dem Contemplatio-Weg auf dem fein geschotterten Fußweg entlang der Schwarzach in Richtung Norden. Nach etwa 250 Metern überqueren wir den kleinen Bachlauf über eine hölzerne Brücke und orientieren uns dann leicht links, während vor uns das Areal der Landesgartenschau in unser Blickfeld rückt. An dieser Stelle orientieren wir uns links am Kopfsteinpflaster, vorbei an einer weiteren Skulptur in Richtung Ludwig-Donau-Main-Kanal 4.

Hier am Kanal befindet sich der Startpunkt einer Lauftrainingsstrecke, und diese wollen wir ein Stück weit testen und das malerische Ambiente des künstlich angelegten Wasserlaufs genießen. Deshalb wenden wir uns nach links in Richtung Süden. Nach 350 Metern überqueren wir unterhalb der „Nürnberger Straße" das Wasser und gehen auf dessen andere Seite auf dem „Dr.-Hans-Koch-Weg" wieder zurück in Richtung Norden.

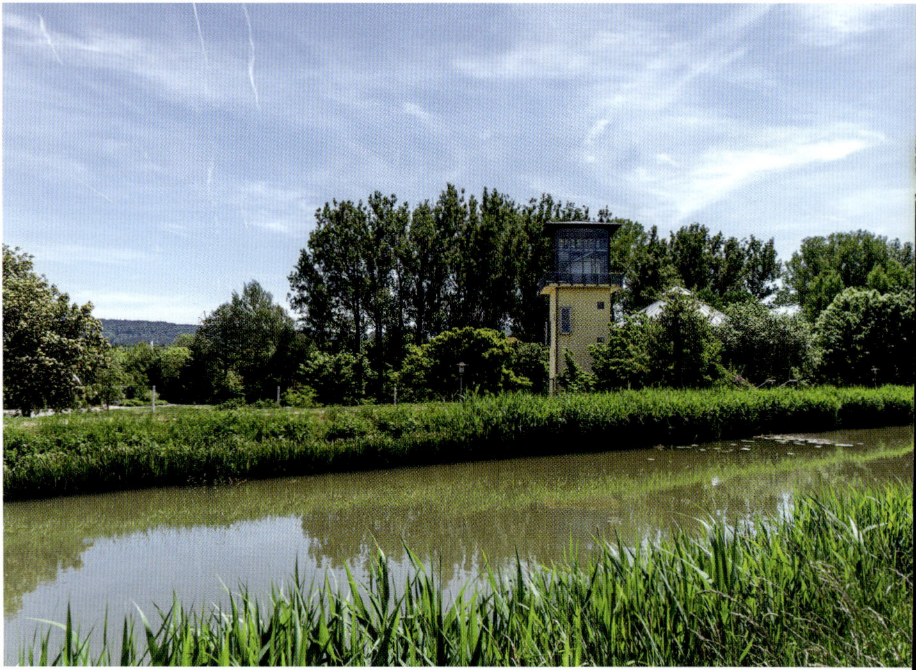

Ambiente am Kanal

Nach 100 Metern befindet sich links von uns das Gelände des Krankenhauses Neumarkt. Schließlich kreuzt die „Dr.-Kurz-Straße" unseren Weg. Wir überqueren sie und genießen auf dem weiß-gelben „Velburger Weg" für knapp 200 Meter weiter das großartige Ambiente am Kanal 5.

Am Schild des „Erich-Bärtl-Wegs" verlassen wir den festen Gehweg und nehmen die Treppen hinab ins LGS-Gelände. Wir folgen dem Fußweg für etwa 690 Meter. Der „Erich-Bärtl-Weg" – ehemaliger 2. Bürgermeister der Stadt – formt einen weitläufigen U-Bogen, vorbei an einem Calisthenics-Parcours, dem vermutlich größten Spielplatz in Neumarkt, über den Maierbach, den Mistelbacher Weinkeller und den „Hildegard-von-Bingen-Garten" 6.

Danach überqueren wir erneut den „Ludwig-Donau-Main-Kanal". Die Stufen bringen uns in den anderen Bereich des Geländes der Landesgartenschau, die hier im Jahr 1998 stattfand. Rechts bli-

Hildegard-von-Bingen-Garten

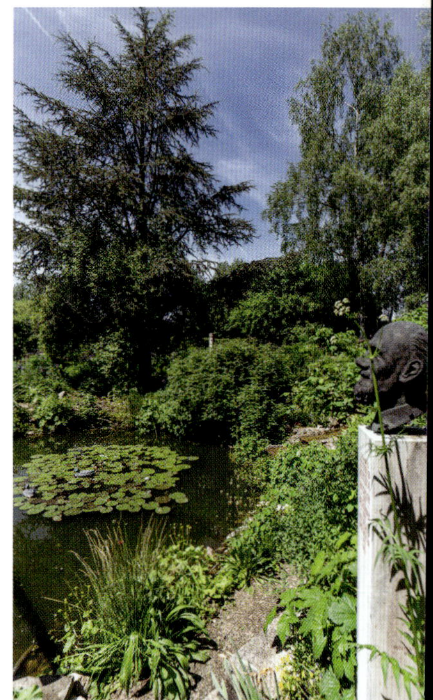

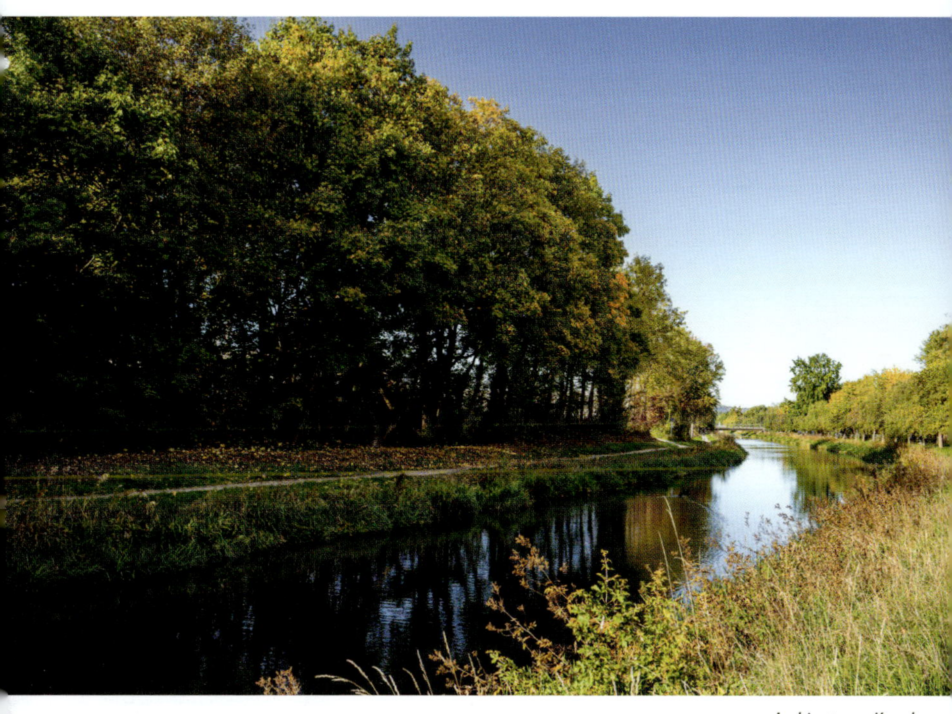

Ambiente am Kanal

cken wir zum See-Café und zum Schauturm der Fachhochschule für angewandtes Management. Wir halten uns links bzw. gehen auf dem schönen Wanderweg geradeaus am See in Richtung Osten weiter. Nach 140 Metern gelangen wir an eine Wegkreuzung, an deren Seite sich Wände befinden, die wie eine Bushaltestelle anmuten. Hier wenden wir uns nach links. Nach 180 Metern verlassen wir das LGS-Gelände auf Höhe eines italienischen Restaurants. Wer noch nicht genug gespielt hat, kann sich hier am Schild „Monsterspielplatz" orientieren und auch diesen alternativ rechts nach 200 Metern aufsuchen. Wir passieren den zweiten Einkehrtipp „Bella Italia da Alessandro" und gehen gerade weiter, um an der Ampel die „Altdorfer Straße" geradeaus in die „Mussinanstraße" zu überqueren. Auf der rechten Seite befindet sich eine Bushaltestelle. Wenige Meter weiter zweigt in Richtung Süden ein Fußweg ab. Wir passieren rechts einen idyllischen Weiher, überqueren geradeaus die „Eichendorffstraße", die „Paul-Keller-Straße" und wenig später bei einem kleinen Spielplatz die „Kornstraße". Kurz darauf erreichen wir die „Amberger Straße". An dieser Stelle wenden wir uns nach links und überqueren vorsichtig diese Straße nach 80 Metern, so dass wir geradeaus weiter auf dem Fußweg gegenüber weitergehen können. Kurz darauf erkennen wir eine hölzerne Brücke. Diese führt über den bereits bekannten „Pilsach-Leitgraben" 7. Auf der anderen Seite überqueren wir geradeaus die „EFA-Straße" und erreichen kurz darauf den „Faberpark". Unser Ziel ist – wie könnte es anders sein – der Spielplatz am Ende des Weges. Hier

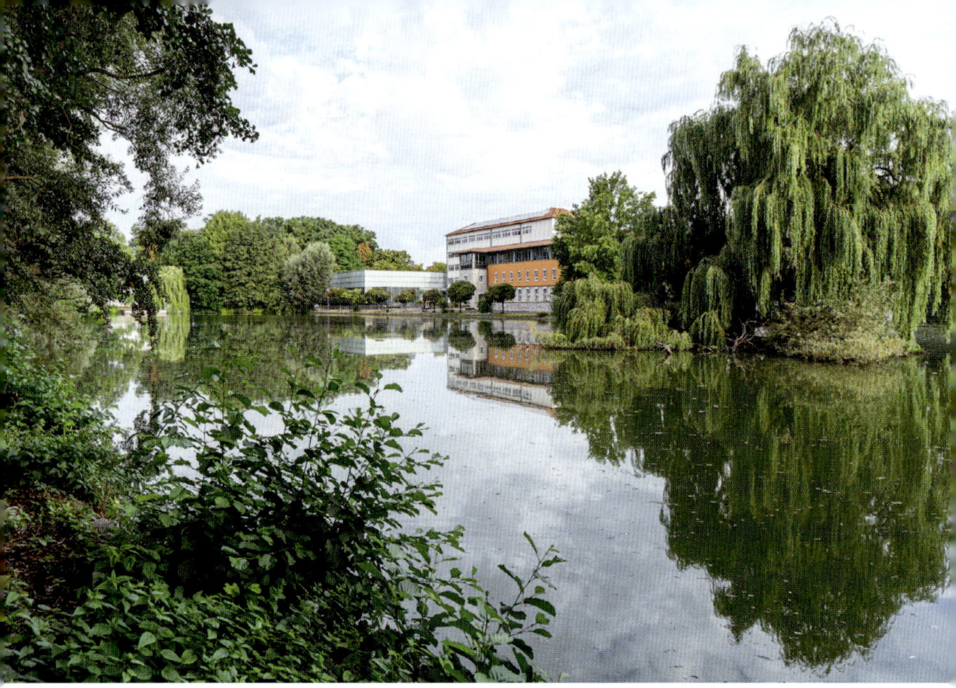

Ambiente am Schlossweiher

wenden wir uns nach rechts auf den „Bernhard-Walter-Weg". Nach 280 Metern halten wir uns rechts, spazieren an einem Bolzplatz vorbei und erreichen die Hochhaussiedlung an der „Remontenstraße". An deren Ende biegen wir nach links in die „Seelstraße". An der Ampel erkennen wir rechts das neue „Schlossbad". Wir überqueren die „Mühlstraße" und wählen den schmalen Fußweg gegenüber rechts. Er bringt uns hinab zum „Schlossweiher". Wir wählen nicht den geteerten Uferweg rechts, sondern den längeren, idyllischen Pfad auf der anderen Seite des Sees. Der Weiher ist in Privatbesitz. Von der anderen Seite hat man im Schatten der Bäume ein herrliches, nahezu maritimes Ambiente, während man auf die Staatliche Realschule für Mädchen am gegenüberliegenden Ufer blickt 8.

Am westlichen Ufer passieren wir die Skulptur „Kopf", welche vom Künstler Lothar Fischer entworfen wurde. Ihm ist auch das Museum auf der gegenüberliegenden Straßenseite gewidmet. Vor der Turnhalle der Realschule biegen wir nach links ab und überqueren beim Zebrastreifen die „Weiherstraße" und kurz darauf im Stadtpark erneut den „Pilsach-Leitgraben". Jetzt drehen wir noch eine Runde durch den Stadtpark. Deshalb gehen wir nach rechts und folgen 50 Meter im Schatten der Bäume dem Weg nach links in westlicher Richtung, parallel zur „Mühlstraße". Hier passieren wir einen weiteren Spielplatz. Wir folgen dem Parkweg nach links und biegen kurz darauf ein weiteres Mal nach links ab auf den „Ilse-Haas-Weg" in östlicher Richtung. Im Rücken der Residenz bzw. am Pfalzgrafenschloss Neumarkt, in welchem sich heute auch das Amtsgericht befindet, erreichen wir einen besonderen Spielplatz. Es ist ein Wasserspielplatz. Hier können sich die Kleinen im Wasser erfrischen und die Großen gegenüber im Parkcafé 9.

Beim Spielplatz biegen wir nach rechts ab und erkennen etwas versteckt am Gebäude ein paar Stufen und einen Durchgang. Diesen wählen wir und erreichen so den Residenzplatz. Rechts befinden sich die Festsäle in der Residenz, links vor

Residenz, heute Amtsgericht

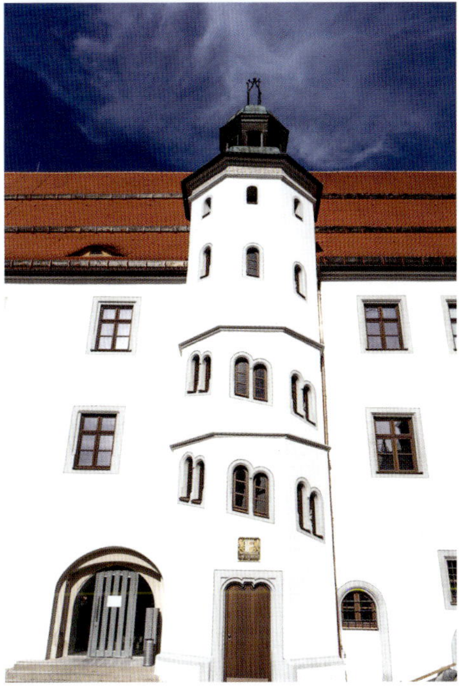

uns die Hofkirche bzw. „Kirche Mariä Aufnahme in den Himmel", vor uns die von Lothar Fischer entworfene Skulptur „3 Reiter" und der weltweit für seine hervorragende Akustik geschätzte Konzertsaal „Historischer Reitstadel". Wir gehen zwischen Reitstadel und Hofkirche hindurch und biegen nach dem Gotteshaus nach links in die Gasse „Hofplan". Sie mündet in die „Klostergasse". Wir schlendern durch den Torbogen hindurch. Links hinab würde man wieder in den Stadtpark und zum Wasserspielplatz gelangen. Doch wir gehen weiter bis vor zur „Kapuzinerstraße". Einen Spielplatz haben wir uns noch aufgehoben. Diesen erreichen wir, indem wir nach rechts gehen und dann rechts den „Höpflsteg" hoch gehen, während die „Kapuzinerstraße" nach links abbiegen würde. Hier oben befindet sich ein großer Spielplatz (links) im „Ludwigshain", und nach ein paar Metern finden wir zu unserer Rechten einen idyllischen Brunnen ⑩.

Am Ende des Weges halten wir uns gemäß des „C"- Hinweises rechts und gehen hinab zur Kreuzung an der „Badstraße". Rechts von uns befindet sich ein großes Bankgebäude, welches den Beginn des „Oberen Markts" markiert, gegenüber erkennen wir erneut den „Oberen Ganskeller" sowie die „Bahnhofsstraße". Diese spazieren wir wieder entlang und beenden unsere abwechslungsreiche Stadttour durch Neumarkt.

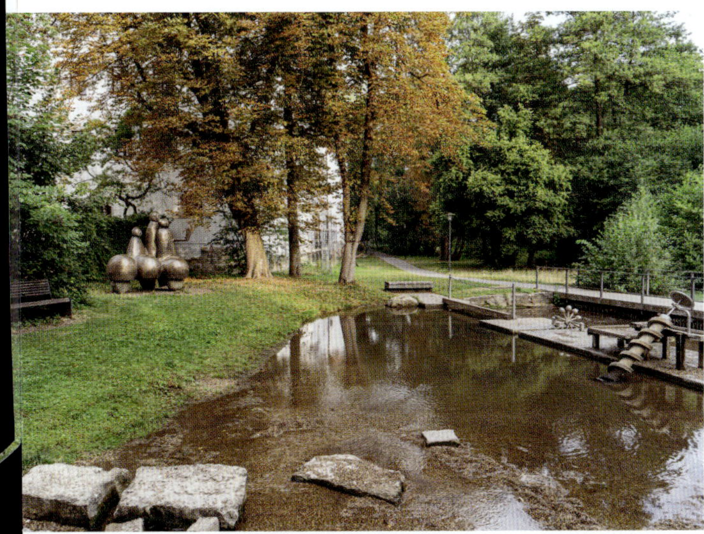

Wasserspielplatz

SCHNUFENHOFEN

Auf geht's zum mystischen Schwarzen Herrgott um den Schauerberg

TOUR 22

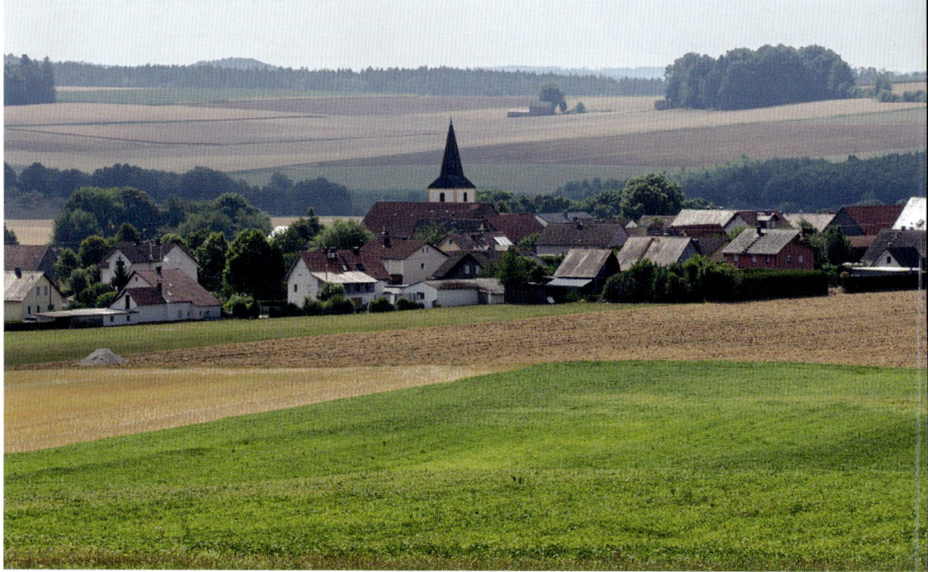

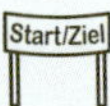

Parkplatz am Friedhof von Schnufenhofen in der Ludwig-Auer-Straße
Navi: Ludwig-Auer-Straße,
92358 Seubersdorf in der Oberpfalz (Schnufenhofen)

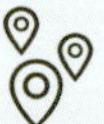

Batzhausen – Buchbergtrail – Schwarzer Herrgott – Schauerberg

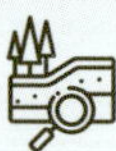

Überwiegend auf Wanderwegen auf naturbelassenem oder losem Untergrund bzw. Kies im Wald, sehr geringer Asphaltanteil

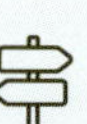

Schwarzer Herrgott

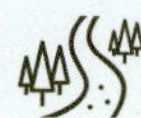

Eine kurze, einfache Runde von Schnufenhofen zum mystischen Ort „Schwarzer Herrgott" um den Schauerberg.

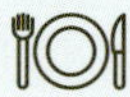

Gasthaus Diepold
Hauptstraße 33, 92358 Batzhausen
Tel. 09497 902065
www.gasthaus-diepold.de

 Foto: Panorama Schnufenhofen

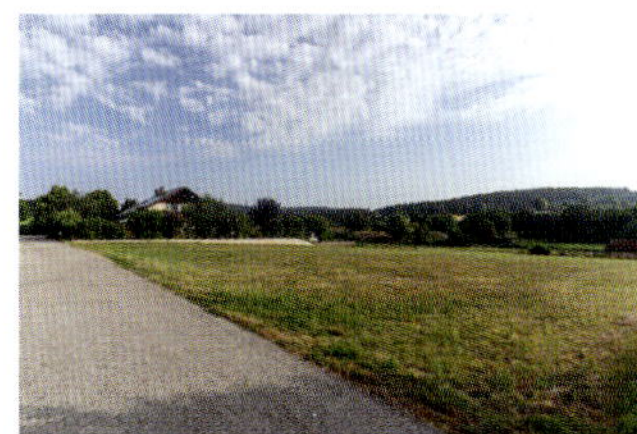

Startrichtung

leicht | 6,1 km | 98 Hm | 1:30 h

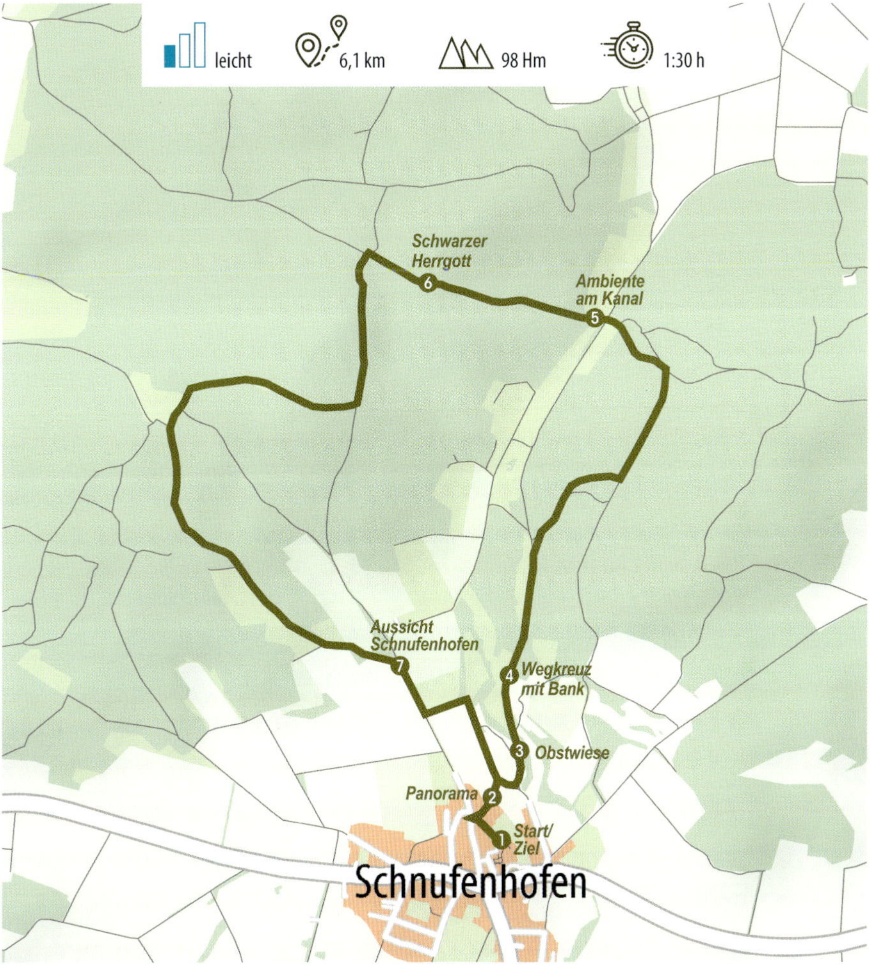

Schwarzer Herrgott
6
Ambiente am Kanal
5
Aussicht Schnufenhofen
7
4 Wegkreuz mit Bank
3 Obstwiese
Panorama 2
1 Start/Ziel
Schnufenhofen

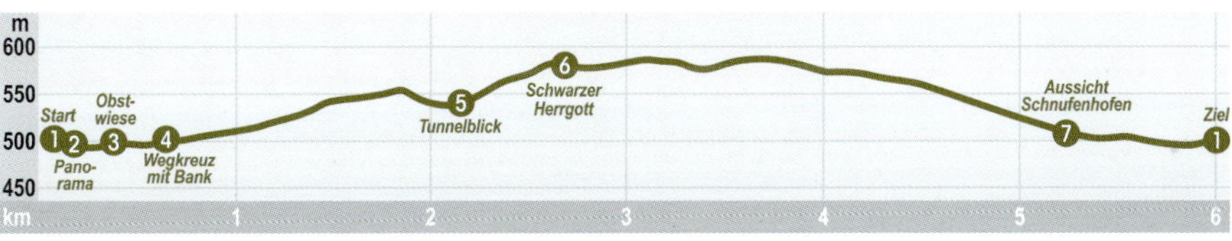

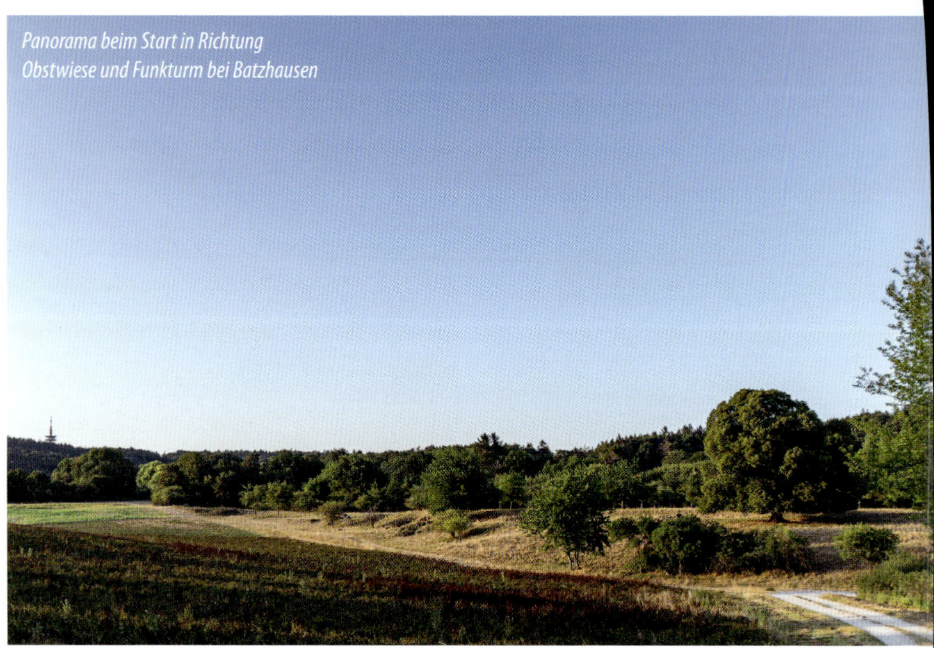
Panorama beim Start in Richtung Obstwiese und Funkturm bei Batzhausen

Diese Runde ist kurz, einfach, aber nahezu unmarkiert und bei jeder Jahreszeit gut machbar. Sie beginnt am Parkplatz des Friedhofs von Schnufenhofen ❶.

Wir wenden diesem aber unseren Rücken zu und schlendern die „Ludwig-Auer-Straße" in nordwestlicher Richtung. Bei erster Gelegenheit biegen wir scharf nach rechts bergab in Richtung der Hausnummer 1a. Aus dem Teer- wird ein Schotterweg und links eröffnet sich uns ein herrliches Panorama in Richtung Funkturm auf dem Göschberg ❷.

Wir folgen dem Schotterweg talwärts, welcher unten eine Rechtskurve macht. Danach biegen wir nach wenigen Metern auf den geschotterten Feldweg nach links in Richtung Norden ab. Links von uns befindet sich eine malerische Obstwiese mit prächtigen Bäumen ❸.

Wir bleiben auf dem Weg. Vor uns eröffnet sich ein herrliches Tal. Rechts von uns befindet sich ein typischer Hang des Bayerischen Jura, welcher geprägt ist von kargem Magerrasen. Schon bald passieren wir einen großen Felsen rechts von uns. Hier befinden sich eine Sitzbank und ein Wegkreuz ❹.

Nach etwa 400 Metern erreichen wir eine Y-Gabelung. Hier wählen wir den geschotterten Feldweg rechts, welcher in das Waldgebiet „Rotleiten" hineinführt. Nach etwa 250 Metern scheint der Weg zu enden, doch ein Waldpfad biegt nach rechts ab. Dieser ansteigende Abschnitt in östlicher Richtung ist ein Teil des „Buchbergtrails". Er endet nach etwa 150 Metern an einem Schotterweg. Diesem folgen wir links in nördlicher Richtung. Der geschotterte Waldweg ist kerzengerade. Nach etwa 300 Metern erreichen wir eine Art Platz, und der Weg scheint zu enden. Doch auch hier geht es geradeaus auf unbefestigtem Waldboden für etwa 100 Meter weiter. Dann erreichen wir eine Kreuzung. Hier folgen wir dem breiten Forstweg talwärts nach links. Nach 250 Metern endet das Waldgebiet an einem Schotterweg. Hier finden wir links den Hinweis „Schwarzer Herrgott". Diesem folgen wir und gehen geradeaus weiter westwärts. Während wir auf dem ansteigenden Feldweg hoch ins nächste Waldgebiet

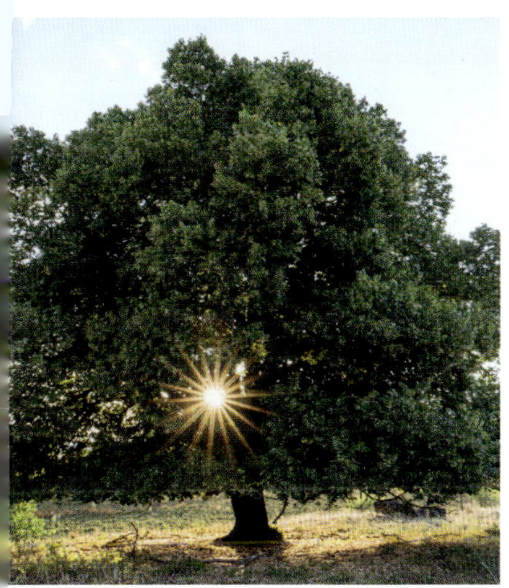

Baum auf Obstwiese

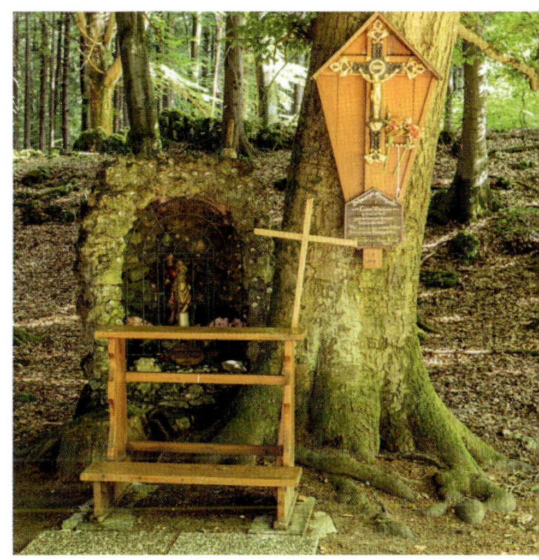

Schwarzer Herrgott

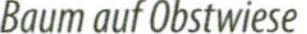

schlendern, breitet sich links von uns ein tunnelartiges Panorama aus. In der Mitte die Weite und zu beiden Seiten Wald ⑤.

Es geht weiter bergauf. Erst als der Waldpfad nach etwa 400 Metern flacher wird, erkennen wir vor uns einen Platz, in dessen Mitte ein steinerner Altar, ein Marterl und eine Sitzgruppe stehen. Dieser mystische Ort nennt sich „Schwarzer Herrgott". Das Marterl wurde im Jahr 1917 von einem gewissen Major Knopf errichtet, um die Wanderer darum zu bitten, für die Kriegsgefallenen zu beten ⑥.

Nachdem wir die gewünschten sieben Bitten gebetet haben, verlassen wir diesen mysteriösen Ort und setzen unsere Runde in nordwestlicher Richtung fort. Nach etwas mehr als 200 Metern endet der Pfad an einem Schotterweg am Fuße des Schauerbergs. Wir biegen nach links ab und bleiben auch nach 480 Metern auf dem Weg, wenn er nach rechts in Richtung Westen abbiegt. An sich ist es ganz einfach, auch wenn der Weg nicht markiert ist. Wir bleiben die nächsten 1800 Meter auf dem Schotterweg. Nach weiteren 550 Metern gehen wir in Richtung Süden weiter, während ein Weg von rechts in unseren mündet. Rechts von uns befindet sich eine Lichtung. An deren Ende folgen wir dem Weg nach links wieder in das Waldgebiet hinein und bleiben auf dem abfallenden, südlichen/südöstlichen Weg für einen weiteren Kilometer, bis wir das Waldgebiet hinter uns lassen. Schließlich mündet der Weg auf Höhe eines beeindruckend großen Baumes in eine Teerstraße. Hier haben wir eine großartige Aussicht auf Schnufenhofen ⑦.

Wir gehen nach rechts weiter talwärts und verlassen bereits nach 180 Metern wieder die Teerstraße. Hier zweigt links ein Feldweg ab, welchen wir wählen. Nach einer Rechtskurve spazieren wir unterhalb der Obstwiese. Hier genießen wir das Ambiente. Der Feldweg endet an der geschotterten Rechtskurve vom Beginn der Runde. Auch hier gehen wir nach rechts hoch zur Ortschaft und beenden unsere kurze Wanderung.

Bibliografische Information der Deutschen Nationalbibliothek

Die Deutsche Nationalbibliothek verzeichnet diese Publikation in der Deutschen Nationalbibliografie; detaillierte bibliografische Daten sind im Internet über http://dnb.dnb.de abrufbar.
ISBN 978-3-95587-419-3

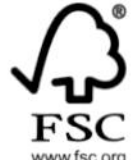

MIX
Papier aus verantwortungsvollen Quellen
FSC® C014138

Für uns, die Battenberg Gietl Verlag GmbH mit all ihren Imprint-Verlagen, ist Nachhaltigkeit ein wichtiger Teil unserer Unternehmensphilosophie. Daher achten wir bei allen unseren Produkten auf den Einsatz umweltschonender Ressourcen und Materialien.
Dieses Buch wurde auf FSC®-zertifiziertem Papier gedruckt. FSC (Forest Stewardship Council®) ist eine nicht staatliche, gemeinnützige Organisation, die sich für die verantwortungsvolle und ökologische Nutzung der Wälder unserer Erde einsetzt.

Unsere Partnerdruckerei kann zudem für den gesamten Herstellungsprozess nachfolgende Zertifikate vorweisen:

- Zertifizierung für FOGRA PSO
- Zertifizierungssystem FSC®
- Leitlinien zur klimaneutralen Produktion (Carbon Footprint)
- Zertifizierung EcoVadis (die Methodik besteht aus 21 Kriterien in den Bereichen Umwelt, Einhaltung menschlicher Rechte und Ethik)
- Zertifikat zum Energieverbrauch aus 100 % erneuerbaren Quellen
- Teilnahme am Projekt „Grünes Unternehmen" zum Schutz von Naturressourcen und der menschlichen Gesundheit

Abbildungen:
Martin Ehrensberger

Kartografie:
Battenberg Gietl Verlag GmbH

Haftungsausschluss:
Alle Inhalte wurden vom Autor sorgfältig recherchiert und nach bestem Wissen und Gewissen aufbereitet. Die Begehung der in diesem Buch beschriebenen Touren erfolgt auf eigene Gefahr. Der Verlag und der Autor übernehmen für etwaige Schäden sowie auch für Richtigkeit und Aktualität der Angaben keine Haftung. Der Verlag und der Autor weisen darauf hin, dass Privatgrund sowie auch privates Eigentum unbedingt zu respektieren sowie aktuelle Info-Tafeln hinsichtlich zu schützender Bereiche o. Ä. zu beachten sind.

1. Auflage 2023
ISBN 978-3-95587-419-3

www.battenberg-gietl.de